民航旅客运输

Air Passenger Transportation

主 编 赵 影
副主编 王 卉 张 玉

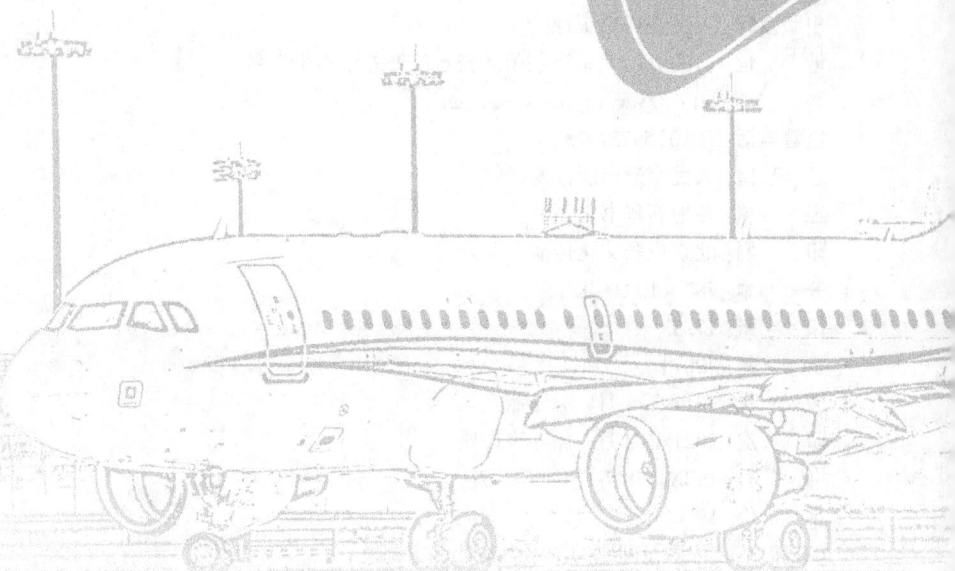

人民交通出版社
China Communications Press

内 容 提 要

　　本书系统地介绍了民航旅客运输的相关知识,全书共八章,内容包括:民航旅客运输概述、民航旅客运价、航空运输凭证、民航客票销售、国内旅客运输业务、国际航空运输知识、国际航空运价基础知识和国际航空运价计算。

　　本书可作为高等院校民航运输、空中乘务以及相关专业的教学用书,也可供民航相关从业人员培训、参考使用。

图书在版编目(CIP)数据

民航旅客运输 / 赵影主编. — 北京:人民交通出版社,2014.8

ISBN 978-7-114-11385-7

Ⅰ. ①民… Ⅱ. ①赵… Ⅲ. ①民用航空—旅客运输 Ⅳ. ①F560.83

中国版本图书馆 CIP 数据核字(2014)第 079149 号

书　　　名:	民航旅客运输
著 作 者:	赵　影
责任编辑:	吴燕伶
出版发行:	人民交通出版社
地　　　址:	(100011)北京市朝阳区安定门外外馆斜街 3 号
网　　　址:	http://www.ccpress.com.cn
销售电话:	(010)59757973
总 经 销:	人民交通出版社发行部
经　　　销:	各地新华书店
印　　　刷:	北京虎彩文化传播有限公司
开　　　本:	787×1092　1/16
印　　　张:	17.5
字　　　数:	400 千
版　　　次:	2014 年 8 月　第 1 版
印　　　次:	2021 年 7 月　第 4 次印刷
书　　　号:	ISBN 978-7-114-11385-7
定　　　价:	39.00 元

前　言

随着社会经济的发展，民航货物运输在经济生活中的作用越来越突出，在运输门类中所占的比重逐年提高。在我国，民航货物运输相对民航旅客运输来说，起步较晚，部分航空公司的业务重点也不在此，由此导致航空公司不重视民航货运人员的培养和提升。随着国外航空公司以合资、合作等形式在国内货运市场上的逐步渗透，航空公司之间的竞争也越来越激烈，企业的竞争更多地体现在人才的竞争上。航空公司提升从业人员的专业素养和专业技能，进而提升员工队伍的整体素质，这是其能否在市场竞争中获得优势的重要因素。

为适应专业教学和培训的需要，编者经过详细的市场调研，在十余年教学实践的基础上，编写了此书。在编写过程中，编者力图贴近市场，坚持理论与实践相结合，本着理论性、知识性与实用性相一致的原则，突出基本理论在实践工作中的应用。本书可作为高校民航运输、空中乘务等专业的教材使用，也适合民航企业员工进行短期培训、职业技能培训自学提升之用。

本书共分七章，第一章是民航货物运输概述，第二章是航空货物的装载，第三章是航空货物的出境运送，第四章是航空货物的进境运送，第五章是特种货物的运输，第六章是航空货物运价与运费，第七章是航空货物的非公布直达运价。

本书的编写分工如下：第一章、第二章由闫娟编写，第三章、第五章由陆筑平编写，第四章由陆筑平、赵影编写，第六章、第七章由赵影编写。赵影负责全书的统稿工作。

在编写的过程中，我们借鉴了多位同行专家的学术成果，参考和引用了他们的部分资料，在此特作说明并谨致谢忱。由于编者水平有限，书中难免会出现不妥和疏漏之处，恳请广大专家和读者不吝赐教。

编　者
2013 年 12 月

目　录

第一章 民航货物运输概述

学习目的与要求

了解航空货运业的发展概况;掌握航空货物运输的特点及运输方式;了解航空货运行业组织及相关法律;掌握航空货运销售代理的基本概念及其业务内容。

第一节 民航货物运输基础知识

2012年我国民航全行业完成货邮运输量545万吨,比上年降低2.2%。国内航线完成货邮运输量388.5万吨,比上年增长2.4%,其中港澳台航线完成20.8万吨,比上年降低1.1%;国际航线完成货邮运输量156.5万吨,比上年降低12.1%。尽管我国航空货运市场位居世界前列,但从整个世界航空货运业的发展水平看,我国航空货运经营者规模小、实力弱,航空货运业在世界上的市场占有率十分有限。但目前我国航空货运市场的增长速度高于客运增长速度,而且以高于世界平均水平的速度飞速发展,相信我国的航空货运业将会有一个光明的前景。

一 航空货物运输基本概念

1. 航空货物运输

民用航空运输是向社会公众开放的商业性的空中交通运输,它使用航空器把人员和物资从一地运到另一地,实现人或物在空间上的位移。航空货物运输简称"航空货运"或"空运",它是指以航空器做载运工具而进行的货物运输,其产品就是货物在空间上的位移。航空货物运输是现代物流中的重要组成部分,是一种高速、快捷的运输方式,也是当今世界上最为现代化的运输方式。

航空货物运输的经营范围是定期航班和不定期航班的货物、邮件、航空快递的收运、承运、到达与交付。其中,货物包括高附加值、深加工、技术密集型、适时生产的产品、普通货物、急件货物、特种货物、鲜活易腐货物、贵重物品、危险品、活体动物等。

我国航空货物运输主要服务于五个行业:鲜活产品(如水果、鲜花)、精密机械产品(如医疗器械)、电子产品(如计算机)、商务文件、通信产品(如手机)。随着服务开放的不断深入,书籍、药品、软件、玩具等也已逐渐成为航空物流的服务行业。

2. 国内货物运输与国际货物运输

国内货物运输是指货物的始发、经停和目的站都在中华人民共和国境内的运输。

国际货物运输是指货物的始发、经停和目的站有一地不在我国境内的运输。

二 航空货运业的起源和发展

1. 国际航空货运发展概况

航空运输分为客运和货运两部分,相对而言,航空货运的历史比客运更长,在飞机诞生的初期,由于航空技术不成熟,安全性不高,航空运输主要运用在贵重货物运输上。1903 年 12 月 17 日,美国莱特兄弟制造的以内燃机为动力的飞机试飞成功,是人类历史上第一架有动力、载人稳定、可操纵的、重于空气的飞行器的首次成功飞行,为人类征服天空揭开了新的一页,也标志着民用航空的诞生。

第一次世界大战中,飞机就已经开始在侦查、战斗和运输中发挥巨大的作用。1919 年 1 月,德国建立了第一条国内的商业航线,同年 8 月英国正式开通了伦敦至巴黎间的定期国际客运航班,此后德国、美国、丹麦、荷兰和瑞士等国家相继开通了通往其他国家的航线。

第一次世界大战结束后,不再用于战争的飞机很快被用于快递邮件,并且迅速发展为经营收入可观的航空货运业。伴随着航空邮件的递送,航空邮电公司和飞机制造商不约而同地想到让飞机带着邮件、货物还有乘客来往飞行于波涛汹涌的大西洋上空,在北美和欧洲大陆之间架起空中运输通道。1919 年 6 月 14 日,约翰·阿尔科克和约瑟·布朗随身带着装满邮件的一个包裹,驾驶飞机从加拿大纽芬兰岛起飞,于第二天在欧洲冰岛落地,这被看成是人类社会第一次国际航空邮件递送。

第二次世界大战前,航空货物运输仅限于运输一些航空邮件和紧急物资。1939 ~ 1945 年,由于军事需求,航空器的性能取得了突破性的发展。战争结束后军用飞机逐渐转向民用航空运输业,为主要的商业地区提供了快速、经济的运输服务。西方发达资本主义国家开始大力发展航空工业,开辟国际航线,逐步建立起全球性的航空运输网络。第二次世界大战促进了航空邮件和货物的递送效率,航空运输逐步成为物流,尤其是成为军事运输的一种重要手段。

到了 20 世纪 60 年代,全球市场经济又成为驱动航空货运快速发展的新动力。1972 年,波音公司的 B747-200F 大型专用货机在大西洋航线上投入运营,并采用了标准的集装箱装载系统,实现了国际标准集装箱的航空运输,揭开了航空集装箱运输的序幕。随着宽体飞机和全货机的不断更新、发展,航空业已成为国际运输系统中重要的组成部分。进入 21 世纪以来,随着全球经济一体化的趋势,全球航空业也越来越重视航空货运市场。

2. 我国航空货运发展概况

中国民航运输业自改革开放以来发展迅速,据民航局统计,截至 2012 年底,我国共有颁证运输机场 183 个,定期航班航线 2457 条,定期航班国内通航城市 178 个(不含香港、澳门、台湾)。我国航空公司国际定期航班通航 52 个国家的 121 个城市,定期航班通航香港的内地城市 40 个,通航澳门的内地城市 7 个,通航台湾地区的大陆城市 38 个。全年全国民航运输机场完成旅客吞吐量 6.8 亿人次,比上年增长 9.5%,完成货邮吞吐量 1199.4 万吨,比上年增长 3.6%。其中,东部地区完成货邮吞吐量 926.37 万吨,东北地区完成货邮吞吐量 43.46 万吨,中部地区完成货邮吞吐量 53.94 万吨,西部地区完成货邮吞吐量 175.64 万吨。2012 年全国各地区的货邮吞吐量分布情况如图 1-1 所示。

2012 年货邮吞吐量 1 万吨以上的运输机场有 49 个,其中北京、上海和广州三大城市机场货邮吞吐量占全部机场货邮吞吐量的 53.5%。2012 年,全行业完成货邮运输量 545 万吨,比上年降低 2.2%。国内航线完成货邮运输量 388.5 万吨,比上年增长 2.4%,其中港澳台航线完成 20.8 万吨,比上年降低 1.1%;国际航线完成货邮运输量 156.5 万吨,比上年降低 12.1%。

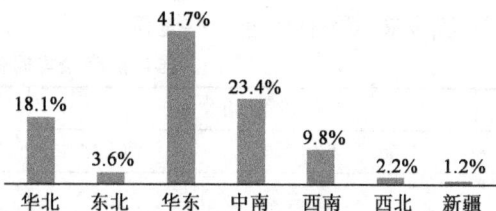

图 1-1 2012 年全国各地区货邮吞吐量分布情况

2012 年,全国运输机场完成起降架次 660.32 万架次,比上年增长 10.4%。

随着航空货运业的发展,国内各大航空公司认识到发展货运业务的重要性,纷纷建立自己的专业化航空货运队伍,我国逐渐开始航空货运专业化的进程。专业化的方向推动了我国航空货运事业,通过积聚资本与经验的方式,提高了航空货运业的竞争能力、服务水平、运营能力,有利于深入参与国际航空货运市场。航空货运是民航的组成部分,它具有民航的一切特点和规律,高投入、高技术、高风险、高度敏感,盈利能力低,还具有物流行业的显著特点,跨度性大、动态性强、依托性强、复杂性高,所以说航空货运相比客运而言,风险更高,敏感度更强,管理更复杂,运营更艰难。

我国航空货运发展的特点:

(1)货物运输周转量长期高速发展,运距不断延长。

(2)直属航空公司在我国民航货邮运输中占绝对领先地位,但地方航空公司发展速度加快。

(3)中国国际航空货运增长迅猛,竞争加剧,专业航空货运公司纷纷出现。

(4)外国航空公司纷纷涌入中国国内市场。

(5)国内快递企业对航空货运市场的争夺加剧。

截至 2013 年 1 月 20 日,国内拥有货机的航空公司 11 家,拥有货机总量 99 架左右,如表 1-1 所示。同时,单机的货运能力十分有限,很多航线上航班的运行频率根本无法满足航空货运的市场需求,从而导致货源逐步流失到外方航空公司手里。在我国国际航空运输货运市场上,我国航空公司的市场份额只占 20% 左右。

目前我国国内航线结构基本属于点到点式,几乎每两个大中型城市之间都有直达航班,从而形成网格状航线网络。在此网络中,由于运力分散,绝大部分航线上的航班密度很低。这种覆盖范围有限、航线结构单一的航线网络无法发挥轮辐式航线网络的优势,成为制约我国航空货运发展的重要因素。

国内各航空公司在制定市场发展战略的过程中,往往持有"先客后货"、"货随客走"的思想,不够重视货运业务。另一方面,我国一些航空公司低估了全货机业务的重要性,不仅在飞机采购过程中较少考虑全货机,有的甚至在面临财务压力时采用出售全货机的方式来渡过难关。

目前我国各航空运输企业主要采取客货兼营或专业化航空货运模式,但由于我国航空货运企业的资源整合能力不足、服务产品单一、业务范围狭窄,多是经营单一航空货运或航空代理的企业,相比于实施航空快递网络模式的能力还有一定差距,而采用物流解决方案、物流外包业务模式的航空运输企业几乎没有。所以,从严格意义上讲,我国航空货运的运作模式较为简单,其发展水平有待进一步提高。

国内航空公司拥有货机情况(单位:架)   表 1-1

航空公司		货机类型	数 量	合 计
全 称	简 称			
中国货运航空有限公司	中货航	A300-600RF	3	19
		B747-400F	3	
		B747-400ERF	2	
		B757-200SF	2	
		B777-200F	6	
		MD11F	3	
扬子江快运航空有限公司	扬子江快运	B737-300QC/F	13	17
		B747-400F	3	
		A330-200F	1	
中国邮政航空有限公司	邮政航空	B737-300F	10	17
		B737-400F	7	
中国国际货运航空有限公司	国货航	B747-400F	11	11
顺丰航空有限公司	顺丰航空	B757-200F	7	11
		B737-300F	2	
		B737-400F	2	
中国南方航空货运	南航货运	B747-400F	2	8
		B777-200F	6	
东海航空有限公司	东海航空	B737-300F	7	7
翡翠国际货运航空有限公司	翡翠航空	B747-400ERF	3	3
友和道通货运航空有限公司	友和道通	B747-200F	3	3
浙江长龙航空有限公司	长龙航空	B737-300F	2	2
奥凯航空有限公司	奥凯航空	B737-300F	1	1

3. 外国航空在中国的货运业务

20 世纪 90 年代以来,外国航空公司纷纷看好中国航空货运市场。利用 20 世纪八九十年代我国航空公司忙于发展航空客运,无暇顾及航空货运市场的时机,联邦快递、UPS、DHL 等航空运输企业采用合资合作形式进入了中国国内市场。其中联邦快递采用上述形式已经在国内 144 个城市建立了分公司或代理企业或办事处;UPS 采用与中国外运总公司合资的形式在我国 120 个城市建立了分公司或代理企业。我国民航货运的市场正被一点点地分割,市场份额将逐步减小,中国国际航空货运竞争愈发加剧。

三　航空货物运输的特点

现代运输按其运输方式可以归纳为以下几种:铁路运输、公路运输、水路运输、航空运输、管道运输、索道运输等。

相对其他几种运输方式而言,航空货运的主要特点如下:

(1)速度快

速度快是航空货物运输的最大特点和优势,且距离越长,所能节省的时间越多,其快速的特点也越显著。随着航空技术的发展,这一特点也越来越突出。现代喷气式飞机时速在900km 左右,大约比轮船快 20～30 倍,比火车快 7～12 倍。从这一特点来看,航空货物运输更适用于对运输时间性要求较高的货物,如鲜活易腐货物、急件运输等,也最能体现其时间价值。随着近年来我国民航运输企业对先进机型的不断引进,速度快的特点会更加明显。

(2)不受地形限制,机动性强

飞机在空中飞行,受航线条件限制的程度比汽车、火车和轮船小得多,它可以将地面上任何距离的两个通航地点连接起来。不论高山、大川、沙漠、海洋,只要两点之间设有机场,就可以开辟航线,相对不受地理条件的限制,无论是政治、军事或经济上的原因,要在短时间内从大中城市与边远地区建立交通线,只有航空运输才能做到。灾区的应急物资供应,偏远地区的医疗急救,近海油田的后勤支援,多数情况也需要依靠航空运输来完成。

(3)破损率低、安全性好

飞机发生事故的概率是 0.05‰～0.1‰,远远低于地面或水上运输,即安全系数比较高。由于现代喷气式运输机的飞行高度一般在 1 万米以上,不受低空气流的影响,飞行平稳,可以减少运输过程中由于挤压等原因造成的货物损坏现象。另外由于航空货物运输的中间环节少、操作流程管理严格、运输手续相对简便,因此,运输过程中的遗失、损坏机会也就相应地少很多。从这一点来看,航空货运更适用于精密仪器、价值高、易碎等货物的运输。

(4)运载量有限,运输成本高

飞机的机舱容积和载重量有限,有时还会受到气候条件的限制。另外价格不菲的飞机本身及航材、维修费用等,加上航空燃油价格持续上涨等诸多原因造成运输成本高。航空运输业的高成本一般要转嫁到消费者身上,这就给利用航空运输的单位或个人带来经营成本的增加或消费水平的提高,这在很大程度上限制了航空货物运输的发展。尽管航空运输的成本较高,但是它所具有的优势是其他交通运输方式所无法替代的。

除了上述优势外,它还具有包装简单、资金周转快、杂费少、基本建设周期短、占地少、投资省、收效快等特点。对于使用航空运输的用户来讲,航空运费偏高造成的不利因素完全可以被综合经济效益的提高所抵消,因此航空运输是现代多种交通运输方式中最为理想的运输方式。

四 航空货物运输方式

1. 从运输组织上分

（1）班机运输（Scheduled Airline）

班机运输是指在固定航线上按预定时间定期航行的方式，即有固定的始发站、经停站和目的站的航班所进行的运输。

班机运输由于固定航线、固定停靠港和定期开飞航班，因此国际货物流通多使用班机运输方式，能安全迅速地到达世界上各通航地点，便于收、发货人确切掌握货物起运和到达的时间。班机运输一般使用客货混合型飞机，舱位有限，大批量的货物不能及时运出，往往需要分期分批运输。

（2）包机运输（Chartered carriage）

包机运输是托运人为一定目的包用空运企业的飞机载运货物的一种运输形式，有整包机和部分包机两种形式。

①整包机：指航空公司按照与租机人事先约定的条件及费用，将整架飞机租给包机人，从一个或几个航空港装运货物再运至目的地的一种运输方式。

②部分包机：指由几家航空货运公司或发货人联合包租一架飞机或者由航空公司把一架飞机的舱位分别卖给几家航空货运公司装载货物，其适用于托运不足一架整机，但载货量又较重的货物运输。

（3）包舱运输

托运人所托运的货物在一定时间内需要单独占用飞机货舱，承运人需要采取专门措施给予保证的一种运输方式。

（4）联合运输（Combined Carriage）

联合运输又称陆空联运，使用飞机、火车、卡车等运输工具的联合运输方式，简称 TAT（Train-Air-Truck）。仅使用飞机和火车进行运输的联合运输方式，简称 TA（Train-Air）。

（5）集中托运（Consolidation）

集中托运人（Consolidator）将若干批单独发运的、发往同一方向的货物集中起来作为一票货交付承运人，采用一份航空总运单（MWB）集中发运到同一目的站，由集中托运人在目的地指定的代理收货，由分拨代理商（Break Bulk Agent）统一办理海关手续后，再根据集中托运人签发的航空分运单（HWB）分别将货物交付给不同收货人。

集中托运是航空货物运输中最为普遍的一种运输方式，可以节省运费，收货人提货也方便，是航空货运代理的主要业务之一。但是并不是所有货物都可以采取此种运输方式，比如等级附加货物一般不能集中托运，对可以享受航空公司优惠运价的货物来讲，使用集中托运的形式可能不仅不能享受到运费的节约，反而使托运人运费负担加重。

2. 从运输形式上分

（1）急件运输

托运人要求以最早航班或限定时间运达目的地，并经承运人同意受理的一种运输形式。

（2）特种运输

活体动物、鲜活易腐物品、贵重物品、危险品等的运输。

（3）货主押运

根据货物的性质，在运输过程中需要专人照料监护的货物，应当由托运人派人随机押运的一种运输方式。

（4）航空快递（Air Express）

由承运人（航空公司、货代公司或快递公司）组织专门人员，负责把文件、样品、小包裹等快递件以最早的航班或其他最快方式运送到收货人手中。目前，航空快递有机场到机场、门到门和专人随机送货几种形式。

航空快递和其他货物运输的区别：

①收件的范围不同。航空快递的收件范围主要有文件和包裹两大类，其中文件主要是指商业文件和各种印刷品，对于包裹一般要求毛重不超过 32 公斤（含 32 公斤）或外包装单边不超过 102cm，三边相加不超过 175cm。

②经营者不同。经营国际航空快递的大多为跨国公司，这些公司以独资或合资的形式将业务深入世界各地，建立起全球网络。航空快件的传送基本都是在跨国公司内部完成。而国际邮政业务则通过万国邮政联盟的形式在世界上大多数国家的邮政机构之间取得合作，邮件通过两个以上国家邮政当局的合作完成传送。

③经营者内部的组织形式不同。航空快递公司则大多都采用中心分拨理论或称转盘分拨理论组织起全球的网络，简单来讲就是快递公司根据自己业务的实际情况在中心地区设立分拨中心（Hub）。

④使用的单据不同。航空货运使用的是航空运单，邮政使用的是包裹单，航空快递业也有自己的独特的运输单据——交付凭证（Proof of Delivery，简称 POD）。交付凭证一式四份。第一联留在始发地并用于出口报关；第二联贴附在货物表面，随货同行，收件人可以在此联签字表示收到货物（交付凭证由此得名），但通常快件的收件人在快递公司提供的送货记录上签字，而将此联保留；第三联作为快递公司内部结算的依据；第四联作为发件凭证留存发件人处，同时该联印有背面条款，一旦产生争议时可作为判定当事各方权益、解决争议的依据。

五 航空货物运输各当事人

①承运人——包括接受托运人填开的航空货运单或者保存货物记录的航空承运人、运送或者从事承运货物或者提供该运输的任何其他服务的所有航空承运人。

②代理人——在航空货物运输中，经授权代表承运人的任何人。

③托运人——为货物运输与承运人订立合同，并在航空货运单或者货物记录上署名的人。

④收货人——承运人按照航空货运单或者货物运输记录上所列名称而交付货物的人。

⑤托运书——托运人办理货物托运时填写的书面文件，是据以填开航空货运单的凭据。

⑥航空货运单——托运人或者托运人委托承运人填制的，是托运人和承运人之间为在承

运人的航线上承运货物所订立合同的证据。

六 空运常用术语

航空运输代码及主要缩写如下：

CAO：Cargo Aircraft Only　仅限货机

DIP：Diplomatic Mail　外交信袋

SLI：Shippers Letter of Instruction　空运托运书

CBA：Cargo Booking Advance　国际航空货物订舱单

TRM：Cargo Transfer Manifest　转运舱单

LAR：Live Animal Regulation　活体动物规则

DGR：Dangerous Goods Regulations　危险物品手册

GCR：General Cargo Rate　普通货物运价

SCR：Specific Commodity Rate　指定商品运价

AW：Air Waybill　货运单

CH：Clearance Charge　清关费

SU：Surface Charge　地面运输费

DB：Disbursement Fee　垫付款手续费

RA：Dangerous Goods Surcharge　危险品处理费

SD：Surface Charge Destination　目的站地面运输费

CC：Charges Collect　运费到付

PP：Charges Prepaid　运费预付

ULD：Unit Load Device　集器，集装化设备

NVD：No Value Declared　没有声明价值

NCV：No Commercial Value　无商业价值

POD：Proof of Delivery　交付凭证

第二节　航空货运行业组织及相关法律法规

航空货物运输的执行者是提供航空货运服务的航空货运企业，这些企业在提供服务的同时，要严格按照行业的相关规章和制度来运营，并遵守相关的法律和法规。整个航空业内成立了相关的组织机构并制定了相关的法律法规，用来规范整个行业内的活动，各个航空运输企业必须遵守。

一 行业组织

1.国际民用航空组织

国际民用航空组织(International Civil Aviation Organization,简称ICAO)是世界范围内管理

航空运输活动的最重要的国家之间的国际性组织。1944年11月1日,共52个国家和地区的政府在美国芝加哥举行会议,并于12月7日签署了《国际民用航空公约》(又称为《芝加哥公约》)。根据该公约,国际民用航空组织于1947年4月4日正式成立,是负责具体实施的常设机构。1947年5月13日起该组织成为联合国所属的专门机构。我国1974年正式加入该组织,也是理事国。

ICAO总部设在加拿大的蒙特利尔,在全球范围设有七个地区办事处,负责协调区域内有关航空问题,分别是:西非和中非地区办事处(达卡)、亚洲和大洋洲地区办事处(曼谷)、欧洲和北大西洋地区办事处(巴黎)、中东地区办事处(开罗)、东非和南非地区办事处(内罗毕)、北美和加勒比地区办事处(墨西哥城)、南美地区办事处(利马)。

国际民用航空组织主要负责国际航空运输的技术、航行及法规建设等方面。它所通过的文件具有法律性,各成员国都必须严格遵守。该组织的最高权力机构是三年一次的全体成员大会,理事会是大会的常设机构,对大会负责,由每三年一次选举出的36个成员组成。理事会设主席一人,不限于只从理事国中产生,任期二年,可以连选连任。秘书处是国际民航组织的工作机构,由空中航行局、航空运输局、法律局、技术合作局和行政事务局组成。秘书处经理事会同意由理事会主席任命。上述机构统一在秘书长领导下负责国际民航组织的日常工作。

ICAO的宗旨和目的在于发展国际空中航行的原则和技术,促进国际航空运输业的规划和发展,主要职责是确保全世界国际民用航空安全和有序地发展;鼓励以和平用途为目的,提高航空器的设计和操作水平;鼓励用于国际民用航空的航路、机场和航行设施的发展;满足全世界人民对安全、正常、高效、经济的航空运输的需要;防止因不合理竞争造成经济上的浪费;保证缔约各国的权利得到充分尊重,每一缔约国均有经营国际航线的公平的机会;避免缔约各国之间的差别待遇;促进国际空中航行的飞行安全;促进国际民用航空各方面的发展。

2. 国际航空运输协会

国际航空运输协会(International Air Transport Association,简称IATA)简称国际航协,是世界航空运输企业自愿联合组织的非政府性的国际组织。凡是国际民用航空组织成员国所颁发执照的任一经营定期航班的航空公司,经本国政府的许可都能成为该协会的成员。经营国际航班的航空公司为正式会员,只经营国内航班的航空公司为准会员。第二次世界大战后,为了解决民用航空业迅速增长中所出现的问题,世界上58家较大的航空公司于1945年4月在哈瓦那自发组织成立了国际航空运输协会,同年12月加拿大皇室批准了议会通过的关于建立国际航空运输协会的特别法案,国际航空运输协会正式成立。

IATA的总部在加拿大蒙特利尔,在日内瓦设有总办事处和清算所,在伦敦和新加坡设有办事机构。协会还在安曼、雅典、曼谷、达卡、香港、雅加达、吉达、吉隆坡、内罗毕、纽约、波多黎各、里约热内卢、圣地亚哥、华沙和华盛顿设有地区办事处,处理相关事宜。

IATA的最高权力机构是全体会议,全体会议由协会正式会员代表组成,每年召开一次。执行委员会是根据协会章程规定,由全体会议选举产生。它在协会章程条款规定的范围内行使协会的行政职能以及全体会议决议随时授予的附加权力。执行委员会下设运输、财政、法律和技术4个专门委员会。委员会的组成人员由会员航空公司提名的专家组成,并经执委会和大会批准。其宗旨和目的:为了全世界人民的利益,促进安全、正常和经济的航空运输的发展,支持航空商业的发展并研究与之相关的问题;为直接或间接从事国际航空运输服务的各航空运输企业提供合作的途径;与国际民航组织和其他国际组织合作。

根据 1978 年国际航空运输特别大会决定,IATA 的活动主要分为行业协会活动和运价协调活动两大类。除此以外,还有其他种类的活动,如航空公司培训、技术活动、与其他行业协调;航空公司与其代理人(包括客票销售代理人和货运代理人)之间就银行结算计划,提供计算机账目处理自动化技术,如 BSP、CASS 系统等;由航空公司协调班期时刻和机场间隙以及多边联运业务协议等。

自成立以来,IATA 充分利用航空公司的专业知识在多个方面做出了重大贡献,这中间包括推动地空通信、导航、航空器安全飞行等新技术;制定机场噪声、油料排放等环境政策;与国际民航组织密切联系制定一系列国际公约;协助航空公司处理有关法律纠纷,筹建国际航空清算组织;推进行业自动化,促进交流;对发展中国家航空运输企业提供从技术咨询到人员培训的各种帮助;在航空货运方面制定空运集装箱技术说明及航空货运服务有关规章;培训国际航协代理人等。另外,定期召开的 IATA 会议还为会员提供了讨论航空运输规则、协调运价、统一单证、财务结算等问题的场所。

目前,中国内地已有几家航空公司成为 IATA 会员航空公司:1993 年中国国际航空公司、中国东方航空公司、中国南方航空公司同时加入 IATA;1996 年中国北方航空公司、中国西北航空公司和中国西南航空公司加入 IATA;1998 年中国新疆航空公司、中国云南航空公司、上海航空公司和厦门航空公司加入 IATA;海南航空公司、山东航空公司和深圳航空公司分别在 2000 年、2001 年和 2002 年加入 IATA。1999 年,中国航空结算中心和中国航空信息技术有限公司加入 IATA,成为 IATA 的行业伙伴。

3. 国际货运代理协会联合会

国际货运代理协会联合会(International Federation of Freight Forwarders Association,简称 FIATA)是国际货运代理的行业组织,于 1926 年 5 月 31 日在奥地利维也纳成立,总部设在瑞士苏黎世,创立的目的是为了解决由于日益发展的国际货运代理业务所产生的问题,保障和提高国际货运代理在全球的利益,提高货运代理服务的质量。它是公认的国际货运代理的代表,是世界范围内运输领域中最大的非政府性和非营利性组织。

FIATA 有自己的章程,根据章程设立各级组织并开展活动。FIATA 每年举行一次世界性的代表大会,这一国际性的活动将运输界和货运代理紧密联合在一起,适时地引导了货物运输的整体经济发展,是一项社会性的活动,同时也是 FIATA 的最高权力机构,所有会员都可以参加。大会除主要处理 FIATA 内部事务外,还为国际货运代理界人士提供一个社交的场合及业务交流的机会。

FIATA 从 19 世纪 60 年代起先后成立了若干咨询委员会及常设机构,他们分别是研究有关国际货物运输热点问题的多式联运机构、海关简化机构和货物空运机构,危险货物咨询委员会、法律事务咨询委员会、职业培训咨询委员会、公共关系咨询委员会和信息技术咨询委员会。

国际货运代理协会联合会的宗旨和任务是:

(1)协调和联合各国的货运代理组织和行业协会。

(2)代表和维护货物发运人的利益。

(3)协调航空货运经营人与航空承运人、政府和其他组织之间的关系。

(4)航空运输委员会的任务是促进和维护航空货运代理的利益。

(5) 与国际航协一起,设计并制定货运代理业的培训计划。

该协会的一般会员由国家货运代理协会或有关行业组织或在这个国家中独立注册登记的且为唯一的国际货运代理公司组成,另有为数众多的国际货运代理公司或其他私营企业作为其个体会员。其成员不局限于国际货运代理行业,而且包括报关行、船舶代理、仓储、包装、卡车集中托运等运输企业。FIATA 现有国家级会员(National Associations)90 多家,分布在 83 个国家;个体会员(Individual Members)3000 多家。

我国对外贸易运输总公司作为国家级会员的身份,于 1985 年加入了该组织。2000 年 9 月中国国际货运代理协会成立,次年作为国家级会员加入 FIATA。我国台湾地区和香港特别行政区各有一个区域性会员,台湾以中国台北名称在 FIATA 登记注册。目前我国大陆有 20 多个个体会员,香港特区有 105 个,台湾有 48 个。

4. 国际电信协会

国际电信协会(SITA)是联合国民航组织认可的一个非营利性组织,是世界上航空运输业领先的电信和信息技术解决方案的集成供应商。SITA 成立于 1949 年,在全球拥有 4300 名雇员,1997 年总产值超过 10 亿美元。目前在全世界拥有 650 家航空公司会员,其网络覆盖全球 180 个国家,SITA 的发展目标就是带动全球航空业使用信息技术的能力,并提高全球航空公司的竞争能力,SITA 不仅为航空公司提供网络通信服务,还可为其提供服务查询系统,如机场系统、行李查询系统、货运系统、国际票价系统等。

SITA 为适应航空运输的快速发展,其发展策略由原来的网络提供者转变为一个整体方案的提供者,未来 SITA 将为航空业提供因特网(Internet)与公司内部网络(Internet)之间完整的整合性解决方案、委派服务、工作站整合、机场系统以及各种解决方案。

SITA 从 20 世纪 80 年代初在中国成立办事处,中国会员已达 11 家。SITA 货运系统已在中国国际航空公司、中国货运航空有限公司使用。系统开通后,与外地营业部、驻外办事处联网,货运工作人员可以及时地将航班信息、运单信息、入库信息、装载信息、货物到达信息及中转信息等数据输进系统,系统在航班关闭后自动给沿途各站拍发舱单电报、运单报等货运电报。沿途各站只要打开系统网络,就能够全程追踪货物的运输情况,从而为货主查询联程货物和进口货物提供极大方便。

5. 中国航空运输协会

中国航空运输协会(China Air Transport Association,简称 CATA)由中国国际航空股份有限公司、中国东方航空股份有限公司、中国南方航空股份有限公司、海南航空股份有限公司、上海航空股份有限公司、中国民航大学、厦门航空有限公司、深圳航空有限责任公司、四川航空股份有限公司九家单位发起,于 2005 年 9 月 26 日在北京成立。该协会是依据我国有关法律规定,以民用航空公司为主体,由企、事业法人和社团法人自愿参加结成的、行业性的、不以营利为目的,经中华人民共和国民政部核准登记注册的全国性社团法人。图 1-2 为中国航空运输协会组织机构图。

CATA 的基本宗旨是:遵守宪法、法律法规和国家的方针政策。按照社会主义市场经济体制要求,努力为航空运输企业服务,为会员单位服务,为旅客和货主服务,维护行业和航空运输企业的合法权益,促进中国民航事业健康、快速、持续地发展。CATA 的工作方针为:以党和国家的民航政策为指导,以服务为主线,以会员单位为工作重点,积极、主动、扎实、有效地为会员单位服务,促进提高经济效益,努力创造公平竞争、互利互惠、共同发展的健康和谐的航空运输环境。

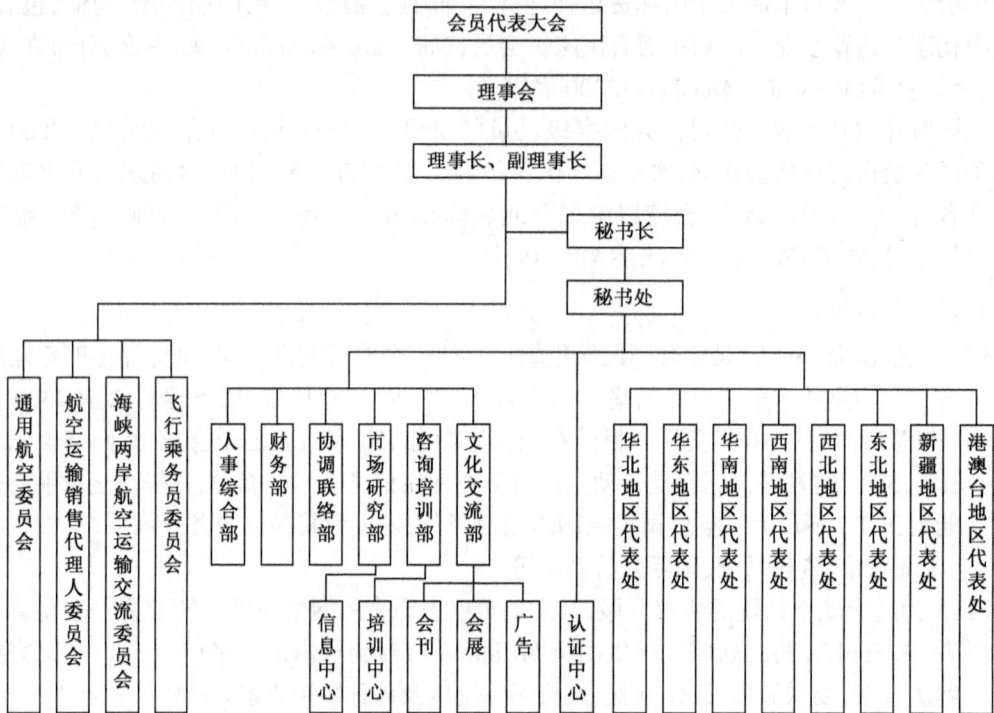

图 1-2　中国航空运输协会组织机构图

中国民航业经过不断地深化改革,已初步建立起了符合社会主义市场经济要求的新型管理体制。民航总局作为国务院主管全国民航事务的直属机构,目前主要承担民用航空的安全管理、市场管理、空中交通管理、宏观调控和对外关系等方面的职能。随着中国正式加入世贸组织,国际航空运输市场竞争日趋白热化,航空公司非常需要有一个通晓国际运输规则,能够维护自己合法权益的组织。中国航空运输协会的建立完全适应了我国航空运输企业的自身发展要求。因此,中国航空运输协会将在以下五个方面发挥作用:

(1)宣传贯彻党和国家、民航总局关于中国民航建设的方针、政策及法规。

(2)主动、积极听取会员单位的意见和建议,及时向政府和国家反映航空运输企业在发展、经营中存在的困难和问题,争取政策支持。

(3)协调和协助解决航空运输市场的矛盾和纠纷,协调政府与会员单位、会员单位与会员单位之间的经济关系。

(4)通过组织交流、参观考察、理论研究、提供咨询等形式,不断学习和推广国际国内先进管理方式和经验。

(5)通过建立自律机制,规范市场行为,反对不正当竞争,维护会员单位合法权益,促进航空运输企业健康有序地快速发展。

6.中国民用航空局

中国民用航空局简称民航局,是中华人民共和国国务院主管民用航空事业的国家局,由交通运输部管理。其主要职能是:

(1)研究并提出民航事业发展的方针、政策和战略;拟订民航法律、法规草案,经批准后监督执行;推进和指导民航行业体制改革和企业改革工作。

(2)编制民航行业中长期发展规划;对行业实施宏观管理;负责全行业综合统计和信息化工作。

(3)制定保障民用航空安全的方针政策和规章制度,监督管理民航行业的飞行安全和地面安全;制定航空器飞行事故和事故征候标准,按规定调查处理航空器飞行事故。

(4)制定民用航空飞行标准及管理规章制度,对民用航空器运营人实施运行合格审定和持续监督检查,负责民用航空飞行人员、飞行签派人员的资格管理;审批机场飞行程序和运行最低标准;管理民用航空卫生工作。

(5)制定民用航空器适航管理标准和规章制度,负责民用航空器型号合格审定、生产许可审定、适航审查、国籍登记、维修许可审定和维修人员资格管理并持续监督检查。

(6)制定民用航空空中交通管理标准和规章制度,编制民用航空空域规划,负责民航航路的建设和管理,对民用航空器实施空中交通管理,负责空中交通管制人员的资格管理;管理民航导航通信、航行情报和航空气象工作。

(7)制定民用机场建设和安全运行标准及规章制度,监督管理机场建设和安全运行;审批机场总体规划,对民用机场实行使用许可管理;实施对民用机场飞行区适用性、环境保护和土地使用的行业管理。

(8)制定民航安全保卫管理标准和规章,管理民航空防安全;监督检查防范和处置劫机、炸机预案,指导和处理非法干扰民航安全的重大事件;管理和指导机场安检、治安及消防救援工作。

(9)制定航空运输、通用航空政策和规章制度,管理航空运输和通用航空市场;对民航企业实行经营许可管理;组织协调重要运输任务。

(10)研究并提出民航行业价格政策及经济调节办法,监测民航行业经济效益,管理有关预算资金;审核、报批企业购买和租赁民用飞机的申请;研究并提出民航行业劳动工资政策,管理和指导直属单位劳动工资工作。

(11)领导民航地区、自治区、直辖市管理局和管理民航直属院校等事业单位;按规定范围管理干部;组织和指导培训教育工作。

(12)代表国家处理涉外民航事务,负责对外航空谈判、签约并监督实施,维护国家航空权益;参加国际民航组织活动和涉及民航事务的政府间国际组织和多边活动;处理涉及香港、澳门特别行政区及台湾地区的民航事务。

(13)负责民航党群工作和思想政治工作。

(14)承办国务院交办的其他事项。

二　相关法律法规

1.《芝加哥公约》

该公约全称为《国际民用航空公约》,于1944年12月7日在美国芝加哥签订,1947年4

月 4 日起生效,是当前国际上被广泛接受的国际公约之一。我国是《芝加哥公约》的缔约国,于 1974 年 2 月 15 日通知国际民航组织,承认《芝加哥公约》并参加该组织的活动。

《芝加哥公约》是国际航空领域的一个宪章性文件,它对国际民航领域的基本问题作了规定,除序言外,分为空中航行、国际民用航空组织、国际航空运输和最后条款四部分,以及有关国际标准和建议措施的十八个附件。它规定了五种空中自由权,包括:

(1)不降停而飞越其领土的权利。

(2)非商业性降停的权利,即只作技术性降停,如增加燃油、检修飞机等而不上下旅客、货物、邮件的权利。

(3)卸下来自航空器国籍国领土的旅客、货物、邮件的权利。

(4)装上前往航空器国籍国领土的旅客、货物、邮件的权利。

(5)装卸前往或来自任何其他缔约国领土的旅客、货物、邮件的权利。

五种空中自由权的第三、第四种自由权是两国通航的最基本原则,第五种自由权需经双方政府谈判并达成协议。

2.《华沙公约》

《华沙公约》的全称为《统一国际航空运输某些规则的公约》。该公约于 1929 年 10 月 12 日签订于波兰华沙,1933 年 2 月 13 日生效。《华沙公约》的规定主要涉及国际运输中的两个方面,即航空运输凭证与航空承运人损害赔偿责任。

在航空运输凭证规定中,《华沙公约》规定了运输凭证的法定形式、法定内容、法定效力、对违反规定的承运人实施的法律制裁,并体现了航空运输以合同为准则的基本原则。

在航空承运人损害赔偿责任规则中,《华沙公约》规定了承运人承担损害赔偿责任的范围、一般原则、损害赔偿原则、消费者索赔期限与诉讼期限、损害赔偿责任争议、司法管辖与程序以及仲裁等事宜。

3.《蒙特利尔协议》

1975 年共签订了四个议定书,蒙特利尔第一、二、三号附加议定书,以与《华沙公约》和经《海牙议定书》、《危地马拉议定书》修正的《华沙公约》接轨为目的,对《华沙公约》中以法国法郎为标准货币单位规定的损害赔偿金最高限额做出了变更。根据以上议定书规定,《华沙公约》缔约国如为国际货币基金组织的成员国,或本国是可以使用特别提款权的国家,《华沙公约》中以法国法郎为货币单位规定的承运人损害赔偿金最高限额,均改为以国际货币基金组织特别提款权表示。

蒙特利尔第四号附加议定书做出的最重大举措,是将客观责任原则适用于货物运输。该议定书规定:由于灭失、遗失、毁损等原因导致的货物损害,只要损害事件发生于航空运输期间,除非承运人能够证明损害的发生是由于货物属性、品质、缺陷、承运人或其雇佣人、代理人以外的人包装货物的货物包装不良,战争或武装冲突,政府有关部门实施的有关货物出境、入境、过境的行为所致,不然,承运人应当承担损害赔偿责任。不适用于客观责任的,如对由延误导致的货物损害,如果承运人能够证明,为避免损害已经采取了一切必要措施或不可能采取此种措施时,承运人可不承担损害赔偿责任。对由索赔方的过失导致或促成的货物损害,如经承运人举证,承运人也可以被全部或部分免除其损害赔偿责任。

4.《中华人民共和国民用航空法》

《中华人民共和国民用航空法》(以下简称《民航法》)由中华人民共和国第八届人民代表大会常务委员会第十六次会议于1995年10月30日通过,自1996年3月1日起正式实行。在对航空货物运输的有关规定中,《民航法》吸收了《华沙公约》的主要精神,如国际航空运输的定义,承运人责任期间,发、收货人的权利和义务、诉讼时效等,同时采纳了《海牙议定书》中的合理内容,删除了承运人的驾驶过失免责,延长了索赔时效。针对承运人对货物灭失或损坏的责任,采取了更为严格的态度,即不是以是否存在过失来判断承运人是否负责,而是采用了严格责任制为基础。

第三节　航空货运代理

航空货运代理是社会分工和专业化发展的结果。在第二次世界大战后,航空货物运输才开始出现。早先的货物运输主要依靠航空公司自己开拓市场。随着国际贸易和航空货物运输市场的发展,一些经营海运和旅游代理业务的公司便在公司内部加设空运代理部门,专营空运代理业务,并且很快就出现了一个个独立的专门性空运代理公司,并逐步发展为空运代理行业。

一　航空货物运输代理人概述

航空货运代理,是伴随着航空货物运输市场的繁荣而发展起来的。

1.航空货运代理人的定义

航空货物运输代理人是指受发货人或收货人的委托,以委托人的名义实施民事法律行为,委托人对代理人的行为承担民事责任。代理人可代委托人签订运输合同并在始发站从事揽货、接收、报关、订舱以及在目的地从航空公司手中接货、报关、交货或送货等上门业务。

根据传统的定位,货运代理人是指能够代表货主从事揽货存储、舱位预订、报关报验等事务,主要依靠收取代理佣金为生的公司或个人。随着航空运输业的繁荣发展和货主需求水平的提高,一些货运代理人已不满足于单纯的代理业务,开始拓宽其业务范围和服务深度,例如从事接取货物赚取差价等新业务;与航空公司签订租舱运输合同;与货主直接签订承运合同等。这样的货运代理人,实际上已经成为分别面对货主、航空公司的"中间承运人",其法律地位和法律责任也都发生了巨大的变化。

2.航空货运代理人的作用

航空货运代理人是航空货物运输市场中连接货主和航空承运人的重要桥梁和纽带。航空货物运输代理人一般是多年专门从事航空货运的代理工作,业务娴熟,经验丰富,精通运输、贸易、保险和法律方面的专门知识,熟悉政策,与运输、贸易、银行、保险、海关和商检等部门有着广泛的联系,在市场开拓等各方面均拥有巨大的专业优势。

对托运人来说,只需少量的佣金,就可以得到专业的空运代理人的服务,既省时又省力;对航空公司而言,不需要投资或者只使用少量的投资,就可以获得具备专业知识的货运代理人的专业服务,与货代公司的合作,可以有效地减少其空舱,大大提高航空运输效率,提高其运输经济效益。

航空货运代理在为航空公司开拓国际国内航空货运市场,促进航空货物运输市场的发展等方面发挥了相当大的作用。目前航空货物运输代理人已经渗透到航空货物运输的各个角落,成为航空货物运输事业不可缺少的组成部分。

二 航空货运代理人的分类

目前,世界各国的航空货运代理公司数量众多,类型不一。选择的划分依据不同,会有不同的分类结果。

1. 从所代理的主体划分

从所代理的主体可分为 IATA 货运代理和航空货运代理两类航空货运代理人。IATA 货运代理是获得属于 IATA 的航空公司的认可和授权,并代表航空公司从事相关活动,在我国称为航空运输销售代理。航空货运代理指的是接受托运人的委托,代表托运人处理各项业务,在我国称为航空货运代理。我国的航空运输代理人大多数具有上述两重身份。

2. 从经营范围划分

从航空货运代理的经营范围划分可分为具有经营国际业务资格的国际航空货运代理人和只具有经营国内业务资格的国内航空货运代理人。我国采用的是一类代理和二类代理的概念,即具有经营国际业务资格的国际航空货运代理人称之为一类空运销售代理,只具有经营国内业务资格的国内航空货运代理人称之为二类空运销售代理。

根据中国民航局的规定,一类空运销售代理是指经营国际航线或香港、澳门和台湾地区航线的民用航空销售代理业务;二类空运销售代理是指经营国内航线除香港、澳门和台湾地区航线外的民用航空运输销售代理业务。

3. 从代理的业务性质划分

根据航空货运代理的业务性质划分,常见的航空货运代理主要包括以下几种:

(1)订舱揽货代理。由于该类代理人与国外货主和航空承运人有着广泛的联系,它们或代表货主向航空承运人办理订舱,或为航空承运人四处揽货,是航空承运人和货主们达成航空运输合同的桥梁。

(2)货物装卸代理。

(3)货物存储代理。包括货物的保管、整理、包装以及保险等业务。

(4)货物转运代理。

(5)货物理货代理。

(6)货物报关代理。各国对于此类代理都有较为严格地条件限制,如必须向国家有关部门申请登记,报关人员必须经过考试合格,获得资格证书才能从事该项代理业务。由于此类代理人精通相关报关的业务知识,了解相关国家的政策和制度,可协助托运人掌握进口国和出口国的相关限制、规定等信息,帮助托运人和收货人准备相应的文件,办理相关的手续等。

根据航空货运代理公司的规模和能力,其代理的业务范围有大有小,有的只办理一项业务,有的办理多项业务。

三 航空货运代理企业成立的条件

《中华人民共和国国际货运代理业管理规定》明确规定,国务院商务部负责对全国的国际货代业实施监督管理。

1. 国际货运代理企业的资格条件

在我国从事国际货物运输代理的企业必须具备以下条件:

(1)必须依法取得中华人民共和国企业法人资格,名称中需含有"货运代理"、"运输服务"、"集运"、"物流"等字样。

(2)至少有 3 名取得从事航空货运代理业务资格证书的从业人员。

(3)有固定的营业场所,必要的营业设施和资料。

(4)有稳定的进出口货源市场。

(5)一级代理注册资本限额,其中空运不少于 300 万元,海运代理不少于 500 万元,陆运快递不少于 200 万元。

2. 成立航空货运代理企业的程序

成立一级航空货运代理需要向民航行政主管部门提交书面申请,成立二级航空货运代理需向营业机构所在地的民航地区行政管理机构提交书面申请。经有关部门和机构合法经营批准的证书有效期为 3 年。

申请提交的文件资料有:

(1)申请书。

(2)企业章程。

(3)主要负责人的姓名、职务、简历及销售业务人员名册。

(4)营业设施和电信设备情况。

(5)验资证明和经济担保证明。

(6)航空货运代理业务资格证书的影印件。

(7)航空公司出具的委托代理意向书。

(8)其他需要提交的文件资料。

(9)申请一级代理还应提交《中国国际货物运输代理企业认可证书》影印件。

四 航空货运代理的业务范围

国际航空货运代理通常是接受客户的委托完成货物运输的某一环节或与此有关的各个环节。可直接或通过货运代理及他雇佣的其他代理机构为客户服务,也可以利用他的海外代理人提供服务。主要服务内容包括:

1. 代表发货人(出口商)

(1)选择运输路线、运输方式和适当的承运人。

(2)向选定的承运人提供揽货、订舱。

(3)提取货物并签发有关单证,研究信用证条款和所有政府的规定。

(4)包装、储运、称重和量尺寸。

(5)安排保险,做外汇交易,支付运费及其他费用。

(6)货物到港口后办理报关及单证手续,并将货物交给承运人。

(7)收取已签发的正本提单,并付发货人。

(8)安排货物转运,通知收货人货物动态。

(9)记录货物灭失情况,协助收货人向有关责任方进行索赔。

2. 代表收货人(进口商)

(1)报告货物动态。

(2)接收和审核所有与运输有关的单据。

(3)提货和付运费。

(4)安排报关和付税及其他费用。

(5)安排运输过程中的存仓。

(6)向收货人交付已结关的货物。

(7)协助收货人储存或分拨货物。

3. 作为多式联运经营人

收取货物并签发多式联运提单,承担承运人的风险责任,对货主提供一揽子的运输服务。

在经济发达国家,由于货运代理发挥运输组织者的作用巨大,故有不少货运代理主要从事国际多式联运业务。而在发展中国家,由于交通基础设施较差,有关法规不健全以及货运代理的素质普遍不高,因此国际货运代理在作为多式联运经营人方面发挥的作用较小。

4. 其他服务

根据客户的特殊需要提供监装、监卸、货物混装和集装箱拼装拆箱运输咨询服务,特种货物挂装运输服务及海外展览运输服务等。

五 航空货物集中托运与直接运输

1. 航空货物集中托运

集中托运商是指专门从事空运货物代理的发运代理业务的代理人。由于航空货物的运价是随着货物计费重量的增加而逐级递减的,集中托运商将多票单独发运的、目的地相同或相近的货物,集中起来作为一票货物,用较低的运价交给承运人发运到同一目的地,从而赚取运费差价。航空公司就整票货物向集中托运者开具货运主单,集中托运者向各个分散的货主开具分运单。货物到达目的站,由分拨代理商统一办理海关手续后,再分别将货物交付给不同的收货人。

集中托运商除了可以提供货运销售代理人提供的服务内容外,还可承担其他多项服务:

(1)在出口货物时集中托运商负责集中托运货物的组装。

(2)将"待运状态"的散装货物交付给承运人或将货物装入集装器后,交付给承运人。

（3）在进口货物时办理清关手续,准备再出口的文件,如有中转货物还可办理国内中转货的转关监管手续。

2. 直接运输

直接运输是货物由货主或航空货运代理人交付给承运人,货运单由航空货运代理人填开,并列明真正的托运人和收货人,并且只使用航空公司的货运单。

贵重物品、活体动物、尸体、骨灰、外交信袋、危险物品等货物不能以集中托运形式运输,而要办理直接运输。

3. 航空货物集中托运与直接运输的区别

（1）货物交付人不同。直接运输的货物由承运人的委托人——代理人交付给承运人;而集中托运货物由托运人的委托人——集中托运商交付给承运人。

（2）货运单的填开不同。直接运输的货运单由代理人填开,并列明真正的托运人和收货人;集中托运的货运单由托运人填开,货物的发货人是集中托运商、收货人是分拨代理商。

（3）使用文件不同。集中托运商收取货物后需要填开两种运单:分运单和主运单。分运单（HWB）是集中托运商与发货人交接货物的凭证;主运单（MWB）也称总运单,是集中托运商与承运人交接货物的凭证,同时又是承运人运输货物的正式文件。

一票集中托运货物的所有分运单都要装在结实的信封内附在主货运单后,并在货运单"Nature and Quantity"栏内注明:"Consolidation as per attached manifest"。

而直接运输只需填开一种运单即可。

复习思考题

1. 简述航空货运的发展概况。
2. 简述我国航空货运的现状。
3. 简述航空货运的市场特点。
4. 航空货物运输有哪几种运输方式?

第二章　航空货物的装载

学习目的与要求

　　了解常见的货运机型,掌握飞机对装载货物的限制。了解集装器的种类、编号;掌握各种集装设备的使用和装载原则;了解航空货物包装的规定。

第一节　航空货运飞机

　　航空运输的主力——大飞机的生产厂家都是国外的飞机制造商,如空中客车(Airbus)、波音(Boeing)、福克(Fokker)、麦道(McDonnell Douglas)等公司。目前从事货运的飞机机型主要是空客系列、波音系列、麦道系列和"安"系列,比如 A300F、B747-400F、MD-11F 等。

一　航空货运机型的分类

1. 按机身的宽度划分

(1)窄体飞机(Narrow-body Aircraft)

　　窄体飞机的机身宽约 3m(10ft),客舱旅客座位之间只有一条通道,下货舱一般只能装载散装货物,通常称之为"散货舱",不能装运集装货物,可将货物直接装入飞机腹舱。

　　常见的窄体飞机主要有:

　　波音系列　B707、B717、B727、B737、B757;

　　空客系列　A318、A319、A320、A321;

　　麦道系列　DC-8、DC-9、MD-80、MD-90;

　　另外,还有 TU154、BAE146 以及 Fokker、Saab 等支线飞机都属于窄体飞机。

　　A320 可以装运集装货物,但它所能装运的集装箱是经过特别设计的,其最大高度为 117cm,而一般宽体飞机所能装运的集装箱最大高度为 163cm。

(2)宽体飞机(Wide-body Aircraft)

　　宽体飞机的机身宽度不少于 4.72m(15ft 6in),客舱内有两条通道,这类飞机可以装运集装货物和散货。下货舱主要装载集装货物,也称为"集装货舱",大多数宽体飞机的下舱也设置散货舱。

　　常见的宽体飞机主要有:

　　波音系列　B747、B767、B777;

空客系列　A300、A310、A330、A340；

麦道系列　DC-10、MD-11；

伊尔系列　IL-86、IL96；

另外,L1011 Tristar、AN-124 等飞机都属于宽体飞机。

2.按飞机使用用途划分

(1)全客机(Passenger Aircraft)

全客机的主舱用来载运旅客,下舱可以装载货物和行李,如 B737-300。

(2)全货机(Freighter Aircraft)

全货机的主舱和下舱只用于载运货物,不能载运旅客。其飞机代号后有字母"F(Freighter)",如 B737-200F、B747-400F。

(3)客货两用机(Mixed Passenger/Freighter Aircraft)

客货两用机不仅下舱装载货物,而且它的主舱也分为两个部分:前部设有旅客座位装运旅客,后部用于装载货物。客货混装型飞机一般称为COMBI,其飞机代号后有字母"M",如 B747M。

(4)客货机快速互换飞机

航空公司根据运输需要,将一架飞机客舱内的旅客座椅快速拆卸或者快速安装,使之由一架客机快速转换成一架货机,或由一架货机快速转换成一架客机。我们经常在一些机型资料中看到的QC指的就是客货快速互换机型,它是 Quick Change 的缩写。例如:B737-300QC。

图 2-1 分别为波音 747 客机、客货混用机和全货机的剖面图。

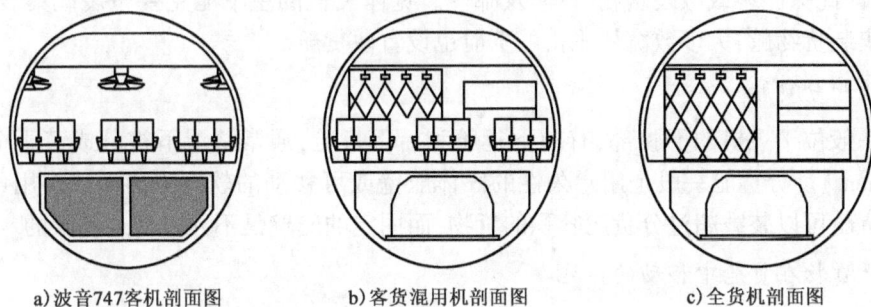

a)波音747客机剖面图　　b)客货混用机剖面图　　c)全货机剖面图

图2-1　波音 747 客机、客货混用机和全货机剖面图

3.按载货的类型划分

(1)散货型飞机(Bull Cargo Aircraft)

散货型飞机是指不能装载集装货物(集装箱或集装板)的飞机。窄体飞机的下货舱属非集装货舱,因此该类机型绝大部分属散货型飞机。

(2)集装型飞机(ULD Cargo Aircraft)

全货机及宽体客机均属集装型飞机,可装载集装设备。

二　飞机的舱位结构

1.主舱和下舱

从飞机内部结构看,一般飞机主要分为两种舱位:主舱(Main Deck,简称 MD)和下舱

（Lower Deck，简称 LD），但 B747 分为三种舱位：上舱（Upper Deck）、主舱和下舱（图 2-2）。

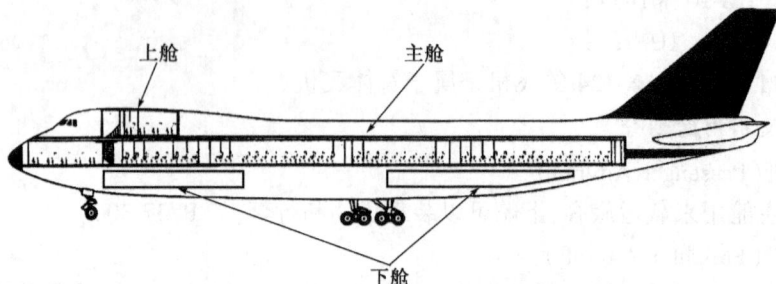

图 2-2　波音 747 舱位结构图

（1）主舱

全客机的主舱主要安排有旅客座位、行李架、储藏室等设施；客货混装机的主舱前半部分为客舱区，后半部分安排有集装货舱，可以装载集装货物；全货机的主舱则全部用于集装货物的装载。

（2）下舱

下舱一般用于装载货物、行李及邮件。大型宽体飞机的下舱分为前舱、后舱及尾舱。前舱和后舱均有集装设备卡锁设施，因此可以装载集装箱和集装板货物。装载布局视各机型出厂时的卡锁设施而定。宽体飞机的尾舱则只能装载散装货物、行李及邮件。窄体飞机的下舱都是散装舱，因此只能装载散装货物、行李及邮件。宽体飞机的主下舱主要是装载集装货物，因此也称为集装货物舱，大多数宽体飞机的下舱也设置散货舱。

2. 货舱和分货舱

货舱一般位于飞机的下腹部，有前下货舱和后下货舱，通常情况下被分成若干个分货舱（Compartment）。分货舱一般是用永久性的固体舱壁或可移动的软网隔离而成。用可移动的网隔开的货舱可以装载超过分货舱容积的货物，而固定的舱壁是不允许超过界限的。

3. 防止货物在货舱中移动的措施

在飞行过程中，如果货舱内的货物产生位移，它很容易损坏飞机，并且危及货物本身的安全，比如重大的或尖锐的货物可能刺破舱壁碰到油箱、电器的关键部位、供水设备或其他的货物。由于货物在机舱内未被固定好而四处移动，飞机的重心位置就不能固定，很有可能落到安全区之外。因此，将货物固定在机舱内防止它移动是很有必要的。固体舱壁和隔离网都是防止货物在飞行中移动的限制系统的组成部分。另外，还可以采用其他的防护措施避免货物移动，包括网、锚链、带子、绳子。

4. 防止集装箱和集装板在货舱中移动的措施

当使用集装箱或集装板装运货物时，货舱再次划分为若干个货位，在这些货位上放置集装箱和集装板。在这些货位之间并未采用隔板真正地把它们分开。货舱地板是由万向球台和滚棒组成的，既可以使用机械搬运，又可以人工地将集装箱放在货舱内的指定位置。当集装箱或集装板被装在指定位置上之后，就要用货舱地板上的限制系统将其锁定，以防止它在飞行中产生位移。

三　飞机货舱内的压力和温度

虽然各个机型飞机的主舱中的压力、通风和温度是能够控制的，但下舱的情形在各个机型之间却大不一样，特别是一些旧机型的下舱状况更为明显。在某些飞机上，下舱是不通风的，但当机身内部和外部存在一个压差时，从货舱门处会漏进空气。所以当飞机在地面上且货舱门关闭的状态下，下舱就不通风，而飞机开始飞行，上升并达到最大的巡航速度飞行时，下舱就开始通风了。

还有一些机型的下舱温度无法控制，有时可能在飞行的过程中冷到能够冻结的程度。另外一些类型的飞机上有少量的暖空气通过舱壁进入机舱，提供补充气体以代替货舱门附近所泄露的气体。而用于载运动物的机型上，驾驶舱可以通过加热和制冷保持货舱温度，以适应动物的生存需要。然而，在大多数现代型的飞机上，温度和压力是通过飞机工程师来调整的。

四　飞机的装载限制

1. 重量限制

由于飞机结构的限制，飞机制造商规定了每一货舱可装载货物的最大重量限额。任何情况下，所装载的货物重量都不可以超过此限额。否则飞机的结构很有可能遭到破坏，飞机安全会受到威胁。

①宽体飞机载运的货物，每件货物重量一般不超过 250kg，体积一般不超过 100cm × 100cm × 140cm；非宽体飞机载运的货物，每件货物重量一般不超过 80kg，体积一般不超过 40cm × 60cm × 100cm。如果超过，则必须考虑并且确认满足机舱地板承受力和有关各个航站的装卸条件时，方可收运。

②凡托运人托运的货物，由非宽体飞机载运，单件重量超过 80kg 或体积超过 40cm × 60cm × 100cm，称为超限货物。

2. 容积限制

由于货舱内可利用的空间有限，因此，这也成为运输货物的限定条件之一。轻泡货物已经占满了货舱内的所有空间，而未达到重量限额。相反，高密度货物的重量已达到限额而货舱内仍会有很多的剩余空间无法利用。将轻泡货物和高密度货物混运装载，是比较经济的解决办法。有些承运人会提供一些货物的密度参数作为混运装载的依据。

除了新闻稿件外，货物的尺寸三边之和不能小于 40cm，最小一边不能小于 5cm。如果不符合上述规定的小件货物应加大包装才能交运。

3. 舱门限制

为了将一件货物装进货舱，必须经过飞机的货舱门，由此可见货舱内部容积的限制并不是唯一的限制条件，因此要确定货物的最大尺寸，既要考虑货舱内部容积又要考虑货舱门尺寸，同时还要考虑舱门与舱壁的相对位置和舱门开在货舱的哪一侧。对于一架飞机来说，在接收货物之前，首先应该将货物的尺寸与货舱门的尺寸相比较。

飞机制造商提供的飞机装载尺寸表可以帮助判断货物能否顺利通过飞机的货舱门被装进

货舱。这些表给出了货物的基本宽度和高度,在任何的一对宽和高的交叉点上的数字便是这件货物的最大允许长度。

在 TACT Rules 中可以找到这些表格。表中的宽度、高度和长度都是用厘米和英寸来表示的。表 2-1 为 A320-200 飞机的货物装载尺寸表,根据此表可以判断货物能否被装上 A320-200 飞机。

A320-200 飞机货物装载尺寸表(单位:cm 和 in)　　　　　　表 2-1

高度（HEIGHT）	宽度（WIDTH）								
	10	20	30	40	50	60	70	80	85
	4	8	12	16	20	24	28	31	33
10	282	267	244	255	205	186	165	148	141
4	111	105	96	89	81	73	65	58	56
20	282	262	243	225	205	186	165	148	141
8	111	103	96	89	81	73	65	58	56
30	282	261	243	225	205	186	165	145	141
12	111	103	96	89	81	73	65	58	56
40	282	261	243	225	205	186	165	148	141
16	111	103	96	89	81	73	65	58	56
50	279	261	243	225	205	186	165	148	141
20	111	103	96	89	81	73	65	58	56
60	279	261	243	225	205	186	165	148	141
24	111	103	96	89	81	73	65	58	56
65	279	261	243	225	205	186	165	148	141
26	111	103	96	86	81	73	65	58	56

例 2-1:

　　一件货物的尺寸为 200cm×60cm×50cm,准备装载在 A320-200 飞机上,由表 2-1 中对应数据可以看出舱门所允许的货物最长为 186cm,由于货物实际长度为 200cm,所以不能装载在该型飞机上运输。

　4. 机舱地板的承受力限制

货物压在机舱地板上的重量就是机舱地板所承受的重量。而每一种机型的机舱地板的每平方米可承受的最大重量在设计时就已经确定了。如果超过这个额定负荷,则可导致机舱地板损坏,甚至飞机自身结构的破坏。因此装机时应该注意不能超过机舱地板的额定最大负荷;如果超过机舱地板的额定最大负荷,要给此件货物加一块合适的垫板,以减小每平方米地板所承受的压力。

　(1)地板承受力计算

　　　　地板承受力 = 货物的重量 ÷ 货物底部与机舱地板的接触面积

有些货物有承重木,即在底部两边或四角装有木条或枕木。这种货物的重量是通过承重木压在机舱地板上。因此在计算地板每平方米所承受的货物重量时,应根据承重木底部面积的大小求得。

当遇到一件较重货物时,首先应考虑它是否超过飞机货舱地板的最大承受力,为了确定这一点,必须考虑如下因素:货物的毛重、外观尺寸、机舱地板的额定最大负荷。

另外还要决定货物包装的哪一面放在地板上。为了尽量避免使用垫板,应该把具有最大面积的那一面贴着地板放置(有"不可倒置"标志的货物除外)。

以下是部分飞机机舱地板的最大承受力(额定最大负荷):

波音系列:下货舱散货舱　　732kg/m²
　　　　　下货舱集货舱　　976kg/m²
　　　　　主货舱集货舱　　1952kg/m²,488kg/m²(T区)
空客系列:下货舱散货舱　　732kg/m²
　　　　　下货舱集货舱　　1050kg/m²

(2)垫板面积计算

在货物装机时,不仅要考虑机舱是否能容纳货物以及货物是否能顺利通过货舱门,而且还要计算货舱地板每平方米所承受的重量是否超过了它的额定最大负荷。如果超过了地板最大承受力,则应利用垫板分散货物重量,使其每平方米内所承受的重量降至最大承受力以下。

为了达到减轻货舱地板单位面积承重的目的,常用的办法就是采用垫板,且垫板必须具有相当的强度或硬度来完成货物运输中的重量转移。

当货物重量过大时,为了减少物体对机舱的压力,可以加一个2~5cm厚的垫板,以增加底面接触面积,使单位压力减少。垫板的厚度取决于以下两个因素:放在垫板上的货物重量,垫板的边长不得小于货物包装的任何一边的长度。

在计算货物重量时,垫板的重量必须含在货物重量之内。

最小垫板面积 = (货物重量 + 垫板重量) ÷ 适用机型的地板承受力

例2-2:

一件货物160kg,不可以倒置、侧放,包装尺寸为40cm×40cm×60cm。问:是否能装入A320飞机下货舱散货舱? 如果不可以,怎么办?

该货物装机后,机舱地板每平方米承受的重量为:

地板承受力 = 160kg ÷ 0.16m² = 1000kg/m²。

A320飞机下货舱散货舱地板的最大承受力是732kg/m²,所以不能装入A320飞机下货舱散货舱。可以加一个2~5cm厚的垫板,垫板的重量为10kg。

垫板最小面积 = (160 + 10)kg ÷ 732kg/m² = 0.24m²,所以至少加一块0.24m²的垫板才能运输。

5.价值限制

托运人托运的货物,毛重每公斤价值在人民币20元以上的,可办理货物声明价值,按规定交纳声明价值附加费。中国民航规定国内货物运输中,每张货运单的声明价值不得超过50万元人民币,客货混用机每班机载运货总价值不能超过500万元人民币。

第二节 集 装 器

飞机装载货物和行李有两种方式,一种为散装形式,一种为集装形式。散装形式是把货物或行李一件件地装进飞机的货舱内,而集装货物是把货物和行李先装到集装器上,然后在装进飞机的货舱内。采用集装形式装载货物的飞机,能够很好地利用货舱内的空间,节省装机时间,这样既提高了工作效率,也保证了货物的安全。

集装器是指在飞机上使用的,用来装载货物、邮件和行李的专用设备,包括各种类型的集装箱、集装板及其附属设施。不同类型的集装器按照 IATA 的标准进行注册。货物装上飞机之后,通过飞机货舱地板上的卡锁装置将集装器直接固定在飞机货舱地板上,因此,集装器也被称作飞机货舱的可移动部件。

一 集装器的分类

当航空运输中使用集装化设备装运货物时,货舱被再次划分为若干个货位,在这些货位上放置集装箱或集装板。这些货位之间并未采用隔板真正地把它们隔开,能放集装器的飞机货舱地板一般均设置万向球台(滚床)、滚轴(即滚棒)及叉眼装置,集装器的底部直接与这些装置相接触,可使集装器平稳地进入货舱并牢固地固定在机舱内,此时既可以用机械搬运,也可以人工将集装箱放在货舱内的指定位置。当集装箱或集装板被装载指定位置之后,就要通过货舱地板上的限制系统将其锁定,以防止它在飞行中产生位移。

民航运输中使用的集装板、网套、结构和非结构集装棚及集装箱统称为集装设备(代号ULD,即 United Load Device),其中有的适合联运,有的只适合空运。集装器的种类可分为以下类型:

1. 按注册与非注册划分

(1)注册的飞机集装器

注册的飞机集装器是指国家政府有关部门授权集装器生产厂家,生产的适宜于飞机安全载运的,在其使用过程中不会对飞机的内部结构造成损害的集装器。此类集装器被认为是飞机可装卸的货舱,能起到保护飞机设备和构造的目的。

(2)非注册的集装器

非注册的集装器是指未经有关部门授权生产的,未取得适航证书的集装器。非注册的集装器不能看作为飞机的一部分,因为它们的形状不能完全符合飞机机舱的构造和轮廓,但可适应地面操作环境。此类集装器只能用于指定机型及指定的货舱内,禁止用于飞机主舱,当货舱内放入此类集装器时,必须牢固地固定好。

2. 按结构特点划分

(1)部件组合集装器

部件组合集装器包括飞机集装板加网套和飞机集装板、网套加非结构性集装棚。

飞机集装板加网套(图 2-3)指具有标准尺寸、四边带有卡锁轨或网袋卡锁眼,带有中间夹层的硬铝合金制成的平板,以便货物在板上码放;网套是用来把货物固定在集装板上,网套的固定靠专门的卡锁装置来限定。

飞机集装板、网套加非结构性集装棚指除了板和网之外,增加了一个非结构的拱形盖板(可用轻金属制成)罩在货物和网套之间。

(2)整体结构集装器

整体机构集装器包括下舱货物集装器、主舱货物集装器和结构拱形集装器。其中下舱货物集装器只能放在宽体客机下部集装货舱内,有全型和半型两种(高度不得超过163cm);主舱货物集装器只能放在货机或客货机的主货舱内(高度在163cm以上)。

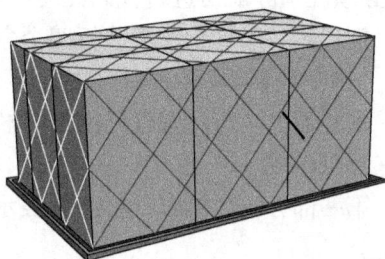

图2-3 集装板加网套

3. 按种类划分

(1)集装板

集装板是飞机货舱内承载货物的容器,钢铁制,下面有轮子,便于拖带;上面有滚轴,便于装卸;厚度一般不超过1in,四边带有卡锁轨或网带卡锁眼,便于固定、捆扎货物。

集装板是根据机型要求制造的一块有平整底板的台板,货物在地面被预先放上集装板后,用网罩或集装棚盖住,然后装机,并固定在飞机的货舱地板上。采用集装板可达到快速装卸的目的。

(2)集装箱

集装箱与飞机上的装卸和固定系统直接结合而不需要任何附属设备。集装箱的坚固程度足以保证所装卸货物的安全,防止飞机受到损坏。它的底座与集装板相似,运输集装箱的货舱四壁及顶部不需要特别坚固,但这种货舱不适合于散货或非标准集装箱的运输。

①内结构集装箱:20in(1in=2.54cm)或40in宽、8in高,可装载宽体货机的主舱内。此类集装箱非专用航空集装箱,主要用于空运转入地面运输时使用。

②主舱集装箱:163cm(64in)高或更高一些,只能装载货机(或客货两用机)的主舱内。

③下舱集装箱:只能装载在宽体飞机下部货舱内,有全型和半型两种。机舱内可放入一个全型和两个半型的此类集装箱,高度不得超过163cm(64in)。

(3)集装棚

一个非结构的集装棚是由玻璃纤维或金属及其他适合的材料制成的坚硬外壳,集装棚的前面敞开、无底,它的斜面与飞机货舱的轮廓相适应,正好罩住整个集装板。这个外壳与飞机的集装板和网套一起使用,因此称为非结构性集装棚。当这个硬壳从结构上与集装板一起形成一个整体,而不需要用固定网套固定货物时,则称为结构集装棚,分为拱形和长方形两种。

二 集装设备的编号

1. 空运集装器IATA识别代码

每一个集装器的面板及四周,通常可以看到AVE50010FM、PAP22330CA等代号,它是集装器的注册与否、类型、尺寸、外形、与飞机的匹配等因素编制而成的集装器识别代码。集装器的识别代码是由国际航协规定的表示集装器种类、规格和所属人的代码。集装器在投入使用前,必须在国际航协进行代码注册。集装箱的识别代码一般标识在集装箱的两个侧面,集装板的识别代码一般标识在集装板四个角的边框上。

（1）集装器识别代码的组成

集装器的全部识别代码由 10 位字母和数字组成。按照国际航协规定,集装器的识别代码由三部分组成:

第一部分:集装器三字代码,表示集装器的种类、底板尺寸及装载轮廓(外形描述或兼用性)。

第二部分:集装器编号,5 位数字,表示该集装器的具体编号。

第三部分:集装器所属人代码,表示该集装器所属人的两字代码。

（2）集装器识别代码各组成部分的含义

第 1 位字母:代表集装器的类型(表 2-2)。

集装器类别代码一览表　　　　　　　　　　　　　　　表 2-2

字 母 代 码	集装器英文型号	集装器中文型号
A +	Certified Aircraft Container	适航审定的集装箱/有证书集装箱
D +	Non-certified Aircraft Container	非适航审定的集装箱/无证书集装箱
F	Non-certified Aircraft Pallet	非适航审定的集装板
G	Non-certified Aircraft Pallet Net	非适航审定的集装板网套
J	Thermal Non-structural Container	非适航审定的结构保温集装箱
M	Thermal Non-certified Aircraft Container	非适航审定的保温集装箱
N	Certified Aircraft Pallet Net	适航审定的集装板网套
P	Certified Aircraft Pallet	适航审定的集装板/有证书集装板
R	Thermal Certified Aircraft Container	适航审定的保温集装箱/有热制造证书集装箱
U +	Non-structural Igloo	非结构集装棚/无结构集装棚
* H	Horse Stalls	马厩
* K	Cattle Stall	牛栏
* V	Automobile Transport Equipment	汽车运输设备
* XYZ	Reserved for Airline Use	为航空公司备用

注:" + "表示此类集装器不包括保温集装箱;" * "表示此类集装箱为特种集装器。

第 2 位字母:代表集装器的底板尺寸(表 2-3)。

第 3 位字母:代表集装器的顶部外形或适配性,从 IATA ULD Technical Manual 可以查找相关的信息(表 2-4)。

集装器底板尺寸一览表　　　　表 2-3

字母代码	底板尺寸		字母代码	底板尺寸	
A	2235mm×3175mm	88in×125in	L	1534mm×3175mm	60.4in×125in
B	2235mm×2743mm	88in×108in	M	2438mm×3175mm	96in×125in
E	2235mm×1346mm	88in×53in	N	1562mm×2438mm	61.5in×96in
F	1198mm×1534mm	47in×60.4in	P	1198mm×1534mm	47in×60.4in
G	2438mm×60585mm	96in×238.5in	Q	1534mm×2438mm	60.4in×96in
H	2438mm×91255mm	968in×359.25in	X	最大尺寸在 2438～3175mm 之间	
V	2438mm×12192mm	96in×480in	Y	最大尺寸小于 2438mm(96in)	
K	1534mm×1562mm	60.4in×61.5in	Z	最大尺寸大于 3175mm(125in)	

集装器外形描述一览表　　　　表 2-4

字母代码	含义	字母代码	含义
E	适用于 B747、A310、DC10、B707 等下货舱无叉眼装置的半型集装箱	N	适用于 B747、A310、DC10、BT07 等下货舱有叉眼装置的半型集装箱
4	集装棚	P	适用于 B747cabin 上舱及 DC10、BT07、A310 下舱的集装板
A	适用于 B747F 上舱集装箱		

第 4～8 位字母:代表集装器的序号。

第 9～10 位字母:代表集装器的所有人或注册人(通常是航空公司的二字代码)。

例如,DPE00070FM 表示非适航审定的集装箱,底板尺寸 1198mm×1534mm,编号 00070,上海航空公司所有。

2. 空运集装器的其他编码

常见的集装器编码除了 IATA 识别代码外,还存在 ATA 码,两者对应关系如表 2-5 所示。

常见集装器 IATA 码与 ATA 码　　　　表 2-5

序号	IATA 码	ATA 码	序号	IATA 码	ATA 码
1	AKD,AKH,AKK	LD1	5	ALD,ALP	LD5
2	APA,DPA,DPE,DPN	LD2	6	ALU	LD6
3	AKE,AKN,AKG,AKA,AKB,AVE	LD3	7	UA	LD7
4	DQP	LD4	8	DQF	LD8

3. 常用集装器数据

了解一些常见的集装器数据,对于装板箱非常有帮助,如表 2-6 所示。

常见集装器数据表　　　　　　　　　　　　　　　　　　表2-6

名　　　称	底板尺寸(cm)	高　度(cm)	最大毛重(kg)	使 用 机 型
AKE	153×156	163	1588	通用
P1P	224×318	163	6804	宽体飞机货机
P6P	224×318	163	6804	宽体飞机货机
LD2	119×153	163	1250	B767专用

三　集装器的装载限制

1. 最大承重限制

飞机的最大起飞重量、机体结构及材料都限制了飞机所装货物的最大重量,超过最大限制的货物不但会损坏集装器的结构,更有可能对机身造成破坏,进而影响飞机的安全。表2-7为几种集装板的最大承重限制。

各集装板的最大允许载量表　　　　　　　　　　　　　　表2-7

代　　码	底 板 尺 寸	最 大 载 量(kg)
P1	88in×125in	6804
P2	88in×108in	4536
P3	79in×88in 或 92in	1588
P4	96in×196in	9300
P5	88in×53in	1134
P6	96in×125in	6804
P7	96in×238.5in	11340
P9	60.4in×125in	2580

尽管各个航空公司都根据正常的装载可能性来规定每个集装箱或集装板的最大允许载量,但是这个重量都要低于上述所示重量。如果承运人发现某个集装箱或集装板超过了最大允许载量,必须尽快处理使其重量降至标准之内。对于集装箱标明的最大允许载量,任何时候都不准超载装箱。

2. 体积和尺寸限制

对于集装箱来说,它内部所装货物的体积限制是固定的,应该把重点放在如何为集装板制定体积限制。一个集装板的底座适合于几种机型的货舱使用,但是集装板上所装货物的形状要与所承运的飞机货舱内部形状相适应。为了控制集装板上所装货物的体积和形状,可以使用一个与飞机货舱横截面的轮廓一样大小的模型架来限制板上所装货物。另外,集装板和集装箱是否能够被一家指定飞机所容纳,不仅仅取决于机身外形,还与货舱门的尺寸和位置有关。

3. 集装器地板的负荷限制

集装器地板的最大载重量不能超过标准。集装箱和集装板的单位面积承受力是根据所采用的设备类型而规定的。如果一件比重较大的货物对集装器地板产生的压力大于最大承受力时(即额定最大负荷),应为此件货物加木垫板,使其重量分散在较大面积的集装器底板上。

4.货物品名的限制

(1)危险货物

由托运人或代理人装好的集装箱内不能含有危险品货物(干冰除外)和运输条件上受到严格限制的货物。

(2)动物

由于热血动物和某些冷血动物的运输需要氧气,而集装棚或完全封闭的集装箱不能满足这一特殊要求,所以该类动物不能用集装箱承运。某些不需要额外氧气供应的冷血动物(如热带鱼)可以用集装箱承运。

第三节　集装器的使用

货物、邮件及行李以前一直被散装在客机货舱或小型货机上,直到20世纪60年代中期,所有的空运货物都还采用散装方式运输。大型货机的引入,如DC-8和B707,特别是后来的B747、A310等,若继续采用散装方式,则需要很长时间。为了解决大批量货物的装卸方式,人们认识到了把小件货物集装成大件货物的重要性,这就是集装运输,即使用集装箱和集装板。集装器可被看作飞机结构中可移动的部件。因此,无论在什么时候它们都应该处于良好的工作状态中。在设计和制造这些设备时,要求极其准确的标准比,使它确实变为飞机的一个部件,便于整装整卸。

一　集装运输的特点

在航空运输中,承运人为了更好地处理大体积、大批量的货物运输,将一定数量的货物、邮件、行李在合理装卸的条件下,按同一流向进行集合装入集装箱或装在带有网套的集装板上作为运输单位运往目的地的一种运输方式。集装运输有如下特点:

1.减少装载次数,降低货物破损率

货物在始发站仓库直接组装集装货物,减少在出库、装机、卸机或中转过程中的装卸次数,相应也降低了货物的破损率,特别是遇到恶劣天气、野蛮装卸的情况下,集装器还起到了保护货物的作用。

2.减少货物装运的时间,提高工作效率

在始发站仓库组装好集装货物后,可以用升降设备直接装机,不需要装卸人员靠人力装机,减少了体力劳动,同时大大减少装卸机时间。

3.减少差错事故,提高运输质量

采用集装设备,工作人员有充裕的时间做地面运输组织工作,可以提前按货物的到达站和种类进行集装,成组上机或下机减少差错事故的可能性。

4. 缩短过站时间,提高飞机利用率

如果过站集装货物,可以将过站时间从散装货物耗用 5 ~ 6 小时减小到 1 小时左右,并且集装货物还适用于机下直转。

5. 合理利用舱位,提高飞机载运率

集装货物的外形与机舱内壁相吻合,可以最大限度地装载货物,提高飞机的载运率。

6. 增加货物种类,开拓航空货运市场

对于一些特种货物,如果采用散装形式的话可能无法运输,如果有相应的集装器,那么就可以安全运输了。例如,马厩可以运输马匹,冷藏箱可以运输有温度要求的鲜活易腐货物。所以说,有了这些集装箱,也就增加了货物的种类,拓宽了航空运输市场。

7. 节省货物的包装材料和费用

采用集装箱进行运输,箱体较为坚固,对货物有保护作用。所以对采用集装器进行运输的货物,在包装上要求较低,这样就可以节约用于包装货物的材料和费用。

8. 有利于组织联合运输和"门到门"服务

货物运输的集装化,进行海空、陆空联运,是货运发展的大趋势。集装器可以直接租给用户,送到企业,实现"门到门"服务。

二　集装货物的组装

1. 集装货物组装的基本原则

(1)整理集装器。

将经过检查适航的集装箱或集装板放置在托盘或其他带有滚轴装置的平台设备上。集装板上或集装箱内的杂物及积雪、积水等应清除干净,保持集装板、集装箱干净、整洁。

(2)集装货物的装载技巧。

检查待装货物,掌握装载各类货物的特殊要求。对于易碎货物,在装箱前必须妥善包装,加以保护。根据货物的卸机站、重量、体积、包装材料以及货物运输要求设计货物组装方案。

①一般情况下,大货、重装货装在集装板上;体积较小、重量较轻的货物装在集装箱内。

②组装时,体积或重量较大的货物放在最下层,并尽量向集装器中央集中码放,小件和轻货放在中间,轻泡货物、精密易碎货物装载最上层。合理码放货物,做到大不压小、重不压轻、木箱或铁箱不压纸箱。

③同一卸机站的货物应装在同一集装器上,一票货物应尽可能集中装在一个集装器上,避免分散装载。

④联程中转运输的货物应集中装在一个集装器上。

⑤危险物品或形状特异可能危害飞机安全的货物,应将其固定,可用填充物将集装器塞满或使用绳、带捆绑,以防损坏设备、飞机,造成事故。禁由托运人或销售代理人组装危险品。

⑥任何情况下,宽体飞机下货舱的最大装载高度均为 163cm。

（3）货物组装完毕后，根据计重的有关数据填写货物计重单和集装器挂牌。

（4）一般情况下不组装低探板货物。确因货物多，需充分利用舱位，且货物包装适合装低探板时，允许装低探板。但是，装低探板货物要按照标准码放，码放货物要合理牢固，网套要挂紧，必要时要用尼龙带捆绑，保证集装货物在运输过程中不发生散落或倾斜。

2. 集装箱的组装

（1）组装集装箱的一般要求。

装在集装箱内的货物应码放紧凑，间隙越小越好，装在软门集装箱内的货物应注意避免货物挤压损坏箱门或使集装箱变形。

如果集装箱内没有装满货物，即所装货物的体积不超过集装箱容积的三分之二，且单件货物重量超过 150kg 时，应按规定对货物进行捆绑固定。

（2）集装箱门的关闭。

集装箱门是集装器不可缺少的一部分。因此，集装箱组装完毕后必须将箱门关闭好。软门集装箱关门后必须保证箱内的货物不能突出门帘或网套的垂直面。

装有贵重物品的集装箱或挂衣箱组装完毕后，要按规定用铅封将箱门封好。

（3）马匹的装载要求。

装载马匹时，应特别注意马厩装机后马匹在飞机上的站位方向，一般要求马头朝前或朝后。

必要时应设置限制马匹活动的笼头、缰绳，保护马腿的护膝、脚套等设施，并且牢固系留在固定的位置上。限制马匹的胸绳或挡板必须牢固，位于马匹的前胸部位（脖子与肩膀的下部）且不能伤害马的身体。

马厩的地板必须保持足够的防滑性能，保证马匹在飞机飞行过程中不会因飞机升降、转弯等因素造成身体失衡，滑倒摔伤。

3. 集装板的组装

（1）检查集装板。

按照规定的程序对集装板进行适航检查和清扫后，将集装板平放于集装板托盘车或托架上。

（2）铺设塑料布。

在空集装板上铺设一块足够尺寸的塑料布，塑料布自集装板周边向上折起的高度不应少于 80cm。

（3）设计货物组装方案。

重量较大的货物放在最下层。为了保护集装板、分散货物对集装板的压力、保证集装板能够平稳顺利地装入飞机货舱，包装底部为金属的货物和底部面积较小重量较大的货物，必须使用垫板。

装在集装板上的货物要码放整齐，上下层货物之间要相互交错，骑缝码放，避免货物与货物坍塌、滑落。装在集装板上的小件货物，应装在其他货物的中间或适当地予以固定，防止其从网套及网眼中滑落。一块集装板上装载两件或两件以上的大货时，货物之间应尽量紧邻码放，尽量减少货物之间的空隙。

组装集装板时,第一层货物要码放在集装板的卡锁轨以内,第二层货物可以和集装板边垂直平行,保证挂网套时锁扣可以顺利锁入卡锁轨,固定在集装器上。确认集装板的装载轮廓是否符合飞机货舱要求,如有条件应使用模具或米尺测量。为保证飞行安全,装载在集装板上的货物要进行捆绑固定。

(4)捆绑集装板。

飞机在飞行的过程中,未固定的货物移动后很容易损坏飞机的设备、集装器和其他货物。如果货物的位置发生了变化,飞机的重心有可能转移到翼弦之外,从而影响飞机飞行。部分装载在集装器内的货物如超重货物(单件重量超过150kg)、裸装货物、危险物品、活体动物等需要对其固定、捆绑,以免其位置发生变化。

固定货物时,应根据货物的重量及捆绑带的强度来确定捆绑带的数量。

$$捆绑带的数量(根数) = 货物重量 \div 每根捆绑带的最大拉力$$

例 2-3:

一件货物的重量为 3900.0kg,每条捆绑带(尼龙绳)的最大拉力为 1700.0kg。捆扎这件货物需要几条尼龙绳?

向下的力:$3900.0 \div 1700.0 = 2.2 \longrightarrow 3$ 条

由于力的分解,前后方向的拉力只需要重力的一半。

向前的力:$3900.0 \div 2 \div 1700.0 = 1.1 \longrightarrow$ 2 条

向后的力:$3900.0 \div 2 \div 1700.0 = 1.1 \longrightarrow$ 2 条

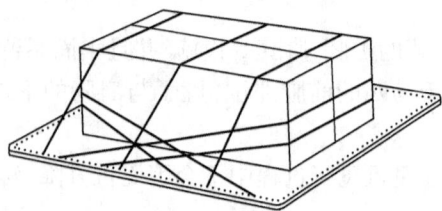

图 2-4 集装器的捆绑

所以共需使用 7 条尼龙绳捆扎货物,见图 2-4。

4. 打板

打板就是把需要装进飞机货舱的货物先按照一定的规矩装到集装器上。除了那种特别小的飞机没有集装器而只有散货舱外,其他飞机通常都有集装器。

打板实际包含了装箱这个动作,就是将货物按照一定的配载原则,如上泡下重,装在板上或者箱里,板又分成高、中、低几种规格,每块板、箱都有自己的体积(容积)、重量的限制。装卸工将货物按配载原则码放在这些集装器上,蒙上网罩或者关上箱门,之后由计划平衡的人员根据板、箱的重量划平衡,把板、箱号标注在配载单上,装卸工根据这个单子把事先打好的板或箱按顺序装到机舱的指定位置。

如果货代公司可以自己打板的话,通常是与航空公司签署了包板协议,与航空公司是按板结算,这样可以根据货物的重泡自己决定如何配货,可以实现重泡搭配效益最大化,获取最大的利润空间。

5. 其他装载注意事项

(1)组装集装器时,单件重量超过50kg的货物要平放,不能以边角作为货物的支撑点。

（2）禁止将较重货物的边角向下坠落在集装器的底板上，以免损坏飞机货舱地板结构或集装器。

（3）无论是装在飞机的散货舱还是组装集装器，因货物重量较大需要使用撬杠进行移动时，撬杠下面的支点处应使用木制垫板进行衬垫，防止损坏飞机或设备。

三 包机(舱/板/箱)运输

随着航空运输运力的增加，一些有实力的航空代理企业由于有固定的货源而且批量比较大、数量相对稳定，因此在一定时期内、一定航线或航班上采取包机、包舱、包板或包箱（简称包舱包板），特别是固定包舱包板形式较多。

包舱包板是航空货物运输中经常采用的一种形式，指托运人根据所运输的货物在一定时间内需要单独占用飞机部分或全部货舱、集装箱、集装板，而承运人需要采取专门措施予以保证。

行业内将航空集装器(集装板和集装箱)都统称为"板"，所谓的包板运输就是包集装器运输，包括包集装箱运输，是集装运输的一种形式。包板，即承包集装板。它是与航空公司签订销售代理合同的货运代理公司(空运一级代理)，向航空公司承诺，在其某个航线的每个航班上，保证交付一个或几个"板"的货物。航空公司则给其与散货相比较低的集装货物运价，使其在航空货运市场上取得价格优势。

1.包舱包板运输的意义

（1）包舱包板运输能减少承运人的运营风险。

对于一些开发难度较大或新开辟的航线，采用包舱包板的方式，可以减少承运人初期的市场风险，有较为稳定的收入。有利于一些新开辟的航线、冷航线的市场开发。

（2）最大限度挖掘市场潜力。

包舱包板运输能充分调动包舱包板人的积极性，最大限度地挖掘市场潜力。由于包舱包板主要是航空代理人的经纪人的行为，经纪人会在市场中想方设法获取最大利益，会按照市场的需求，充分调配资源，最大限度地挖掘市场潜力。

（3）增强承运人的营销能力。

对承运人营销能力比较薄弱的回程、中间站航线都比较有利。

2.业务分类

目前航空公司通常采取固定包舱包板和非固定包舱包板两种方式。

固定包舱包板指托运人在承运人的航线上通过包舱包板方式运输时，托运人无论向承运人是否交付货物，都必须交付协议上规定的运费。

非固定包舱包板指托运人在承运人的航线上通过包舱包板的方式运输时，托运人在航班起飞前72h如果没有确定舱位，承运人可以自由销售舱位，但承运人对代理人的包舱包板的总量有一个控制，以免造成舱位虚耗。

3.包舱包板运输合同及运输凭证

包舱包板人可以在一定时期内或一次性包用承运人在某条航线或某个航班上的全部或部

分货舱。包舱包板运输必须签订包舱包板运输合同。包舱包板运输合同至少一式五份：

一份交包舱包板人；

一份随货运单财务联报财务部门审核(连续包舱包板的可以用复印件)；

一份收运部门留存；

一份随货运单存根联留存(连续包舱包板的可以用复印件)；

一份随货运单运往目的站(连续包舱包板的可以用复印件)。

每次运输时应当填制一份或几份货运单,货运单与包舱合同一起作为包舱的运输凭证。货运单收货人栏内只能填写一个收货人名称。包舱运输的货物件数应如实填写在货运单上。货运单"储运注意事项"栏内注明"包舱运输"或"包集装器运输"以及合同号码。

包板运输中,如果承包人在目的站有固定代理人为其办理货物分拨手续,可将包用的集装器数作为货物件数填写在货运单上,在货运单货物品名栏内注明各集装器识别代码。包用集装器合同中应明确规定集装器的使用限制以及承包人所担负的责任。

4.包舱包板运费

包舱包板运费 = 吨位 × 适用运价。

包机运费 = max(包机每公里费率 × 计费里程,包机每小时费率 × 计费小时)。

调机费 = 调机每公里费率 × 计费里程。

其中,调机每公里费率 = 包机每公里费率 × 80%。

留机费 = 留机每小时费率 × 计费小时,如系执行包机期间停留,2小时内不收费。

其中,留机每小时费率 = 包机每小时费率 × 20%。

5.运输注意事项

(1)包舱运输注意事项

包舱人应按约定时间将货物送到指定机场,自行办理检验检疫等手续后办理托运手续。

货物的实际重量和体积不得超过包舱运输合同中规定的最大可用吨位和体积,否则,承运人有权拒绝运输,由此造成的损失由包舱人承担。

航班在起飞前或到达后,由于包舱人或其受雇人的原因,如货物迟到、装机困难、货物不符合安全要求、卸货不及时等而造成飞机延误,包舱人应承担责任。由此对承运人造成的损失,包舱人应承担赔偿责任。

包舱人在飞机起飞前取消、变更包舱计划,造成承运人损失的,应承担赔偿责任。

(2)包板(箱)运输注意事项

包板人对自己组装的、在目的站有指定的收货人或其代理人拆卸的包集装货物的件数、包装情况负责。除承运人的原因外,承运人对货物在运输过程中发生的货物短少、损坏等不承担责任。

包板运输的货物只能装在托运人所包用的集装板(箱)上,如发生所包集装器不够用的情况下,余下货物应按正常手续办理散货运输。

每件货物必须粘贴或拴挂货物识别标签,识别标签上的货运单号码必须与货运单一致。以一个集装器作为一个运输单元的货物,其条件符合包板人对自己组装的、在目的站有指定的收货人或其代理人拆卸的包集装器货物可以只在集装器上拴挂或粘贴一个识别标签。包集装器运输的货物的件数、重量必须准确。

包板人应按约定时间将货物送到指定机场,自行办理检验检疫等手续后办理托运手续。

包板运输一般只限于直达航班。如果一票货物需包用两个或两个以上的集装器运输,且根据合同有最低计费标准时,该票货物的最低计费重量为包用的每一个集装器的最低计费重量之和。

四　集装设备的管理

集装设备的管理是指对航空公司所属的集装器进行控制、调配、回收与维修的综合管理。集装设备由承运人拥有并通过注册,可租赁给代理人使用,收取一定的费用。集装设备被视为飞机可装卸的零部件,每一种机型都有相适应的集装器与之配套,因此,承运人及其代理人在使用和保管时应注意保护和回收。

集装器的管理包括集装器的使用、调拨、回收、存放、修理和订购等工作。这些工作是由空运企业集装器控制管理部门负责,它被授权负责全公司集装器(包括集装板、箱、绳索、网套等辅助器材)的控制和管理职能。主要工作是记录集装器的使用情况,控制进出集装器的数量,查询、管理集装器等。

第四节　货物的包装

在运输过程中,如果货物包装不够坚固完好,容易在运输过程中发生包装破裂,造成货物损失。承运人在收运货物时,必须要严格按照要求检查货物的包装,不符合包装要求的货物,应要求托运人改进或重新包装后才能收运。

一　包装的基本要求

1. 货物包装应坚固、完好

货物包装应坚固、完好,在运输过程中能防止包装破裂、内物露出、散失,防止因码放、摩擦、震荡或者因气压、气温变化而引起货物损坏或者变质,防止伤害操作人员或者损坏飞机、地面设备及其他物品。

精密、易碎、怕震、怕压、不可倒置的货物,必须有相适应的防止货物损坏的包装措施。

货物包装内不准夹带禁止运输或者限制运输的物品、危险品、贵重物品、保密文件和资料等。

托运人或航空货运代理将货物交给承运人时,如果包装破损,应按其破损程度要求托运人重新包装或者修复包装。对于裸装货物,如果破损轻微,但仍符合空运要求时,托运人应在托运书和货运单的"储运注意事项"栏内注明货物破损的详细情况。

另外,托运人要在每件货物的包装上写明收货人、另请通知人、托运人的姓名和地址。

2. 便于搬运、装卸和码放

托运人应当根据货物性质及重量、运输环境条件和承运人的要求,采用适当的内、外包装材料和包装形式,妥善包装。包装应适合货物的性质、状态和重量,还应便于搬运、装卸和码放。货物包装的表面不能有突出的钉、钩、刺等;包装要整洁、干燥,没有异味和油渍。

3. 衬垫材料不能外漏

包装内的衬垫材料,如木屑、纸屑等,不能外漏。精密易碎的货物在包装时都会加衬垫材料,以防在运输中因震荡或者摩擦造成内装物破损,所以货物外包装一定要坚固。否则作为衬垫材料的木屑、纸屑等一旦从包装箱中漏出,会影响货物本身安全运输,污染仓库和飞机。

4. 可以使用包装带

可以使用包装带来加强货物的包装,以保证该货物在运输过程中不致散开。单包装件破损内装物散开,容易造成货物丢失。有些体积小的货物时多件捆绑成一件,如果包装散开小件分离,在转运和交付时会涉及海关问题,给收货人带来不便。所以,必须正确使用包装带来加固货物。捆扎货物所用的包装带应能承受该货物的全部重量,并保证提起货物时不致断开。严禁使用草袋包装或草绳捆扎货物。

二 部分货物的特殊包装要求

1. 液体货物

作为普通货物的液体物品,应使用与货物性质相匹配的容器盛装,每个容器内部必须留有5%~10%的空隙,且封盖必须严密,不得溢漏。用玻璃容器盛装的液体,每一容器的容量不得超过500mL,最好使用软包装材料再进行包裹。用陶瓷、玻璃容器盛装的液体货物,外包装需要加贴"易碎物品"标签。

单件货物毛重以不超过25kg为宜。

包装箱内应使用足够的衬垫和吸附材料填实,防止内包装晃动或者液体渗出。盛放液体的包装必须能承受因高度变化而产生的压力和温度变化。

2. 粉状货物

粉状货物一般不能使用袋状的外包装。采用塑料袋或者其他类型的袋子作为内包装的,再使用硬纸筒、木桶、胶合板桶作为外包装。或袋子的最外层应使用塑料涂膜纺织袋作为外包装,或者玻璃纤维袋等,并保证粉末不致漏出,单件货物毛重不得超过25kg。

采用玻璃瓶做内包装的,每瓶内装物的重量不得超过1kg,再用铁制或者木制材料作为外包装,箱内用足够衬垫材料填实。粉状货物的单件毛重以不超过25kg为宜。

用硬纸桶、木桶、胶合板桶盛装的,要求桶身完好、接缝严密、桶盖密封、桶箍坚固结实,单件货物毛重不得超过50kg。

3. 精密易损、质脆易碎货物

单件货物毛重以不超过25kg为宜,可以采用以下方法包装。

(1)多层次包装:即内装物—衬垫材料—内包装—衬垫材料—外包装。体积不大的陶瓷或者玻璃类制品通常使用这种包装。

(2)悬吊式包装:即用几根弹簧或者绳索,从箱内各个方向把货物悬置在箱子中间。体积小、数量少但价值较高的货物,比如灵敏度很高的精密仪器最好采用此种包装方式。

(3)防倒置包装:即底盘大、有手提把环或屋脊式箱盖的包装,不宜平放的玻璃板,挡风玻璃等必须使用此类包装。通常使用"向上标签"表示货物不可倒置。

(4)玻璃器皿的包装:应使用足够厚度的泡沫塑料及其他衬垫材料围裹严实,外加坚固的瓦楞纸箱或木箱,箱内物品不得晃动。易碎物品外部加贴"易碎物品"标签。

4.裸装货物

有些大型机械设备、建筑材料、轮胎等不怕碰压的货物可以不用包装。但不易清点件数、形状不规则、外形与运输设备相似或容易损坏飞机的货物,应使用绳、麻布包扎或外加包装。

5.大型货物

体积或者重量较大的货物,底部应有便于叉车操作的枕木或者底托,并在货物的外包装上注明重心位置,以避免在操作时货物失去平衡。例如,飞机发动机,体积和重量都很大,操作时托运人通常使用叉车或者吊车将其放置在集装板上,捆绑固定后再交给承运人。

6.电源独立包装

带有电源的电器、玩具、工具等,应将电源独立包装。不能分开包装的应采取措施防止开关在储运过程中被意外开启。使用干电池作为电源的警棍、电筒、玩具、电钻等物品,托运前必须将干电池取出或将电池正负极倒放。

7.小件物品的包装

对于一般文件、信函、零星托运的新闻录像带、录音带、光碟、医用 X 光片等,应要求托运人使用纸箱或者木箱作为货物外包装。使用其他材料作为外包装的,包装强度必须能够保证货物在运输过程中不会因其他货物的正常挤压而损坏。使用布制口袋或网袋作为外包装的,应有内包装。

8.水产品的包装

水产品必须根据货物种类选择符合安全要求的包装方式,按照航空行业标准《水产品航空运输包装标准》(MH 1007—1997)执行。

三　部分包装类型的要求

1.纸箱

纸箱应能承受同类包装货物码放 3m 或 4 层的总重量。

2.木箱

木箱厚度及结构要适合货物安全运输的需要;盛装贵重物品、精密仪器、易碎物品的木箱,不得有腐蚀、虫蛀、裂缝等缺陷。

3.条筐、竹篓

编制紧密、整齐、牢固、不断条、不劈条,外形尺寸以不超过 50cm×50cm×60cm 为宜,单件毛重以不超过 40kg 为宜,内装货物及衬垫材料不得漏出,应能承受同类货物码放 3 层高的总重量。

4. 铁桶

铁皮的厚度应与内装货物重量相对应,单件毛重 35~100kg 的中小型铁桶,应使用 0.6~1.0mm 的铁皮制作,单件毛重 101~180kg 的大型铁桶,应使用 1.35~1.5mm 的铁皮制作。桶的外部应装有便于搬运的把手,否则应将一个或数个桶固定在便于叉车操作的托盘上。

四 航空货物标记

货物标志是指货物外包装(货物包装件的最外层包装)上的运输标记和运输标签的总称,对组织货物运输、防止差错事故发生、提高运输质量有着很重要的作用。托运人或其代理人必须在货物包装上书写货物标记,并粘贴或拴挂货物标签。

货物标记是由托运人书写、印刷或粘贴在货物外包装上的有关记号、操作注意事项和说明等,包括货物的始发站、托运人名称、地址、电话或传真号码;货物的目的站、收货人名称、地址、电话或传真号码;货物的特性和储运注意事项(如"小心轻放"、"向上"等),大件货物的包装表面标明"重心点"、"由此吊起"等文字或图案组成的操作图示;货物合同号、贸易标记、包装系列号等;货物单件毛重或净重。

货物标记应与货运单的有关内容相一致;托运人使用旧包装,必须清除原包装上的残旧货物标记;货物包装上的标记应附着牢固,字迹、图案清晰,容易识别;托运人应在其托运的每一件货物的外包装上书写货物标记;如果货物表面不便于书写,可写在纸张上,然后粘贴在货物外包装上;外包装无法粘贴的货物,可以写在纸板、木板或布条上,再钉、拴在外包装上面。

五 货物标签

货物标签包括:运输识别标签、特种货物标签和操作标签。

1. 识别标签

识别标签是标明货物的货运单号码、件数、重量、始发站、目的站、中转站的一种运输标志,防止货物运输发生丢失或者运输错误。运输识别标签有两种,粘贴用的软纸不干胶标签和拴挂用的硬纸标签(图 2-5)。

2. 特种货物标签

特种货物标签是说明特种货物性质的各类识别性标签,包括"活体动物标签"、"鲜活易腐标签"和"危险品标签"等。其作用是要求工作人员按照货物的特性进行操作,预防事故的发生,其图形、名称、尺寸、颜色均应符合标准。

(1)"易碎物品"标签

在收运易碎物品货物时,应在货物各正面上加贴"易碎物品"标签,以示货物在运输过程中需要小心轻放,避免由于碰撞而使货物受损(图 2-6)。

(2)"鲜活易腐"货物标签

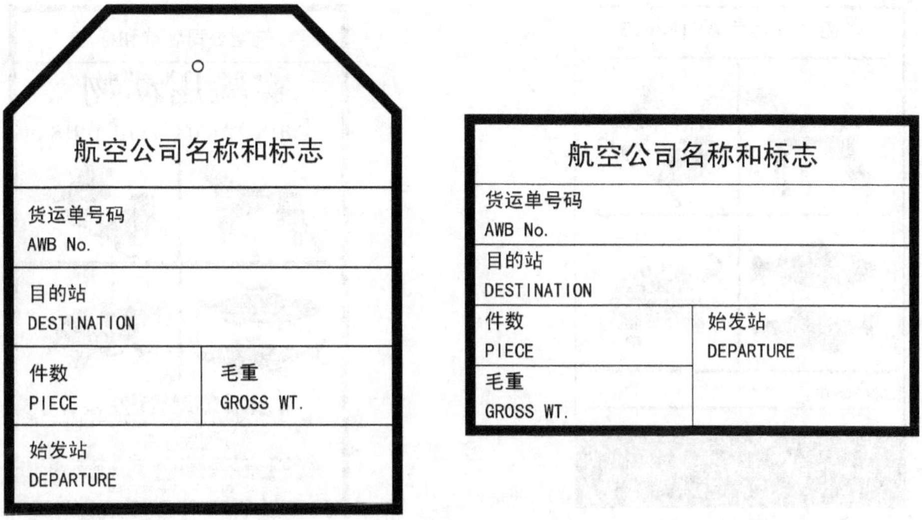

图 2-5 运输识别标签

在收运鲜活易腐货物时,应在货物外包装各正面上加贴"鲜活易腐"标签,以示货物在运输过程中易发生腐烂变质,需要给予特殊的照顾(图 2-7)。

图 2-6 "易碎物品"标签

图 2-7 "鲜活易腐"标签

(3)"动物"标签

在收运动物时应在货物外包装各正面上加贴"动物"标签,以便于在运输过程中引起注意,加强照料(图 2-8)。

(4)"实验用动物"标签

在收运实验用动物时需要在货物外包装上加贴"实验用动物"标签,以便于在运输过程中引起注意,防止动物受到细菌感染(图 2-9)。

3.操作标签

操作标签标明货物储运注意事项的各类标记,其作用是提示工作人员按照标签的要求操作,以达到安全运输的目的。操作标签的图形、名称、尺寸、颜色均应符合标准。

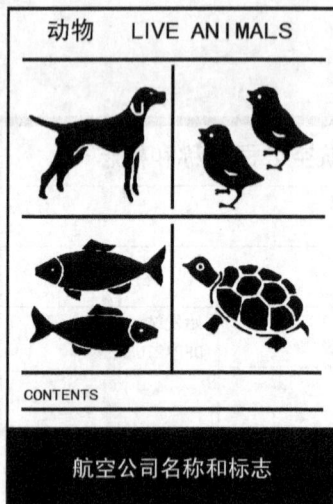

图2-8　"动物"标签

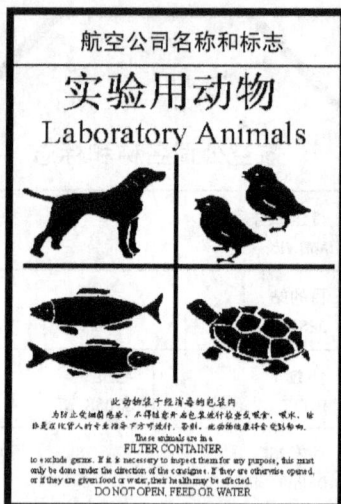

图2-9　"实验用动物"标签

（1）"请勿倒置"标签

在收运禁止倒置货物时,应在货物的外包装上加贴"请勿倒置"标签,以防止货物在运输过程中因倒置而受到损坏(图2-10)。

（2）"固定货物"标签

在收运一些大件货物时,应在货物的外包装上加贴"固定货物"标签,以防止货物在运输过程中滑动而受到损坏或者破坏其他货物(图2-11)。

图2-10　"不可倒置"标签

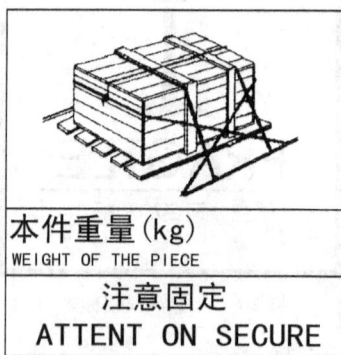

图2-11　"固定货物"标签

（3）"押运货物"标签

在收运一些贵重货物时,应在货物的外包装上加贴"押运货物"标签,以防止货物在运输过程中发生丢失(图2-12)。

（4）"防止潮湿"标签

在收运一些需要保持在干燥环境下运输的货物时,应在货物的外包装上加贴"防止潮湿"标签,以防止货物在运输过程中因为受潮而导致货物损坏(图2-13)。

航空公司名称和标志	
押运货物	
押运员姓名	
押运员联系方式	
始发站	目的站

a)押运货物标签正面

押运员职责
1.负责货物在地面停留期间的照料和地面运输时的护送。 2.指导货物的装卸。 3.负责在飞行途中或者飞机过站时对货物的照料。 4.遇到货物不正常运输，决定处理方法。

b)押运货物标签反面

图 2-12 "押运货物"标签

（5）"急件货物"标签

在收运急件运输的货物时，需要在货物外包装上加贴"急件货物"标签，以便于在运输过程中引起注意(图 2-14)。

（6）"货物"标签

主要用于作为货物运输的旅客行李而加贴的标签(图 2-15)。

图 2-13 "防止潮湿"标签

图 2-14 "急件货物"标签

图 2-15 "货物"标签

六 货物标签的填写、粘贴和拴挂

货物标签上的各项内容应与货运单一致，字迹一定要清晰易辨。

1. 货物标签应由托运人粘贴(或拴挂)

承运人应协助托运人正确地粘贴(或拴挂)标签，并检查标签粘贴(或拴挂)的情况，发现错、漏或位置不正确时，应立即纠正。所有货物标签应粘贴(或拴挂)在与收货人姓名、地址相邻的位置。

2. 标签需保持完整

托运人使用旧包装时,包装外部的残旧标签必须清除或者涂掉。在装卸、仓储保管过程中要注意保持标签完整,遇有脱落或辨认不清的,应根据货运单及时补齐。因货物包装材料或其他原因限制,不能保证货物标签在运输过程中不会脱落时,应将货运单号码、货物始发站、目的站写在货物的外包装上。

3. 标签的数量

每件货物的外包装上至少应牢固地粘贴(或拴挂)一个运输标签。如果一个包装件体积超过 $0.4m^3$ 时,应在包装上粘贴(或拴挂)两个识别标签。一件货物需粘贴(或拴挂)两个或两个以上标签时,应在包装两侧对称部位粘贴(或拴挂)。

包机运输的货物,如果货物全属于一个单位,运往同一个目的站而不需要转机运输时,可以不用贴挂运输标签。

4. 标签粘贴位置

标签应粘贴(或拴挂)在货物的侧面,不得粘贴(或拴挂)在货物顶部或底部。标签一定不能倒贴或者歪贴,应当根据货物的形状,尽量粘贴(或拴挂)在明显易见的部位。标签不得粘贴(或拴挂)在包装带上,不能贴挂在包装外部的捆扎材料上。

特种货物粘贴(或拴挂)特种货物标签,超重货物的包装外面应当标注"重心点"、"由此吊起"等指示标签。

凡是用陶瓷、玻璃做容器的液体、气体货物,或者精密易损、质脆易碎的外包装货物,其外包装必须粘贴(或拴挂)"小心轻放"、"向上"的指示标签。

复习思考题

1. 飞机分成哪几类?
2. 全部载货的飞机叫什么飞机?请列举两种机型。
3. 一件货物重量为 900.0kg,体积为 150cm×60cm×50cm,需要装载在 B747 下货舱集装货舱内(地板承受力 976kg/m²)。问:此件货物是否需要垫板?若需要,垫板的面积应不少于多少?
4. 简述集装器的种类。
5. 简述集装运输的特点。
6. 简述集装设备对装载货物的限制。
7. 一件货物的重量为 6350.0kg,用于捆扎货物的每条尼龙绳的最大拉力为 2250.0kg,如果捆扎该货物需要使用几条尼龙绳?
8. 简述航空货物托运的一般规定。
9. 简述航空货物重量和体积的限制。
10. 简述航空货物运输标记和标签的种类。

第三章 航空货物的出境运送

学习目的与要求

　　掌握航空货物出口运输代理的业务流程和出港货物操作业务流程,能够进行航空货物托运书与航空货运单的填制。

　　航空货物运输是指通过航空器,把货物从一地运往另一地的空中交通运输,严格地说,这种运输还包括从货物所在地到机场之间的地面运输。参与航空货物运输活动的当事人或者参与者可以称之为航空货物运输活动的主体,主要是本国或外国的航空运输企业(也就是通常所说的航空公司)或货物的托运人或收货人。航空货物运输活动的客体就是货物的航空运输行为。从广义上讲,运输行为包括托运人或收货人的交货、收货行为,航空货运代理人揽接货、订舱、制单、报关等代理行为和航空公司的货物运送行为。其中,最主要的就是货物的运送。

第一节 航空货物运输凭证

　　航空货物运输过程中,需要使用到托运书和货运单两种凭证,作为运输过程中处理各种问题的依据,正确填写托运书及货运单,是运输过程正确有序的保障。

一 国内货物托运书

　　国内货物运输使用国内货物托运书,样式见图3-1,其基本内容和填写规范如下:

　　1. 始发站、目的站

　　填写货物空运的出发和到达城市名。城市名应写中文全称,例如:广州、北京、上海不能简写为穗、京、沪或 CAN、PEK、SHA 等。

　　2. 托运人及收货人姓名或单位、地址、邮政编码、电话号码

　　填写个人或者单位的全称、详细地址、邮政编码和电话号码,不能使用简称。保密单位可以填写邮政信箱或者单位代号。

　　3. 储运注意事项及其他

　　填写货物特性和储存运输过程中的注意事项。例如:易碎、防潮、防冻、小心轻放,急件或

最迟运达期限,损坏、丢失或死亡自负,货物到达后的提取方式。

4.声明价值

填写向承运人声明的货物价值。如托运人不声明价值时,必须填写"NVD(No Value Declared)或"无"字样。

5.保险价值

填写通过承运人向保险公司投保的货物价值。如果已经办理了声明价值的,可以填写"×××"或空白。

6.件数

填写货物的件数。如一批货物内有不同运价种类的货物,则需分别填写。总数写在下方格内。

7.毛重

在与件数相对应处填写货物的实际重量,总重量写在下方格内。

8.运价种类

分别以 M、N、Q、C、S 等代表货物不同的运价。

9.商品代号

以四位数字或者英文代表指定商品的货物类别。

10.计费重量

根据货物毛重、体积折算的重量或采用重量分界点运价比较后最终确定的计费重量。

11.费率

填写适用的运价。

12.货物品名(包括包装、尺寸或体积)

(1)填写货物的具体名称,不得填写表示货物类别的不确定名称。例如:苹果、橘子不能写成水果。

(2)填写货物的外包装类型。如纸箱、木箱、麻袋等,如果包装不同,应分别注明包装类型和数量。

(3)填写每件货物的尺寸或该批货物的总体积。

13.托运人或代理人签字

必须由办理托运的托运人签字或盖章,代理人不可替托运人签字。

14.托运人或其代理人的有效身份证件号码

填写托运人的有效身份证件的名称、号码。

15.经手人

分别有 X 光机检查员、货物检查员、过磅员、标签填写员签字并打印货运单号码和填写日期,以明确责任。

××航空公司国内货物托运书

始发站		目的站							
托运人姓名 或单位名称					邮政编码				
托运人地址					电话号码				
收货人姓名 或单位名称					邮政编码				
收货人地址					电话号码				

储运注意事项及其他						声明价值		保险价值	

件数	毛重	运价种类	商品代号	计费重量	费率	货物品名（包括包装、尺寸或体积）

说明： 1. 托运人应当详细填写或审核本托运书各项内容，并对其真实性、准确性负责。 2. 有不如实申报价值的货物发生丢失、损坏或被冒领的赔偿价值以此托运书的注明为准，造成赔偿不足的责任由托运人或收货人负责。 3. 承运人根据本托运书填开的航空货运单经托运人签字后，航空运输合同即告成立。 托运人或其代理人 签字（盖章）：_____ 托运人或其代理人 身份证号码：_____	货运单号码	
	经办人	X光机检查	
		检查货物	
		计算重量	
		填写标签	
			年　月　日

注：粗线框内由承运人填写

图 3-1　国内货物托运书样式

二 国际货物托运书

国际货物运输使用国际货物托运书，其基本内容和填写规范见图 3-2。

1. Airport of Departure 栏[1]

始发站栏，填始发站机场的全称以及国家名称。

2. Airport of Destination 栏[2]

到达站栏，填目的地机场(不知道机场名称时，可以填城市名称)，如果某一城市名称用于一个以上国家时,应加上国名。例如:LONDON UK 伦敦,英国;LONDON KY US 伦敦,肯达基州,美国。

3. Routing and Destination 栏[3]

路线及到达站栏,填写选择的运输路线以及承运人代号,如果后者不指定则只填写路线即可。

4. Shipper's Name and Address 栏[4]

托运人姓名及地址栏,填托运人的全称、街名、城市名称、国名以及便于联系的电话号、电传号或传真号。

5. Shipper's Account Number 栏[5]

托运人账号栏,除非承运人需要,此栏可不填写。

6. Consignee's Name and Address 栏[6]

收货人姓名及地址栏,填收货人的全称、街名、城市名称、国名(特别是在不同国家内有相同城市名称时,必须要填上国名)以及电话号、电传号或传真号,本栏内不得填写"Order"或"To Order of The Shipper"(按委托人的指示)等字样,因为航空货运单不能转让。

7. Consignee's Account Number 栏[7]

收货人账号栏,除非承运人需要,此栏可不填写。

8. Also Notify 栏[8]

另请通知栏,托运人填写的另一收货通知人,要求详细填写。

9. Shipper's Declared Value 栏[9]

托运人声明的价值栏,供运输用(For Carriage),填写托运人向承运人声明的货物价值,该价值为承运人赔偿的限额,承运人按声明价值的多少收取声明价值附加费。未声明价值时可填写"NVD"(No Value Declared,没有声明价值)。

供海关用(For Customs),填写托运人向到达站海关申报的货物价值,若无需要,则可不填,必要时亦可填写"NCV"(No Commercial Value or No Customs Value,没有商业价值)。

填写时应注明货币名称。

10. Amount of Insurance 栏[10]

保险金额栏,如果承运人向托运人提供货物保险服务的话,此栏可填入货物的实际价值或投保金额。

11. Documents to Accompany Air Waybill 栏[11]

所附文件栏,填随附在货运单上运往目的地的文件,应填上所附文件的名称,例如:托运人的动物证明(Shipper's Certification For Live Animals)。

12. No.of Packages 栏[12]

件数栏,填该批货物的总件数。

13. Actual Gross Weight(kg)栏[13]

实际毛重栏,本栏内的重量应由承运人或其代理人在称重后填入。如托运人已经填上重量,承运人或其代理人必须复核。

14. Rate Class 栏[14]

运价类别栏,本栏可空着不填,由承运人或其代理人填写,当采用等级运价时要标明百分比。

15. Chargeable Weight 栏[15]

计费重量栏,本栏内的计费重量应由承运人或其代理人在量过货物的尺寸,由承运人或其代理人算出计费重量后填入,如托运人已经填上重量,承运人或其代理人必须复核。

16. Rate/Charge[16]

费率栏,本栏有承运人或其代理人填写,填写适用的每千克运价。如果是最低运费,也要写在本栏目内。

17. Nature and Quantity of Goods(Incl. Dimensions or Volume) 栏[17]

货物品名及数量(包括体积或尺寸)栏,对于不同种类的货物应详细填写货物的具体品名。包装尺寸应当以 cm 为单位,并注意货物的最长、宽、高尺寸。

18. Shipper's instructions in case of inability to deliver shipment as consigned 栏[18]

在货物不能交与收货人时,托运人指示的处理办法栏,必要时填写。

19. Handling Information 栏[19]

处理情况栏,必要时填写。

20. Signature of Shipper 栏[20]

托运人签字栏,托运人必须在本栏内签字。

21. Date 栏[21]

日期栏,填写托运人或其代理人交货的日期。

22. No.of Air Waybill 栏[22]

货运单号码栏,填写根据本托运书而填制的货运单号码。

23. Booked 栏[23]

已预留吨位栏,将预留吨位(包括已订妥或已发电申请预留吨位)的航班号(冠以承运人代号)和日期填入本栏。

24. Charges 栏[24]

运费栏,由承运人填写运费或其他费用支付方式。运费预付填写"FREIGHT PREPAID",运费到付填写"PREIGHT COLLECT"。

25. Agent 栏[25]

经手人栏,经办人签字。

26. Date 栏[26]

日期栏,填写办理托运货物的日期。

[22]

国际货物托运书
SHIPPER'S LETTER OF INSTRUCTION

货运单号码
No. of Air Waybill

始发站 Airport of Departure [1]	到达站 Airport of Destination [2]	供承运人用 For Carrier Use Only	
		航班/日期 Flight/Date	航班/日期 Flight/Date

路线及到达站 Routing and Destination　[3]								
至 To	第一承运人 By First Carrier	至 To	承运人 By	至 To	承运人 By	至 To	承运人 By	已预留吨位 Booked　　　　[23]

托运人账号 Shipper's Account Number [5]	托运人姓名及地址 Shipper's Name and Address [4]	运费 Charges
收货人账号 Consignee's Account Number [7]	收货人姓名及地址 Consignee's Name and Address [6]	[24]
另请通知 Also Notify [8]		

托运人声明的价值 Shipper's Declared Value [9]		保险金额 Amount of Insurance	所附文件 Documents to Accompany Air Waybill
供运输用 For Carriage	供海关用 For Customs	[10]	[11]

件数 No. of Packages	实际毛重（公斤） Actual Gross Weight(kg)	运价类别 Rate Class	计费重量 Chargeable Weight	费率 Rate/Charge	货物品名及数量（包括体积或尺寸） Nature and Quantity of Goods (Incl. Dimensions or Volume)
[12]	[13]	[14]	[15]	[16]	[17]

在货物不能交与收货人时，托运人指示的处理方法
Shipper's instructions in case of inability to deliver shipment as consigned
[18]

处理情况（包括包装方式，货物标志及号码等）
Handling Information (Incl. Method of packing. Identifying marks and number. Etc.)
[19]

托运人证实以上所填全部属实并愿意遵守承运人的一切载运章程。
The shipper certifies that the particulars on the face hereof are correct and agrees to the conditions of carriage of the carrier.

托运人签字　　　[20]	日期　　　[21]	经手人　　　[25]	日期 [26]
Signature of Shipper	Date	Agent	Date

图 3-2　国际货物托运书样式

三 国内航空货运单

国内运输航空货运单一式八联,其中正本三联、副本五联,航空货运单的续页指副本4、副本5。副本4是货物到达目的站后由代理人代替发货人使用的存根联或者航空公司营业部收存作为核对或统计货运量的依据。国内运输航空货运单的名称、具体用途如表3-1所示。

国内运输航空货运单各联及其用途 表3-1

印刷顺序	名 称	颜 色	用 途
第一联	正本3	浅蓝色	交托运人
第二联	正本1	浅绿色	交开票人财务
第三联	副本7	浅粉色	交第一承运人
第四联	正本2	浅黄色	交收货人
第五联	副本4	白色	交付货收据,由承运人留存
第六联	副本5	白色	交目的站机场
第七联	副本6	白色	交第二承运人,作为结算凭证
第八联	副本8	白色	交开票人存根

国内航空货运单(图3-3)的填制方法如下:

1. 始发站栏[1]

填写货物始发站机场所在城市的名称,地名应写全称,不得简写或使用代码。

2. 目的站栏[2]

填写货物目的站机场所在城市的名称,地名应写全称,不得简写或使用代码。

3. 托运人姓名、地址、邮编和电话号码栏[3]

填写托运人全名,地名应写全称,不得简写或使用代码。

4. 收货人姓名、地址、邮编和电话号码栏[4]

填写与其身份证件相符的收货人姓名、地址、单位邮编和电话号码,要清楚准确。此栏只能填写一个收货人,要求内容详细。

5. 航线栏[5]

[5A]到达站(第一承运人运达站)栏:填写目的地机场或第一中转站机场的三字代码。

[5B]第一承运人栏:填写自始发站承运货物的承运人的两字代码。

[5C]到达站(第二承运人运达站):填写目的地机场或第二中转站机场的三字代码。

[5D]第二承运人栏:填写第二承运人的两字代码。

[5E]到达站(第三承运人运达站)栏:填写目的地机场或第三中转站机场的三字代码。

[5F]第三承运人栏:填写第三承运人的两字代码。

6. 航班/日期栏[6]

[6A]航班/日期(始发航班)栏:填写已订妥的航班日期。

[6B]航班/日期(续程航班)栏:填写已订妥的续程航班日期。

7. 运输声明价值栏[7]

填写托运人向承运人声明的货物价值。托运人未声明价值时必须填写"无"字样。

8. 运输保险价值栏[8]

托运人通过承运人向保险公司投保的货物价值。已办理声明价值的此栏不填写。

9. 储运注意事项及其他栏[9]

填写货物在保管运输过程中应注意的事项或其他有关事宜,不得填写超出承运人储运条件的内容。

10. 件数/运价点栏[10]

填写货物的件数。如果货物运价种类不同时,应分别填写总件数,填写在[10A]栏。如运价是分段相加组成时,将运价组成点的城市代码填入本栏。

11. 毛重栏[11]

在与货物件数相对称的同一行处,填写货物毛重。如分别填写时总数应填在[11A]栏内。

12. 运价种类栏[12]

可用下列代号填写所采用的运价类别。

M:最低运费。

N:45kg 以下普通货物基础运价。

Q:45kg 以上普通货物运价。

C:指定商品运价。

S:等级运价。

13. 商品代号栏[13]

应根据以下两种情况分别填写:

(1)如果在[12]内填入指定商品运价代号"C",则在本栏内填写指定商品的具体数字代号,商品代号根据各地区公布运价中确定的指定商品代号进行填写。

(2)如果在[12]内填入等级货物运价代号"S",本栏内应填写适用的普通货物运价的百分比数,如 Q150。

14. 计费重量栏[14]

(1)如果按体积计得的重量大于实际毛重,应将体积计费重量填入本栏。

(2)采用较低的运价和较高的计费重量分界点所得的运费低于采用较高的运价和较低的计费重量分界点的运费,则可将较高的计费分界点重量填入本栏。

15. 费率栏[15]

填写货物起讫点之间适用的每千克运价。

16. 航空运费栏[16]

填写根据费率和计费重量计算出的航空货物运费额。如分别填写时,将总数填在最下边的[16A]栏内。

17. 货物品名(包括包装、尺寸和体积)栏[17]

填写货物的外包装类型。如果该批货物包装不同,应分别写明数量和包装类型,如纸箱、铁桶、木桶等。填写货物的名称、每件货物的尺寸和总体积,货物名称应当具体准确。

18. 预付栏[18]

[18A]预付航空运费栏:填写预付的[16]或[16A]栏中运费总数。

[18B]预付声明价值附加费栏:填写按规定收取的货物声明价值附加费。

[18C]预付地面运费栏:填写根据地面运费费率和计费重量计算出的货物地面运费总额。

[18D]预付其他费用栏:填写[20]栏各项费用的总数。填写除航空运费、声明价值费和地面运费以外的根据规定收取的其他费用。

[18E]预付总额栏:填写[18A]～[18D]的总数。

19. 付款方式栏[19]

填写托运人支付各项费用的方式。如现金、支票等。

20. 其他费用栏[20]

填写除航空运费、声明价值附加费和地面运费以外的根据规定收取的其他费用。

21. 到付栏[21]

目前国内航空货物运输暂不办理运费到付业务。

22. 结算注意事项栏[22]

填写有关结算事项,如有关运价协议号码、销售运价文件号码、特别运价通知、代理人或销售单位编码。

23. 填开货运单的代理人名称栏[23]

填写填制货运单的代理人名称。

24. 收货人签字日期栏[24]

副本4中由收货人签字及填写货物提取日期。

25. 收货人有效身份证件及号码栏[25]

副本4中填写收货人的有效身份证件号码。

26. 交付人签字、日期栏[26]

副本4中由交付货物的经办人签字及填写货物交付日期。

27. 托运人或其代理人签字盖章栏[27]

由托运人或其代理人签字盖章。

28. 承运人或其代理人的签字盖章栏[28]

[28A]填开日期栏:货运单的填制日期。

[28B]填开地点栏:货运单的填开地点。

[28C]填开人或其代理人签字盖章栏:填制货运单的承运人或其代理人的签字盖章。

29. 货运单号码栏[29]

货运单号码由8位数字组成。

始发站 Airport of Departure	[1]	目的站 Airport of Destination	[2]	不得转让 NOT NEGOTIABLE 航空货运单 AIR WAYBILL			
托运人姓名、地址、邮编、电话号码 Shipper's Name, Address, Postcode&Telephone No. [3]				印发人 Issued by 航空货运单一、二、三联为正本,并具有同等法律效力。 Copies1, 2 and 3 of this Air Waybill are originals and have the same validity			
收货人姓名、地址、邮编、电话号码 Consignee's Name, Address, Postcode &Telephone No. [4]				结算注意事项 Accounting Information [22] 填开货运单的代理人名称 Issuing Carrier's Agent Name [23]			
航线 Routing [5]	到达站 To [5A]	第一承运人 By First Carrier [5B]		到达站 To [5C]	承运人 By [5D]	到达站 To [5E]	承运人 By [5F]
航班/日期 [6A] Flight/Date		航班/日期 [6B] Flight/Date		运输声明价值 [7] Declared Value for Carriage		运输保险价值 [8] Amount of Insurance	
储运注意事项及其他 Handling Information and Others [9]							
件数 No.of Pcs. 运件点 RCP	毛重 (千克) Cross Weight (kg)	运价种类 Rate Class	商品代号 Comm Item No.	计费重量(千克) Chargeable Weight(kg)	费率 Rate/kg	航空运费 Weight Charge	货物品名 (包括包装、尺寸或体积) Description of Goods (incl. Packaging.Dirnensions or Volume)
[10]	[11]	[12]	[13]	[14]	[15]	[16]	[17]
[10A]	[11A]					[16A]	

预付 Prepaid [18]		到付 Collect [21]	其他费用 Other Charges [20]	
[18A]	航空运费 Weight Charge	[21A]	托运人郑重声明:此航空货运单上所填货物品名和货物运输声明价值与实际交运货物品名和货物实际价值完全一致。并对所填航空货运单和所提供的与运输有关文件的真实性和准确性负责。 Shipper certifies that description of goods and declared value for carriage on the face hereof are consistent with actual description of goods and actual value of goods and that particulars on the face hereof are correct. 托运人或其代理人签字、盖章 Signature of Shipper or His Agent_____ [27]	
[18B]	声明价值附加费 Valuation Charge	[21B]		
[18C]	地面运费 Surface Charge	[21C]		
[18D]	其他费用 Other Charge	[21D]		
			填开日期 填开地点 填开人或其代理人签字、盖章 Executed on(Date) At(Place) Signature of Issuing Carrier or Its Agent [28A] [28B] [28C]	
[18E]	总额(人民币) Total (CNY)	[21E]	[29]xxx-xxxxxxxx	
付款方式 Form of Payment		[19]		

正本 3(托运人联)甲

ORIGINAL 3 (FOR SHIPPER)A

图 3-3   国内航空货运单样式

(四) 国际航空货运单

国际运输航空货运单一式十二联,其中正本三联、副本六联,备份副本三联。国际运输航空货运单的名称、具体用途如表 3-2 所示。

国际运输航空货运单各联及其用途　　　　　表 3-2

印刷顺序	名　称	颜　色	流　向	用　途
第一联	正本 1	淡绿色	制单承运人	承运人和托运人签署运输合同的证据,承运人财务部门留存
第二联	正本 2	淡粉色	收货人	在目的站交付给收货人
第三联	正本 3	淡蓝色	托运人	承运人与托运人签署运输合同的证据;托运人交付货物的凭证
第四联	副本 4	淡黄色	交付承运人	经收货人签字后,由航空公司留存运输合同终止的书面依据
第五联	副本 5	白色	目的站机场	目的站机场使用
第六联	副本 6	白色	第三承运人	承运人结算运费时使用
第七联	副本 7	白色	第二承运人	承运人结算运费时使用
第八联	副本 8	白色	第一承运人	承运人结算运费时使用
第九联	副本 9	白色	代理人	制单代理人留存
第十联	备份副本 10	白色		
第十一联	备份副本 11	白色		备份
第十二联	备份副本 12	白色		

国际航空货运单的样式参见图 3-4,填制说明如下:

1. The Air Waybill Number 栏[1A]、[1B]

货运单号码,货运单号码应清晰地印在货运单的左上角以及右下角。货运单号码包括航空公司的数字代号([1A])、货运单序号以及检验号码([1B])。

2. Airport of Departure 栏[1]

始发站机场,填制始发站机场的三字代码。

3. Issuing Carrier's Name and Address[1C]

货运单所属航空公司名称及总部所在地址栏,此处还印有航空公司的标志。

4. Reference to Originals 栏[1D]

正本说明栏,说明正本 1、2、3 具有相同的法律效应,无须填写。

5. Reference to Conditions of Contact 栏[1E]

契约条件栏,本栏用于填写其他相关的契约,一般情况下无须填写。

6. Shipper's Name and Address 栏[2]

托运人姓名和地址栏,此栏填制托运人姓名(名称)、详细地址、国家(或国家两字代号)以及收货人的电话、传真号码。

7. Shipper's Account Number 栏[3]

收货人账号栏,本栏仅供承运人使用,一般无须填写,除非最后的承运人另有要求。

8. Consignee's Name and Address 栏[4]

收货人姓名和地址栏,填制收货人姓名(名称)、详细地址、国家(或国家两字代号)以及收货人的电话、传真号码。

9. Consignee's Account Number 栏[5]

收货人的账号栏,填写收货人的账号,一般无须填写。

10. Issuing Carrier's Agent Name and City 栏[6]

出票航空公司货运代理人名称和城市栏,填写向出票航空公司收取佣金的 IATA 代理人的名称和所在机场和城市。

11. Agent's IATA Code 栏[7]

国际航协代号栏,航空公司为便于内部系统管理,要求其代理人在此处填制相应数字代码。采用货物财务结算系统清算的代理人按规定填入相应代号。

12. Account No. 栏[8]

账号栏,一般无须填写,除非承运人另有需要。

13. Airport of Departure (Addr of First Carrier) and Requested Routing 栏[9]

始发站机场和要求的运输路线栏,填写运输始发站机场或所在城市(始发机场与所在城市使用相同代码)的全称,以及所要求的运输路线。

14. Accounting Information 栏[10]

相关财务信息栏,此栏填制有关财务说明事项,如付款方式,现金支票或其他方式等。

作为货物运输的行李使用 MCO 付款时,此处填写 MCO 号码、换取服务金额以及旅客客票号码、航班号、日期及航程。

代理人不得接受托运人使用 MCO 作为付款方式。

如果因为货物无法交付需要退运时填开的货运单,应将原始货运单号码填在此栏内。

15. Airport of Destination 栏[11A]~[11F]

运输路线和目的站栏,其中:

[11A]到达站(第一承运人运达站)栏,填写目的地机场或第一中转站机场的三字代码。

[11B]第一个承运人栏,填写自始发站承运货物的承运人的两字代码。

[11C]到达站(第二承运人运达站)栏,填写目的地机场或第二中转站机场的三字代码。

[11D]第二承运人栏,填写第二承运人的两字代码。

[11E]到达站(第三承运人运达站)栏,填写目的地机场或第三中转站机场的三字代码。

[11F]第三承运人栏,填写第三承运人的两字代码。

16. Currency 栏[12]

货币栏,填制运输始发地货币代号(统一采用国际标准化组织 ISO 的货币代号)。运输始发地货币指的是运输始发地运价资料公布的货币,除了[33A]~[33D]栏外,货运单上所列明的费用金额均是按运输始发地货币表示。

17. CHGS Code 栏[13]

运费代号栏,此栏仅供承运人使用,主要作为电子传送货运单信息时必须填写的内容。此栏如果需要填写以下代号。

CA:部分费用信用证到付,部分费用现金预付。

CB:部分费用信用证到付,部分费用信用证预付。

CC:所有费用到付。

CG:所有费用到付用政府提单支付。

CP:目的地现金到付。

CX:目的地信用证到付。

18.［14A］、［14B］、［15A］、［15B］栏

货物运费、声明价值费、其他费用的付款方式栏,其中:

"WT/VAL"表示货物航空运费、声明价值附加费的预付［14A］或到付［14B］。

"Other"表示其他费用预付［15A］或到付［15B］。

有关费用预付(PPD)或到付(COLL),分别用字母"PP"、"CC"在货运单上表示,或在相关栏目内用"X"表示。

如果使用预付或到付方式,货运单上［24A］、［25A］或［24B］、［25B］两项费用必须全部预付或全部到付;货运单上［27A］、［28A］或［27B］、［28B］两项费用必须全部预付或全部到付。

19. Declared Value for Carriage 栏［16］

运输声明价值栏,填写托运人关于货物运输声明价值的金额。如果托运人没有运输声明价值,此栏不可以空着,必须填制"NVD"字样(NVD——No Value Declared,没有声明价值)。

20. Declared Value for Customs 栏［17］

供海关用声明价值栏,填制货物过海关时海关需要的货物商业价值金额。如果货物没有商业价值,或海关不要求声明价值,此栏必须打印"NCV"字样(NCV——No Commercial Value for No Customs Value,没有商业价值)。

21. Airport of Destination［18］

目的站机场栏,填制最后承运人的目的地机场全称。

22. Flight/Date 栏［19A］、［19B］

航班/日期栏,此栏仅供承运人使用。

［19A］承运人在收运货物时将预订航班或视需要将续运航班填入本栏。

［19B］填入托运人或其代理人申请预订的航班。

23. Amount of Insurance 栏［20］

保险金额栏,如果承运人向托运人提供代办货物保险业务时,此栏打印托运人货物投保的金额。如果承运人不提供此项服务或托运人不要求投保时,此栏内必须打印"XXX"符号。

24. Handing Information 栏［21］

运输处理注意事项栏,填写货物在运输过程中需要注意的有关事宜。

除填写收货人外,还应填写另请通知人的姓名、地址、国家以及电话、电传或传真号码;货物所需要的特殊处理规定;海关规定等。

如仅限货机运输的货物,应特别注明"Cargo Aircraft Only"字样;

其他注意事项应尽可能使用"货物交换电报程序"(CARGO-IMP)中的代号和简语,如货

物上的标志、号码以及包装方法。

25. Consigment Rating Details 栏[22A]~[22L]

货物运价及细目栏,一票货物中如含有两种以上不同运价类别计费的货物应分别填列,每填写一项另起一行,如果含有危险品,则该危险物应列在第一项。

[22A]No. of Pieces RCP:货物件数/运价组合点。运价组合点是指如果使用分段相加运价计算运费时,在件数的下面应打印运价组合点城市的 IATA 三字代码。

[22B]Gross Weight:毛重。填入货物实际毛重(以 kg 为单位时保留至小数后一位)。

[22C]kg/lb:重量单位千克或磅。以千克为单位用代号为"K",以磅为单位用代号"L"。

[22D]Rate Class:运价等级。根据所使用运价按下列规则填入规定代码。

　　　　M:最低运费。

　　　　N:45kg(或 100bl)以下的普通货物运价。

　　　　Q:45kg(或 100bl)以上的普通货物运价。

　　　　C:指定商品运价。

　　　　R:附减等级运价。

　　　　S:附加等级运价。

　　　　U:集装设备的最低重量及其适用的最低运费。

　　　　E:超过集装设备最低重量及其适用的运价。

[22E]Commodity Item No.:商品品名编号。运输指定商品,货物的运费使用指定商品运价计费时,此栏打印指定商品品名编号,打印的位置与运价代号"C"保持水平。运输等级货物,使用等级货物运价计费时,此栏打印附加或附减运价的比例,用百分比表示。如果是集装货物,打印集装货物运价等级。

[22F]Chargeable Weight:计费重量。填入计算货物运费适用的计费重量。

[22G]Rate/Charge:运价/运费。当使用最低运费时,此栏与运价代号"M"对应打印最低运费。当运价代号栏为"N","Q","C"时,此栏填入相应的运价。当货物为等级货物时,此栏与运价代号"S"、"R"对应打印附加或附减后的运价。

[22H]Total:总计。填入计费重量与适用运价相乘后的运费金额;如果是最低运费或集装货物基本运费时,本栏与[22G]内金额相同。

[22I]Nature and Quantity of Goods:货物品名和数量。为了便于组织该批货物运输,本栏填写要求清楚、简明,并符合下述要求:

打印货物品名;

当一票货物中含有危险货物时,应分列打印,危险货物列在第一项;

活体动物运输,本栏内容应根据 IATA 活体动物运输规定打印;

集合货物,本栏应打印"Consolidation as Per Attached List";

打印货物的体积,用长×宽×高表示。如 DIMS:40cm×30cm×20cm。

[22J]、[22K]、[22L]分别为货物总件数、总毛重、总运费。

26. Other Charges 栏[23]

其他费用,任何费用均需用三个字母表示,前两个字母表示费用种类,第三个字母表示费用归属。承运人收取的其他费用使用"C"来表示,代理人收取的其他费用使用"A"表示。例如"AWC"属于出票航空公司收取的货运单工本费;"AWA"为代理人收取的货运单工本费。

其他费用种类用下列两字代码表示,以下为部分其他费用的两字代码。

AC:Animal Container 动物容器租费。

AW:Air Waybill 货运单工本费。

DB:Disbursement Fee 代垫付款手续费。

FC:Charge Collect Fee 运费到付手续费。

HR:Human Remain 尸体、骨灰附加费。

LA:Live Animals 活体动物处理费。

RA:Dangerous Goods Surcharge 危险处理费。

SD:Surface Charge Destination 目的站地面运输费。

SU:Surface Charge 地面运输费。

27. Weight Charge 栏[24A]、[24B]

此栏填入航空运费计算栏[22]栏计算所得的航空运费总数。如果航空运费预付,填入[24A],航空运费到付,则填入[24B]。

28. Valuation Charges 栏[25A]、[25B]

声明价值费栏,当托运人声明货物运输声明价值时,此栏填入声明价值附加费金额。该费用必须与航空运费同步付款:同时预付或同时到付。声明价值附加费预付填入[25A],到付填入[25B]。

29. Tax 栏[26A]、[26B]

税款预付/到付栏,如果有需要时填写政府或官方当局要求征收的税款。税款应全部预付或到付,税收的细节不需要填在[23]栏内。

30. Total Other Charges Due Agent 栏[27A],[27B]

由代理人收取的其他费用总额栏,预付填入[27A],到付填入[27B]。

31. Total Other Charges Due Carrier 栏[28A],[28B]

由出票航空公司收取的其他费用总额栏,预付填入[28A],到付填入[28B]。

32. 无名称阴影栏[29A]、[29B]

本栏不需打印,除非承运人需要。

33.[30A]、[30B]栏

预付和到付费用总额。

[30A]填入[24A]、[25A]、[26A]、[27A]、[28A]等栏有关预付款项之和。

[30B]填入[24B]、[25B]、[26B]、[27B]、[28B]等栏有关到付款项之和。

34.[31]栏

托运人证明栏,填制托运人名称,并由托运人或其代理人在本栏内签字或盖章。

35.[32A]、[32B]、[32C]栏

承运人填写栏,将填开货运单日期、地点、所在机场或城市的全称或缩写分别填入[32A]、

［32B］、［32C］。填开日期采用按日、月、年的顺序。［32C］要求填开货运单的承运人或其代理人在本栏内签字。

[1A] [1] [1B]

Shipper's Name and Address [2]	Shipper's Account Number [3]	NOT Negotiable **Air Waybill** [1C] Issued by
		Copies1.2.3 of this AWB are originals and have the same validity [1D]
Consignee's Name and Address [4]	Consignee's Account Number [5]	It is agreed that goods described herein are accepted in appartment good order and condition(except as noted)for carriage SUBJECT TO THE CONDITIONS OF CONTACT ON THE REVERSE HEREOF.ALLGOODS MAY BE CARRIED BY ANY OTHER MEANS INCLUDING ROAD OR ANY OTHER CARRIER UNLESS SPECIFIC CONTRAY INSTRUCTIONS ARE GIVEN HEREON BY THE SHIPPER,AND SHIPPER AGREES THAT THE SHIPMENT MAY BE CARRIED VIA INTERMEDIATE STOPPING PLACES WHICH THE CARRIER DEEMS APPROPRIATE.THE SHIPPER'S ATTENTION IS DRAWN TO THE NOTICE CONCEANING CARRIER'S LIMITATION OF LIABILITY.Shipper may increase such limitation of liability by declaring a higher value for carriage and paying a supplemental charge if required. [1E]
Issuing Carrier's Agent Name and City [6]		Accounting Information [10]
Agent's IATA Code [7]	Account No. [8]	

Airport of Departure(Addr of First Carrier) and Requested Routing
[9]

To	By first carrier	Routing and Destination	To	By	To	By	Curre-ncy	CHGS code	WT/VAL		Other		Declared Value for Carriage	Declared Value for Customs
									PPD	COLL	PPD	COLL		
[11A]	[11B]		[11C]	[11D]	[11E]	[11F]	[12]	[13]	[14A]	[14B]	[15A]	[15B]	[16]	[17]

Airport of Destination [18]	Flight/Date [19A]	Flight/Date [19B]	Amount of Insurance [20]	INSUREANCE-if carrier offers insurance,and such insurance is requested in accordance with the conditions thereaf.Indicate amount to be insured in figures in box marked "Amount of Insurance".

Handling Information
[21]

[21A]

SCI

No. of Pieces RCP	Gross Weight	kg lb		Rate Class		Chargeable Weight	Rate/Charge	Total	Nature and Quantity of Goods (incl Dimension or Volume)
				Commodity Item No.					
[22A]	[22B]	[22C]	[22D]	[22E]		[22F]	[22G]	[22H]	[22I]
[22J]	[22K]							[22L]	

Prepaid		Weight Charge		Collect	Other Charges
[24A]				[24B]	
		Valuation Charge			[23]
[25A]				[25B]	
		Tax			
[26A]				[26B]	
	Total Other Charges Due Agent				Shipper certifies that the particulars on the face hereof are correct and that Insofar as any part of the consignment contains dangerous goods,such part is properly described by name and is in proper condition for carriage by air according to the applicable Dangerous Goods Regulation.
[27A]				[27B]	
	Total Other Charges Due Carrier				
[28A]				[28B]	[31]
[29A]				[29B]	Signature of Shipper or his agent
Total Prepaid			Total Collect		[32A] [32B] [32C]
[30A]				[30B]	Executed on(date) at(place) Signature of Carrier or its Agent
Currency Conversion Rates		CC Charges in Dest.Currency			
[33A]				[33B]	
For Carriers Use only at Destination [33]		Charges at Destination [33C]		Total Collect Charges [33D]	[1A] [1B]

图 3-4　国际航空货运单样式

36. ［33A］、［33B］、［33C］、［33D］栏

仅供有关承运人、目的地机场等在目的站使用栏,收货人用目的地国家货币付费。

［33A］Currency Conversion Rate:货币兑换比价,填入将货物始发地国家货币换算成目的地国家的货币的比价(银行卖出价)。

［33B］CC Charges in Destination Currency:用目的地国家货币表示的付费金额。

［33C］Charges at Destination:目的站费用,最后一个承运人将目的站发生的费用金额填入本栏中。

［33D］Total Collect Charges:到付费用总额。

第二节　航空货物出口运输代理业务流程

航空公司货物的运输业务流程主要包括两大环节:货物运输的出口业务流程和进口业务流程。货物运输的出口业务流程指的是从托运人发货到承运人把货物装上飞机的物流、信息流的实现和控制管理的全过程。货物运输的进口业务流程的环节主要包含两部分:航空货物出口运输代理业务程序和航空公司出港货物的操作程序。

虽然货物代理人不直接进行航空公司出港货物的操作程序,但代理人只有熟悉航空公司出港货物的操作程序,才能清楚货物在航空公司的运输及转运过程,了解哪些环节容易出问题。

一　了解货物收运的规定

1. 国内货物收运的一般规定

(1)根据运输能力收运货物

承运人应根据运输能力、按货物的性质和急缓程度,有计划地收运货物。有特定条件及时限要求和大批量的联程货物,承运人必须预先安排好联程中转舱位后,才能收运。

当出现一些特殊情况,如政府法令、自然灾害或者货物不能及时运出港造成积压时,承运人有权暂停货物的收运。

(2)货物运输文件

凡是国家法律、法规和有关规定禁止运输的物品,承运人可以拒绝收运。凡是限制运输的以及需要向公安、检疫等政府有关部门办理手续的货物,托运人应当提供有效证明。

托运货物时,托运人必须提供有效的身份证件。当托运人在交运一些特殊货物时还应当提供与货物运输相关的文件,并且要对文件的真实性和准确性负责。

托运人交运的货物不能危害飞机、人员、财产的安全,亦不能烦扰其他旅客。

(3)货物包装及检查

托运人交运的货物的包装、重量、体积和付款方式等必须要符合民航的相关规定。

对收运的货物应当进行安全检查。对收运后24h内装机运输的货物,一律实行人工检查或者通过安检仪器检测。

2. 国际货物收运的一般规定

（1）货物运输文件

托运人应当提供必需的资料和文件，以便在货物交付收货人以前完成海关以及行政法规规定的有关手续。运输条件不同或货物性质不同而不能放在一起运输的货物，托运人应当分别填写托运书。

（2）海关手续

托运人应当自行办理海关手续。托运人托运我国政府有关部门和运输过程中的有关国家的法律、行政法规和其他有关规定限制运输的货物，应当随附有效证明。

（3）特种货物等候提取

危险物品、动物、灵柩、骨灰、贵重物品、枪械、军械、外交信袋、鲜活易腐货物、成批或者超大件货物以及公务货物，应当由托运人通知收货人在到达站机场等候提取。

二 接受委托、提供运输文件

1. 填写货物托运书

航空货运代理人与发货人就货物运输达成意向后，可向发货人提供所代理的有关航空公司的货物托运书。货物托运书被视为航空货物运输合同的一个组成部分。托运书是收运货物、计算运费、填写货运单的书面依据。对于长期运输或发货量较大的单位，航空货运代理一般都与之签订长期的代理协议。发货人发货时，首先填写委托书，并加盖公章。

货物托运书的填写要求：

（1）货物托运书应使用钢笔、圆珠笔书写，有些项目如名称、地址、电话等可盖戳印代替书写。自己要清晰易认，不能潦草。不能使用非国家规定的简化字。托运人对所填写的单位、个人或物品等内容应当使用全称。

（2）托运人应认真填写托运书，对所填事项的真实性和准确性负责，并在托运书上签字或者盖章。

（3）一张托运书托运的货物，只能有一个目的地、一个收货人，并以此填写一份航空货运单。

（4）运输条件或性质不同的货物，不能使用同一张货物托运书托运。

运输条件不同，不能使用同一张货物托运书。例如：活体动物和普通货物。

不同实效的货物，不能使用同一张货物托运书。例如：急救药品和普通货物。

（5）货物托运书应当和相应的货运单存根联以及其他必要的运输文件副本放在一起，按照货运单号码顺序装订成册，作为核查货物运输的原始依据。

2. 审核托运书

代理人在接受托运人委托后、单证操作前。代理人要指定人员对委托人填写的托运书所列内容进行审核（也称为合同评审）。审核的内容有货物品名、件数、体积大小、包装和完好程度确定计费重量，甄别所托运货物是否属禁运品，核实委托人及收货人详细单位名称、姓名、联系电话是否齐全，核对无误后请委托人在委托书上签名确认。

　　在审核时尤其要注意价格和航班日期。每家航空公司、每条航线、每个航班甚至每个目的港均有优惠运价,这种运价会因货源、淡旺季经常调整,而且各航空公司之间的优惠价也不尽相同。所以有的时候更换航班,运价也随之调整。

　　货运单上显示的运价虽然与托运书上的运价有联系,但相互之间有很大区别。货运单上显示的运价是航空货物运价手册上公布的使用运价和费率,托运书上显示的是航空公司优惠价加上杂费和服务费或使用协议价格。托运书的价格审核就是判断其价格是否能被接受,预订航班是否可行。审核人员必须在托运书上签名和注明日期以示确认。

　　进行合同评审后,代理人就可以对运输文件和单据进行核对,并安排运输工具取货或由发货人送货到指定地点。

　　3. 收运航空货物时其他运输文件

　　在运输货物时,特别是运输某些国际特种货物时,根据不同的货物种类,托运人需要向承运人提供下列文件:

　　(1)货物装箱单。

　　(2)供海关检查需要的进、出口和过境的有关文件。

　　(3)托运动植物所需要的证明文件。

　　(4)托运灵柩、骨灰的证明文件。

　　(5)托运特种货物的证明文件。

　　(6)在 IATA 三区与一区和二区(东欧部分国家)之间托运指定商品时需要提供商业发票。

三　审核、接收货运单证

航空货运代理人需审核的货运单证包括:

　　1. 出口货物明细表、货物发票、装箱单

　　发票上需加盖公司公章(业务科室、部门章无效),标明价格术语和货物价格(包括无价样品的发票)。

　　2. 托运书

　　一定要注明目的地机场或目的地所在城市的名称,明确运费预付或运费到付、货物毛重、收发货人、电话或传真号码。此外,托运人签字处一定要有托运人的签名。

　　3. 报关单

　　在报关单上注明经营单位注册号、贸易性质、收汇方式,并要求在申报单位处加盖公章。

　　4. 外汇核销单

　　在出口单位备注栏内,一定要加盖公司章。

　　5. 许可证

　　许可证上的合同号、出口口岸、贸易国别、有效期一定要符合要求,并与其他单据相符。

　　6. 商检证

　　商检证、商检放行单、盖有商检放行章的报关单均可。商检证上应有海关放行联字样。

7.进料/来料加工核销本

核销本上的合同号与发票上的要一致。

8.索赔/返修协议

要提供协议正本,合同双方盖章,外方如没有公章,可以签字。

9.到付保函

托运人如选择运费到付,应提供到付保函。

10.关封

向海关申请。

四 预配舱、预订舱位

货物运输的首要关键点是接收货物,并选择合适的运输线路,然后必须在所选择的航班上预订吨位,这是货物运输的一个关键点。由于飞机的业务载重量是有限的,每一架飞机的可利用吨位都是固定的,尤其是客机,与货机相比,它只能利用载运旅客和行李剩余的吨位和空间运载货物。因此,做好航班舱位的预订无论是对航空公司还是对代理公司都是非常重要的。

作为货运代理人,在预订舱位之前首先要预配舱,即汇总所收运的货物情况,计算各航线的件数、重量、体积,按客户要求和货物重、轻泡情况,根据各航空公司的不同机型,对不同板箱的重量和高度要求,制订预配方案,并对每票货配上运单号。

制订好预配方案,航空货运代理人接着向航空公司即承运人预订舱位:根据预配舱的方案,按航班、日期打印出总运单号、件数、重量、体积、包装种类、目的港及要求出运时间等,向航空公司预订舱位,并将航空公司确认的预订信息输入电脑系统。这一环节之所以称之为预订舱,是因为此时货物可能还没有入仓库,预报和实际的件数、重量、体积等都会有差别,这些留待配舱时再做调整。

货物订舱时,需要根据发货人的要求和货物本身的特点选择最佳航线和最理想的承运人,同时为其争取最合理的运价。一般来说,紧急物资、鲜活易腐物品、危险物品、贵重物品等,应尽量预订直达航班的舱位,但运费相对较贵;非紧急的货物,可以预订转运航班的舱位,运费相对较低廉。

订妥舱位后,航空货代应及时通知发货人备单、备货。

五 接单

接单就是航空货运代理公司在订妥舱位后,接受发货人送交的货物出口所需的一切单证,以备海关申报使用。所需备齐的文件包括:报关单、核销单、报关委托书、配额、产证、出口许可证等文件。

接货一般与接单同时进行,接单后要将电脑中的收货记录与收货凭证核对,以验证货物与单证是否相符,这是确保顺利出口的必要步骤。然后制作操作交接单,填上所收到的各种报关单证份数,给每份交接单配一份总运单或分运单。将制作好的交接单、配好的总运单或分运单、报关单证移交制单。如果此时货物未到或未到全,可以按照托运书上的数据填入交接单并注明,货物到后再修改。

六　填制航空货运单

航空货运单(Air Waybill,简称 AWB)是航空货物运输的托运人(或其代理人)和承运人(或其代理人)之间为缔结货物运输合同而签订的运输单证,同时也是承运人运输货物的重要的证明文件。

1. 航空货运单的填制人

航空货运单应由货物的托运人负责填写。《华沙公约》及我国的《民航法》均规定:航空货运单的三个正本都应该由托运人填写,并对填写的正确性、真实性负责。在实际操作中,托运人只是填写货物托运书,而航空货运单则一般由航空承运人或其代理人代为填写。

航空公司或其代理人根据托运书填制好货运单后,托运人(或其代理人)和承运人(或其代理人)在货运单上签字后货运单即开始生效。货物运至目的地之后,收取人提取货物时,在货运单上的"交付联"上签字后,作为运输凭证,货运单的运输使用有效期即告结束;但是作为运输契约,其法律有效期则延至自运输停止之日起两年内有效。

2. 航空货运单的填制要求

航空货运单应由托运人填写,连同货物交给承运人。如承运人依据托运人提供的托运书填写货运单并经托运人签字,则该货运单应当视为代托运人填写。

(1)货运单的使用

货运单应按编号顺序使用,不得越号。

所托运的货物,如果是直接发给国外收货人的单票托运货物,填开航空公司运单即可。如果货物属于国外代理人为总运单收货人的集中托运货物,必须先为每票货物填开航空货运代理公司的分运单,然后再填开航空公司的总运单,以便国外代理人对总运单下的各票货物进行分拨。

每一批货物填写一份航空总运单,如果是包机运输的货物,则每一架次填开一份航空运单。接到移交来的交接单、托运书、总运单、分运单、报关单证,进行分运单、总运单直单、拼总运单的运单填制。总运单上的运费填制按所使用的公布运价,并注意是否可以用较高重量点的运价,分运单上的运费和其他费用按托运书和交接单的要求。

相对应的几份分运单件数与总运单的件数要相符合;总运单下有几份分运单时,需制作航空货物清单。此时需将收货人提供的货物随行单据钉在运单后面。如果是集中托运的货物,制作集中托运货物清单,并将清单、所有分运单及随单据装入一个信袋,钉在运单后面。

门到门的货物,由制单员将运单及委托人填制的国内货物托运书一并进行复印,并将复印件交予到港调度制作派送单。

最后制作"空运出口业务日报表"供制作标签用。

(2)填制格式

国际航空货运单一般是使用电脑用英文大写字母填制。无论是国内还是国际航空货运单,各栏的内容必须准确、清楚、齐全,不得随意涂改。托运人应当对货运单上所填关于货物的声明或说明的正确性负责。

托运人提供的货物合同号、信用证号码等,如有必要应在货运单上注明。

(3)货运单修改

货运单因打字错误或其他原因需要修改时,应在更改处加盖本公司修改章。

货运单已填好内容在运输过程中需要修改时,必须在修改项目的近处加盖本公司修改章,注明修改货运单的空运企业名称、地址和日期。修改货运单时,应将所有剩余的各联一同加以修改。

在始发站货物运输开始后,货运单上的"运输声明价值(Declared Value for Carriage)"一栏的内容不得再做任何修改。

七 接货

接货指航空货运代理人从发货人手中接过货物,运送到自己的仓库或海关监管仓库;要对货物的包装进行检查,粘贴货运标志和标签。接货一般与接单同时进行。

1.检查货物的件数和过磅

在接收货物时,首先需要对货物的件数进行检查,货物的实际件数必须与运输文件上所列明的件数一致。如果不符,应要求托运人确认实际托运的货物件数。

需要空运的货物到达后,进行卸货,磅称实际重量,丈量体积,计算计费重量,司磅人员确定计费重量后在航空托运书上签名确认,将托运书交制单员。

2.检查货物的包装

在磅称货物重量的同时,根据发票、装箱单或送货单清点货物,核对货物的数量、品名、合同号等是否与货运单据上所列一致,检查货物外包装是否符合航空运输要求、是否牢固、有无残损等,同时要考虑货物的重量和包装尺寸是否满足所预订航班舱位的重量和容积限制。对包装不符合航空要求以及货物特点的货物,应向委托人建议加固外包装或改外包装,并为委托人提供打包改包装服务,然后与发货人办理交接手续。通常货物的包装及清楚的运输物流标签是货运代理人代为处理的。

货物包装的好坏在航空运输的每个生产环节都起着重要的作用。例如,在接收货物时如果包装不符合要求,会导致货物在存储、装卸过程中破损、散失,从而直接影响收货人正常接收货物,承运人也因此遭受投诉或者被提出索赔。

3.检查货物的品名

货物的实际品名与货运单上的一致,承运人没有义务对货物品名进行检查,托运人应对其申报的货物品名的真实性和准确性负责。但是,在实际操作过程中,例如在对货物进行安全检查时,一旦发现托运人谎报或者伪报货物品名,货运代理人有义务协助承运人及时做出处置。

4.检查货物的标记和标签

(1)检查货物标记

标记是指在货物的外包装上托运人书写的有关注意事项和记号（图 3-5）。通常包括以下内容：

①货物的目的站以及收货人相关的信息，例如收货人的姓名、单位、地址、电话和传真号码。

②货物的始发站以及与托运人相关的信息，例如托运人的姓名、单位、地址、电话和传真号码。

③货物储运中的注意事项，例如"小心轻放"、"防潮"等，有些尺寸很大的货物包装表面注明的"重心点"、"由此吊起"等操作图示。

④货物合同号及其他书写或者印刷在货物包装上的事项。

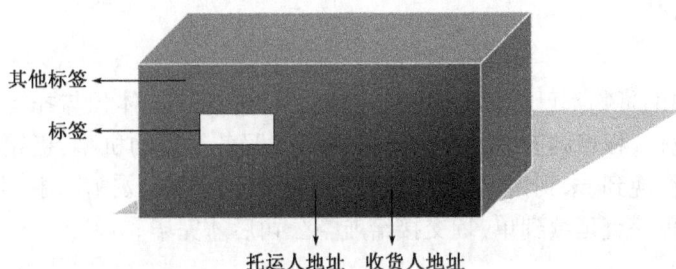

图 3-5　货物外包装上的有关注意事项和记号

（2）检查货物标签

凡是粘贴或者拴挂在货物包装上的附加物，均可以认为是货物标签（图 3-6、图 3-7）。货物标签可以分为识别标签，用来识别货物；特种货物标签，用来标明货物性质；操作标签，用来标明操作要求。

在使用识别标签之前，清除掉所有与运输无关的标记与标签；体积较大的货物需对贴两张标签；袋装、捆装、不规则包装除使用 2 个挂签外，还应在包装上写清楚货运单号码和目的站。一般由于粘贴型标签在运输过程中不易脱落，应优先使用；而在一些像袋子、筐等不容易粘贴的包装上，才考虑使用拴挂型的标签。

特种货物标签是说明特种货物性质的各类识别标志。分为活体动物标签、危险物品标签和鲜活易腐物品标签等。应按货物的情况使用。

图 3-6　急件标签　　　　图 3-7　紧急航材标签

操作标签的作用是注明货物储运注意事项，提示工作人员按标签的要求操作，以达到安全运输的目的。操作标签根据货物的储运要求进行使用。

托运人交给承运人的货物已经处于待运状态，货物的包装、标记和标签已经完备，随时可以装载运输。

5. 转运货物

对于通过空运或铁路从内地运往出境地的出口货物，航空货运代理可按照发货人提供的运单号、航班号及接货地点、接货日期，代其提取货物。如果货物已在启运地办理了出口海关手续，发货人应同时提供启运地海关的关封。

货物可先入货运代理公司的海关监管仓库，或者直接进入航空公司或为其提供地面服务的机场货运站的海关监管仓库。

八 配舱、订舱

1. 配舱

配舱时，需运出的货物都已入库。对货物的实际件数、重量、体积与托运书上预报的情况进行核对，对预订舱位、板箱的有效领用、合理搭配，按照各航班的机型、板箱型号、高度、数量进行配载。对于货物晚到、未到情况以及未能顺利通关放行的货物做出调整处理，为制作配舱单做准备。这一过程一直延续到单、货交接给航空公司后才完毕。

2. 订舱的步骤

订舱就是将所接受已配好舱的货物向航空公司正式提出运输申请，并订妥舱位。货物订舱需要根据发货人的要求和货物标识的特点而定。一般大宗货物、紧急货物、鲜活易腐物品、危险品、贵重物品等，必须预订舱位；而非紧急的零散货物，可以不预订舱位。货运代理人到航空公司进行订舱工作必须严格地根据订舱手续来办理。

①货运代理人在接到发货人的发货预报后，审核预订舱记录内容与网络提供的信息是否相符。如果有疑义要立即与委托人进行核实，同时将正确的信息补充录入电脑。

②向航空公司领取并填写订舱单（Cargo Booking Advance，简称 CBA），同时提供相应的信息：

a. 货运单号码。每一票货物的货运单上都有货运单号码，该组号码是接收、区分、交付货物的重要依据。

b. 货物的件数与重量。确定一票货物包含多少件货物，在装卸、中转和交付货物的过程中能够方便地核对一批货物的完整性。

由于每一个航班都有一个最大业载的限制，所以航空公司必须掌握每件货物的准确的重量和实际体积。

c. 货物的品名。在预订吨位时，知道将要承运的货物品名，了解货物的性质非常重要。例如：蔬菜与鲜花、植物不能放在同一货舱；互相是天敌的动物不能装在一起；互不相容的危险物品必须分开存放；易碎货物一般比普通货物需要更大的空间，装机时必须加倍谨慎和小心等。

d. 货物的尺寸/体积。由于每一架飞机的客舱内可利用的空间有限，所以货舱存在容积限制。例如 B737-700 型飞机，前货舱最大容积 $11m^3$，后货舱最大容积 $16.4\ m^3$，因此提供货物的实际体积或者尺寸也是预订舱位的基本条件。

e. 始发机场和到达机场。航空货运代理必须提供每一票货物的始发和到达机场的名称，以便于确定货物的运输线路；在发运之前和到达之后，安排适当的储运事宜；一旦在运输过程中发生不正常运输的情形时以便于通信、联络;使托运人能在任何中转站和目的地机场做一些特殊安排。

f.航线的要求。对于托运人和其代理人来说,所要求的运输货物的航班是最重要的,如果该航班需要衔接航班,必须知道其确定的航班号,以便于计算此过站时间对于货物的重新装卸所需要的时间来说是否足够。

除去上述信息外,还要提供有关托运人的信息、一些特殊服务的要求、运输合同的条件等信息。只要是有必要,就应该毫无保留地提供给航空公司。

订舱后,航空公司签发舱位确认书(舱单),同时给予集装器领取凭证,以表示舱位订妥。货运代理在获取航班号后,将确认的航班信息输入电脑系统。

货运代理订舱时,可依照发货人的要求选择最佳的航线和最佳的承运人,同时为发货人争取最低、最合理的运价。

预订的舱位有时会因为货物、单证、海关等原因使得最终舱位不够或空舱,此类情况要综合考虑和有预见性等经验,尽量减少此类事情的发生,并且在事情发生后做出及时必要的调整和补救措施。

九　出口检验、报关

1.出口报检

根据出口商品的种类和性质,按照进出口国家的有关规定,对其进行商品检验、卫生检验和动植物检验等。在进行检验前要填制"中华人民共和国出入境检验检疫出境货物报检单",并到当地的出入境检验检疫局进行报检报验。

报检时需填制相应的动、卫签单。非动植物及其制品类,要求填制"卫检申报单",加盖卫检放行章。动植物类货物除"卫检申报单"外,还需填制"动植检报验单"并加盖放行章。化工类产品须到指定地点检验证明是否符合空运。

2.出口报关

出口报关,是指发货人或其代理人在货物发运前,向出境地海关办理货物出口手续的过程。出口货物应在装货前的24h之前向海关申报。

(1)报关必备的文件

报关必备的文件包括:有关部门签发的许可证,出口验放联系单,报关单,发票,装箱单,减免税或免检的证明文件,对受管制商品签发的证明文件。

(2)出口报关的基本程序

①根据出口报关的内容填制出口货物验放联系单和出口报关单,然后在 EDI 程序中输入(电脑预录入)并打印。

②在电脑打印的报关单上加盖报关单位的报关专用章,并将报关单、出口验放联系单、发票、装箱单及根据贸易性质或货物种类所需的其他证明文件,一起由报关员递交给海关,正式办理申报手续。

③海关审单无误后,即在用于发运的运单正本加盖放行章,同时在出口收汇核销单和出口

报关单上加盖放行章,在发货人用于产品退税的单据上加盖验讫章,粘上防伪标志,表示该申报货物已经通过一次放行。货物在进海关监管区时仍然需要二次放行。

④制作载货清单

在一次放行完成后,海关的放行信息会在 EDI 终端显示,代理人可根据放行信息制作载货清单,载货清单是进行海关二次放行的申报单证,主要内容是进入海关监管区的卡车号,该车上装有一次放行完成的货物明细,包括运单号、件数、是否分批装车等。

⑤办理交接手续

货运代理凭载货清单在进入海关监管区时进行扫描,如果海关电脑二次放行信息显示为放行,就可以到航空公司办理准予交接手续,领取准予交接单。货运代理凭准予交接单、加盖海关验讫章的出口验放联系单,到海关办理最终放行手续,在总运单正本上加盖放行章。

出运修理件、更换件时,需留取海关报关单,以备以后进口报关时使用。

至此出口报关手续即完成。

十　编制出仓单、发运

1.编制出仓单

配舱方案确定后编制出仓单。出仓单上注明日期、承运航班的日期、装载板箱型号和数量、货物进仓顺序编号、总运单号、件数、重量、体积、目的地机场或城市三字代码和备注。

出仓单一式三联,一联交给出口仓库,用于出库计划;一联交给集装板箱环节,既是向出口仓库提货的依据,也是制作"国际货物交接清单"的依据,该清单还用于向航空公司交接货物和外拼箱;一联交给报关环节,当报关环节出现问题时,可以有针对性的反馈,以便采取相应的措施。

2.提板箱

订妥舱位后,航空公司吨控部门将根据货量出具发放"航空集装箱、板"凭证,货运代理公司凭此向航空公司板箱管理部门领取与订舱货量相应的集装板、集装箱,并办理相应的手续。提取板箱时应同时领取相应的塑料薄膜和网,对所使用的板箱要登记、销号。

3.装箱装板

除特殊情况外,航空货运均是以集装箱、集装板形式装运。

(1)装箱原则

装货时,货运代理将体积在 $2m^3$ 以下的作为小货交给航空公司拼装,$2m^3$ 以上的大宗货或集中托运拼装货,货运代理自己装。

大宗货物、集中托运货物可以在货代公司自己的仓库、场地、货棚装板、装箱,也可以在航空公司指定的场地装箱。

(2)装箱要求

装箱时要注意以下几点:

①不要错装错用板箱。每个航空公司为了加强本公司的板箱管理,都不许可本公司的板箱为其他航空公司的航班所用。不同公司的航空集装箱、集装板因型号、尺寸有异,如果用错

会出现装不上飞机的现象。

②不要超装板箱尺寸。一定型号的板箱用于一定型号的飞机,板箱外有具体尺寸规定,一旦超装板箱尺寸,就无法装上飞机。因此在装板箱时,既不要超装,又要在规定的范围内用足板箱的可用体积。

③做好垫衬和捆扎。箱内要垫衬,封盖好塑料纸,防潮、防淋雨。板箱内的货物尽可能配装整齐,结构稳定,并结紧网索,防止运输中途倒塌。

④整票整装。对于大宗货物、集中托运货物,尽可能将整票货物装在一个或几个板箱内运输。已装妥整个板箱后剩余的货物尽可能拼装在同一板箱上,防止散乱、遗失。

4. 签单

出口货物发运前,要向出境地海关办理货物出口手续。报关手续完成后,海关在货运单上盖放行章,货运代理再将货运单拿到航空公司签单。签单的目的主要是审核运价的使用是否正确,货物是否适合空运以及特殊货物是否都办妥相应的手续。签单后货运代理将单、货交给航空公司发运。

5. 交接发运

交接是货运代理按预订舱位的航班时间,根据航空公司规定,向航空公司或机场货运站交单交货,由航空公司安排航空运输。

(1)交单

交单就是货运代理将随机单据和应由承运人留存的单据交给航空公司。随机单据包括第二联航空运单正本、分运单、发票、装箱单、产地证明、品质鉴定书、出口商品配额等。

(2)交货

交货就是把与单据相符的货物交给航空公司或机场货运站。交货之前必须粘贴或拴挂货物标签,清点和核对货物,填制货物交接清单。大宗货、集中托运货,整板、整箱称重交接。零散小货按票称重,计件交接。

交接货物时货运代理与航空公司要制作交接清单,双方清点货物及货运单和有关运输文件,无误后在交接清单上签字,交接清单一式两份,航空公司和代理人各执一份。航空公司审单验货后,在交接清单上验收,将货物存入出口仓库,单据交吨控部门,以备配舱。

十一 运输后续服务

1. 航班跟踪

货运代理将单和货交给航空公司后,航空公司可能会因为各种原因,例如航班取消、延误、溢载、故障、改机型、错运、倒垛、装板不符合规定等,不能按预订时间将货运出,所以货运代理从把单和货交给航空公司之后就需要对航班、货物进行跟踪。

需要联程中转的货物,在货物运出后,要求航空公司提供二、三程航班中转信息。有些货物事先已预订了二、三程,也还需要确认中转情况。有时需要直接发传真或打电话与航空公司的海外办事处联系货物中转情况。及时将信息反馈给客户,以便有不正常情况做出及时处理。

2. 信息服务

航空货运代理公司在完成国际货物出口代理的诸多环节中需要及时地为客户提供下列信息：

（1）订舱信息

应将是否订妥舱位及时地告知货主或托运人，以便其及时的备单、备货。

（2）审单及报关信息

应在审阅货主或委托人送来各项单证后，若发现有遗漏、失误，应及时向发货人通告，以便及时补充和修正；在报关过程中，遇有任何报关、清关的问题，也应及时通知货主，共商解决。

（3）仓库收货信息

货物送达货运代理人时，应告诉货主仓库的出口货物的达到时间、货物重量、体积、缺件、货损情况，以免事后因此产生纠纷。

（4）交运称重信息

运费计算标准以航空公司称重、量积为准，如在交运航空公司过磅时，发现称重体积和货主宣称的重量、体积不符，且超过一定比例时，必须通告货主，得到确认。

（5）航班信息反馈

应及时将承运人航班号、航班日期及后面跟踪的信息及时通告发货人。

（6）集中托运信息

对于集中托运货物，还应将发运信息预报给收货人所在地的国外代理人，以便对方及时接货、及时查询，及时进行分拨处理。

（7）单证信息

货运代理在发运出口货物后，应将发货人留存的单据，包括盖有放行章和验讫章的出口货物报关单、出口收汇核销单、第三联航空运单正本、海关核发的加工贸易手册、出口商品配额以及用于出口产品退税的单据，交付或寄送发货人或托运人。

十二 费用结算

费用结算主要涉及发货人、承运人和国外代理人三方面的结算。

1. 与发货人结算费用

货运代理向发货人收取航空运费（在运费预付的情况下），同时收取地面操作费及其他各种服务费和手续费。

2. 与承运人结算费用

货运代理向承运人支付航空运费，同时向其收取代理佣金。

3. 与国外代理人结算费用

与国外代理人结算费用主要涉及到付运费和手续费。到付运费实际上是由发货方的航空货运代理公司为收货人所垫付的，因此收货方的航空货运代理在将货物移交给收货人时，应收回到付运费并将有关款项退还给发货方的货运代理人。同时发货方的航空货运代理公司应向目的地的货运代理公司支付一定的代理佣金和手续费等相关费用。

由于航空货运代理公司之间存在长期的互为代理协议,一般与国外代理人结算费用不采取一票一结的办法,而采取抵消账单、一月一结。按照惯例,每月初由发货方的代理公司制作并出示账单,交收货方的代理公司确认。

4. 单票空运业务结算

根据分运单的总价对单票空运业务进行结算。

①对委托人现场收取运费的,按分运单标明的总价开具发票,列明收费项目、运单号,连同分运单(第一联)交委托方,收取现金或支票。

②凡与公司签订业务合同、协议的委托人,以公司内容划账结算方式,列为月结账客户。采用结算时将分运单第一联交委托人的结付方式。

③制作"单票结算单",将运单上所显示的收费内容分类计算,列明收入与支出并显示所得利润。"单票结算单"应填制委托人名称、收入来源、支出流向。

第三节　航空公司出港货物的处理

航空公司除了提供空中运输的业务外,还应在货站内设有货物出口和进口部门,以便完成货物收运、配载、交付、转运等运输环节。这项工作也可委托地面代理完成。

航空公司的货物出港是指航空货运代理将货物交给航空公司直到货物装上飞机的操作过程。航空公司出港货物的操作程序主要包括货物交接、仓储、货物组装、货物配载、制作单据和货物出仓等环节。

一　货物交接

货物交接是指货运代理人向航空公司交单交货,由航空公司安排航空运输。围绕航空公司的订舱单(CBA),航空公司或其地面代理人之间完成国际航空货物的交接。具体包括预审订舱单、整理单据及进行货物的过磅、入库。

1. 货运订舱

航空公司在接受舱位预订时应考虑的因素有:目的站,货物的体积、重量,可提供的舱位,装载能力(舱门尺寸、其他限制条件等),是否仅限货机运输或禁运,是否属于特种货物,续程航班,地面装卸设备和仓储设备等。

在符合航空运输条件的情况下,航空公司根据以下次序安排舱位和航班:

①保证有固定舱位配额的货物。

②保证邮件、快件的舱位。

③优先预订运价较高的货物舱位。

④要保留一定的零散货物舱。

⑤对于未订舱的货物按照交运时间的先后顺序安排舱位。

订舱后,航空公司签发舱位确认书(舱单),同时给予集装器领取凭证,以表示舱位订妥。

2. 预审国际货物订舱单(CBA)

国际货物订舱单由航空公司吨控室开具,作为配载人员进行配载的依据。

①通过预审 CBA,配载人员了解旅客人数、货邮订舱情况、有无特种货物。对经停的国际航班,了解前后站的旅客人数、舱位利用的情况。

②估算本次航班最大可利用的货邮业载和舱位。

$$货邮业载 = 商务业载 - 行李重量$$
$$货邮舱位 = 总货舱位 - 行李舱位$$

③控制航班平衡。通过订舱情况、旅客人数及在客舱的分布情况,对航班的重心平衡进行调控。

④了解相关航线上待运货物情况。结合 CBA,及时发现有无超订情况,如有疑问,及时向吨控部门了解。

3. 整理单据

整理的单据主要包括:已入库的大宗货物的单据、现场收运的货物的单据和中转的散货的单据。

(1)已入库的大宗货物的单据

检查入库通知单,交接清单(包括板箱号、高低板标志、重量及组装情况)是否清楚、完整,运单是否和交接单一致。核对 CBA,做好货物实际达到情况记录,如果出现未订舱货物,应将运单放回原处。

(2)现场收运的货物的单据

根据货运代理提供的报关单、货物清单对运单进行审核,主要查看货物品名、件数、重量、运价及海关放行章,对化工产品要求提供化工部非危险证明。

(3)中转的散货的单据

整理运单,询问货物到达情况及所在仓库区位。寻找并清点货物,决定组装方式。

4. 过磅和入库

货运人员在货物过磅时应检查好货物板箱的组装情况,高度、收口等是否符合规定;将货物送至电子磅处称量,并悬挂吊牌。对装有轻泡货物的板箱要查看运单,做好实际体积的记录。在电脑中输入板、箱号码,航班日期等,将货物码放在货架上。

二 货物仓储及保管

仓储就是货物收运后或交付前将入库货物登记装配、储存、保管和清仓等工作。货物仓储是货运工作的一个重要环节,仓库管理质量的好坏会直接影响货物运输的下一程序,因此必须重视仓储的管理工作,提供一个高效率的工作环境。

1. 货物仓储

货物仓储的工作环节包括货物出入仓的交接、登记、装配、储存、清仓。

(1)建立货物仓库

根据货物自身的性质和运输量分别建立相应货物的仓库,如普通货物仓库、贵重物品仓库、危险物品仓库等。贵重物品和危险物品仓库应当指定专人负责出入库的管理、核对、销号。

有条件的承运人还可以对小件货物和急件货物分别建立仓库,以做好配运工作。

(2)建立健全保管制度

要严格执行货物交接手续。库内货物应当合理码放、定期清仓,做好防火、防盗、防鼠、防水、防冻等工作,保证进出库货物准确完整。

仓库的管理必须明确责任,划分区域,专人专管,每日进行核对、清点、检查和进行登记工作。若发生未交接的货运单和货物,必须当日查清,及时处理。

2. 货物保管

货物的保管是指对收运、到达的货物进行保存以及管理工作。

(1)货物入库

进入仓库的货物,要有仓库保管员亲临现场,做到货物交接单、货运单与货物相核对,确认无误后,并依据仓库布局,指挥搬运员按照要求将货物放置在指定位置,同时做好货物入库记录。

(2)根据货物性质保管

根据货物的性质和要求,采取相应措施,保证货物安全运输。同一批货物应当集中码放在一起;急件货物与小件货物应当放置在一起;贵重物品、危险物品应当放入有锁的专用仓库;鲜活易腐货物根据需要应放入冷库储存。

(3)货物存放要求

货物存放一定要整齐、稳定,做好大不压小,重不压轻、木不压纸;同时货物所加贴的标签、标志应当朝外,以便于辨认和及时运输。

货物存放要有空隙与足够的通道,以便于核对、装卸以及车辆通过。

保管人员要了解和掌握库存情况,坚持每天做好记录以及准备好第二天发运的货物。

三　货物组装

对货物进行集装箱、板的组装,根据不同的机型、不同航空公司的要求进行合理组装。

开始装货之前应先查看一下所装的货物,掌握装载各类货物的特殊要求。有些货物属于易碎物品,在装箱之前必须妥善包装,加以防护。

1. 装载要求

大件货物和重货放在下面,小件货物和轻货放在上面。把特别重的货物放在最下面,如果需要应加垫板。货物的底面为金属材料时,也应加垫板以防止货物在集装板上滑动。码放时用一件包装交叠放在下一层的两件包装上面。

货物要装得紧凑,缝隙越少越好。集装箱内货物未装满2/3时,要将货物固定好,最好用标准的绳具固定在集装箱内的卡锁轨里。货物装板时要码放整齐,将货物固定,避免货物压盖住卡锁轨。

2. 固定货物

组装货物时应始终将下述货品和货物固定好:

①散放在架子或垫板上的物品。

②没有装满飞机腹舱或集装箱的货物。

③在飞机腹舱中的超重货(单件超过150kg)。

④特种货物和危险货物。

⑤盐水肠衣。

⑥没有包装的货物。

⑦鼓状物、管状物、棒状物。

固定货物时,应根据货物的重量及捆绑带的强度来确定捆绑带的根数。

四 货物配载

航空公司在执行每一次航班任务时,针对货物运输所提供的运力可表示为货运的舱位或吨位。一般情况下,航班始发站为货物吨位控制站。经停站、外站需要运输货物应通过电话、电报、传真等方法向吨位控制部门申请,同意后方可收运。

货物运送之前,需要根据货物的性质以及舱位控制制度等因素,对货物进行合理配载,以避免舱位浪费或者货物积压。配载人员主要负责飞机的载重与平衡的配算,配算好的飞机能最大限度地发挥其经济效益。

1.配载前的准备工作

(1)与收货柜台交接

收货柜台的制单人员应及时与配载人员进行交接。配载交接人员要特别注意核对已签订航班的急件、鲜活货物等,明确货物的存放位置。

(2)了解航班预报

根据航班预报了解航班机号、机型、起飞时间和旅客人数。

(3)计算最大可用业载

根据各机型、航线的业务数据算出每个航班的最大可用业载。每个航班的最大可用业载计算公式如下:

$$最大业载 = 最大起飞全重 - 油量 - 飞机基本重量$$

$$最大业载 = 最大落地全重 - 备份油量 - 飞机基本重量$$

$$最大业载 = 最大无油全重 - 飞机基本重量$$

上述三项中的最小值为本次航班的最大可用业载。

(4)估算货邮可配数

估算本次航班的货邮可配数。

$$货邮可配数 = 航班最大可用业载 - (本站出发旅客重量 + 行李预留重量) -$$
$$过境业载(客、货、行李、邮件)$$

旅客重量规定成人75kg,儿童40kg,婴儿10kg。一般行李的预留重量按历史运量的经验值估算。

配载人员将航班的货邮可配数告知吨位控制部门及仓库组货人员。

2.货运配载的工作程序

①根据有关内容计算本站货邮载量或制作配载表。

②根据货邮业载安排出发货邮载量。

③制作货邮舱单。

④配载结束后,要认真相互交叉复核,确保配载无误。

3.配载应注意的事项

①应注意按货物的发运顺序、运输路线和分批发运的规定办理。急件货物和运输有时限的货物,应按照货运单上指定的日期或航班运送货物。每批5kg以下的小件货物可以酌情提前配运。

②按照合理和经济的原则选择运输路线,避免货物的迂回运输。

③配运联程货物时,要考虑到联程中转站的转运能力。一般应利用远程吨位配运远程货物。只有在没有远程货物的情况下,才可配运近程货物;近程吨位不可配远程货物。

④尽量利用货舱载量和舱位,重量大、体积小的货物要与轻泡货物搭配装载。注意同一舱位的各种货物性质有无抵触。对于货机的配载,应选择客机不便装卸或不能载运的超重、超大货物。

⑤配载的重量宁可小于而不能超过。选择好在最后结算载量时需要增加或拉卸的货物。

五 制作单据

货物的出港操作,要制作好平衡交接单、货邮舱单及中转舱单。

1.平衡交接单

配载工作全部完成后,制作平衡交接单。平衡交接单上注明航班号、航班日期、机型、起飞时间、板箱号、重量、总板箱号、总重量等信息;鲜活、快件、邮件、特种货物要做出标识。平衡交接单一式四份,一份交平衡室、一份交外场、一份交内场出仓、一份交接后留底。

2.货邮舱单

货邮舱单是航班在始发站或经停站所装载全部货物、邮件的清单。它是航空公司和地面服务代理人装卸、分拣的依据,是航空公司结算航空运费的凭证,也是航班向出境国、入境国海关申报飞机上所装载货物、邮件情况的重要文件。

(1)编制要求

编制货邮舱单要根据所配货物的货运单及邮件总路单填写货邮舱单或输入电脑打印。航班无货邮时也必须编制货邮舱单,即"空舱单",空舱单上注明"NIL"字样。

(2)舱单流向

一个航段的货邮舱单一式至少6份,一份供货物出仓,一份作为本站存查,一份用于结算(附在货运单的承运人联后),另外两份(或多份)随货运单送交到达站,配载室留存一份。

货邮舱单要留存备查,其保存期限为两年。交接时要填制舱单、承运人联交接单,并与货运单承运人联一起转交结算部门。

3. 中转舱单

中转舱单是承运人在转交货物时所填写的文件,经接收承运人签字后,成为承运人运输货物和承运人之间财务结算的凭证之一,也是判断货物损失和延误等运输责任的重要依据。

六 货物出仓

货物出仓是指将已列入货邮舱单准备发运的货物从仓库内取出来,与航空货运单核对后单独存放,并准备运输的工作。

配载人员在货物出仓前应对已填制的货邮舱单的内容进行审核,要做到"三对三符合",即货运单与货邮舱单相符合,货邮舱单与出港货物相符合,货运单与货物相符合。邮件出仓必须做到邮件路单和邮运单相符合,邮运单与出仓邮件相符合,邮路单与邮件相符合。

1. 准确核对

根据货邮舱单上列明的货运单号码、件数、重量逐批出仓,并在货邮舱单上标记共同认可记号。出仓的件数、重量要认真进行核对,做到准确无误,遇有不正常情况应立即与有关部门查清,正确处理,并做货物不正常运输记录。

装在集装板、集装箱、托盘上的货物重量要核对准确,并清楚地填列在所吊的挂牌上。

2. 提前出仓

货物出仓需要一定的时间,配载人员应尽快将审核无误的货邮舱单交货物出仓人员进行出仓。货物出仓开始时间一般不晚于航班预计起飞前 2～3h,大型宽体客机应更提前一些时间。

出仓人员应在规定的时限内将货物组装情况及时反馈给该航班的配载人员,告知组装板箱的板箱号及出仓中遇到的货物不正常情况。

3. 查找货物并装载

出仓的货邮,应按照航班和达到地点及货舱号分别堆放,不要与未出仓的货邮混杂。包装不够完善或运输手续不齐全的货物,应分别修好包装、补齐手续才能出仓。已发生破损、短少、尚未查明原因的货物,运输手续不全面不能确定收货人的货物,以及需要加固或更换包装的货物都不得出仓。

出仓人员拿到舱单后到货场仔细按照舱单所列运单号码逐票寻找货物,并根据配载要求分别装平板车、集装箱或集装板。组装工作完成后应按照航班号将货物进行归类集中,拴挂并填写好装机指示吊牌。

为了便于复核装机的货物、邮件,保管员应填写装机单。

七 货物装卸

货物装卸指货物在运输过程中各个环节的装卸搬运,维修与保管各种装卸车辆、设备和工具,协助做好仓库管理工作。装卸作业是保证货物安全运输的重要环节,对于确保飞行安全、提高运输服务质量、保证航班正点、保证运输过程汇总顺利进行以及完成运输生产任务,都有直接的关系。

1. 货物装卸要确保飞行安全

货物的装卸应建立健全监装、监卸制度。货物装卸由专职人员对作业现场实施监督检查。要严格按照货邮舱单准确装卸货物,防止错装、错卸、漏卸、多装或漏装,影响飞机的飞行安全。

在装运危险品、放射性同位素等具有危险性的货物时,必须查看有无不正常的现象。如果发现货物、邮件有异常现象时应将货物、邮件迅速转移至安全地区。

2. 保证飞机以及设备良好

使用机动装卸车辆进行装卸飞机时,应使车辆与飞机舱门保持一定距离。对于前三点式起落架的飞机,装机应先装前舱,卸机应先卸后舱,以防止机尾下沉。

装载重量较大的货物,要轻起慢落,防止砸坏飞机地板结构。装载底面积小而重量大的货物,要注意是否超过机舱地板的承受力。

3. 保证货物运输的安全性

装卸搬运应严格按照货物外包装指示标贴操作,轻拿轻放,严禁翻滚抛掷或强塞硬挤,避免货物破损。装在容器内的货物要堆码整齐紧密,重不压轻、大不压小,木箱不压纸箱。

在雨天装卸货物时,要使用雨布将货物盖好,防止雨淋使货物受潮损坏。装卸搬运时要禁止吸烟,不能携带易燃物品。

4. 货物装卸要准确迅速

装卸飞机要准确、迅速,保证不因装卸工作而延误飞机的起飞时间,装卸工作应根据飞机起飞时间先后和装机量大小,安排装机顺序,保证每架飞机在旅客登机前 10min 完成装卸作业,过站飞机应在旅客登机前 5min 完成货物的装卸。

为了卸机方便,在同一货舱内装载的货物,注意将最后到达的货物先装进货舱,中途站达到的货物后装进货舱,放在舱门附近。在目的站,飞机上的货物卸载完成后,作业组负责人对货舱认真检查,防止漏卸。

发现货物不正常,如货运单和运输货物不符、包装破损、内装物渗漏等,应根据情况按有关规定办理签注或填写事故记录等手续,随后进行处理。

货物装机后,航班按照预订时间起飞,航空公司出港货物的处理流程随之结束。

复习思考题

1. 简述航空货物出口运输代理业务流程。
2. 简述航空公司货物出港的操作流程,请画出流程图。
3. 货物装卸的要求有哪些?

第四章　航空货物的进境运送

学习目的与要求

　　掌握航空货物进口运输代理的业务流程和进港货物操作业务流程。了解货物运输不正常的处理规定,能够进行货物运费变更的操作。

第一节　航空货物进口运输代理业务流程

　　航空货物进口运输代理业务流程主要包括代理公司对于从货物入境到提取或转运整个流程所需通过的环节,所需办理的手续及必备的单证。

一　代理预报

　　在国外托运人发货前,由国外代理公司将运单、航班信息、货物件数、重量、品名、实际收货人及其他地址、联系电话等内容通过传真或 E - mail 发给目的地货运代理公司,这一过程称之为预报。

　　代理公司在接到国外代理的预报之后,即着手做好接货前的所有准备工作,并注意以下两点:一是航班是否是中转航班,如是中转航班,注意跟踪是否有航班延误,实际到达时间和预报时间的差异;二是货物的批次,即货物是整批到港还是分批到港,从国外一次性运来的货物在国内中转时,由于国内载量的限制,往往会采用分批的方式运输。

二　交接单、交接货

1.进港货物监管

　　航空货物进港后,通常由外场装卸人员(机坪操作)负责将货物从飞机上卸下,运到指定区域与内场装卸人员(货场操作)进行交接,同时国际进港货物必须在海关监管库区内核对并存放。一般在一级海关监管仓库中有两天的免费存放期。

　　也可将货物先存放在外间的仓库内或直接运往进口商指定的单位,如果运单上的收货人或通知方为海关及民航局共同认可的一级航空货运代理公司,则航空公司把运输单据及与之相关的货物直接交给该一级航空货运代理公司的海关监管仓库(二级海关监管仓库)。

货物入境时,随之到达的还有与货物相关的运输文件,通常包括货运单、发票、装箱单、货邮舱单等。

2. 录入进口货物舱单

在货物卸下后,承运人需将舱单上总运单号、收货人、始发站、目的站、件数、重量、货物品名、航班号等信息通过电脑传输给海关留存,供报关时使用。同时根据运单上的收货人(本书中介绍运单上的收货人或通知人为航空货运代理公司)及地址寄发提货单,通知其提货。

3. 交接单据

航空公司或其地面代理向货运代理公司交接的有:国际货物交接清单、总运单、随机文件和货物。在交接时,必须做到单单核对,即交接清单与总运单核对;单、货核对,即交接清单与货物核对,总运单与货物核对。分批货物要做好空运进口分批货物登记表。

(1)单货不符的处理(表4-1)

单货不符的具体处理方式   表4-1

总 运 单	清 单	货 物	处 理 方 式
有	无	有	清单上加总运单号
有	无	无	总运单退回
无	有	有	总运单后补
无	有	无	清单上划去
有	有	无	总运单退回
无	无	有	货物退回

如果存在有单无货或有货无单的现象,应及时告知机场货运站,并要求其在国际货物交接清单上注明,同时在舱单数据中做相应说明,以便航空公司组织查询并通知入境地海关。

(2)货物短损的处理

如发现货物短缺、破损或其他异常情况,应向航空公司索要商务事故记录,作为实际收货人索赔的依据。货运代理人请航空公司开具商务事故证明的通常有如下几项:

①包装物受损。纸箱开裂、破损、内中货物散落(含大包装损坏,散落为小包装,数量不详);木箱开裂、破损,有明显受撞击迹象;纸箱、木箱未见开裂,但其中液体漏出。

②裸装货物受损。无包装货物明显受损,如金属管、塑料管压扁、断裂、弯折;机器不见失落,仪表表面破裂等。

③木箱或精密仪器上防震、防倒置标志泛红。

④货物件数短少。部分货损是指在实际操作中,整批货物或整件货物中极少或极小一部分受损,是航空运输较易发生的损失,不属于运输责任,所以航空公司不一定愿意开具证明,即使开具了,货主也难以向航空公司索赔,但货主可以据此向保险公司提出索赔。对货损责任难以确定的货物,可暂时将货物留存在机场,商请货主单位一并到场处理。

(3)索赔时限要求

航空货运代理人必须在限定的时间内以书面形式向承运人提出索赔要求:

破损:在货物交付后14日内提出索赔要求。

延误:在货物交付后21日内提出索赔要求。

丢失:在填开货运单后 120 日内提出索赔要求。

诉讼:自飞机到达目的地或运输终止之日起 2 年之内提出索赔要求。

三 理货与仓储

货运代理从航空公司接货后,装入自己的监管仓库,组织理货与仓储。

1. 理货内容

逐一核对每票货物的件数,检查货物的破损情况,如有异常,确属接货时未发现的问题,可向航空公司提出交涉。

按大货、小货,重货、轻货,单票货、混载货,危险品、贵重品,冷冻、冷藏品分别进仓、堆存。堆存时要注意货物标签的箭头朝向,总运单、分运单标志朝向,注意重不压轻,大不压小。

同时要登记每票货储存区号,并输入电脑。

2. 仓储注意事项

仓储时需要根据货物的性质进行储存,需要注意以下几点:

①防雨淋、防受潮:货物不能置于露天,不能无垫托直接置于地上。

②防重压:木箱、纸箱均有叠高限制,防止其受压变形。

③防升温变质:一般情况下,冷冻品置于 −15℃ ~ −20℃ 冷冻库,冷藏品置于 2 ~8℃ 冷藏库。

④防危险品危及人员及其他货品安全:空运进口仓库内要设立独立的危险品库,易燃、易爆品、毒品、腐蚀品、放射品都应分库安全存放。以上货物一旦出现异常,要及时通知消防安全部门处理。放射品出现异常时,还要请卫生检疫部门重新检测包装及发射剂量外泄情况,以保证人员及其他物品的安全。

⑤防贵重品被盗:贵重品应设专库,由双人制约保管,防止被盗。

四 理单与到货通知

1. 理单

理单是将货运单按照航班号、代理商、货主、口岸等项标准分类整理、编号。

(1)集中托运货物理单

对于集中托运的货物,将每票总运单项下的分运单分理出来,审核与到货情况是否一致,制成清单输入电脑。将集中托运总运单项下的发运清单输入海关电脑,以便按分运单分别报关、报验、提货。

(2)分类理单、编号

①单据的分类。

总运单:总运单是直单、单票混载,这两种一般没有清单。

多票混载:多票混载有分运清单,分运单件数之和应等于总运单的件数。

②运单分类方法:

分航班号理单,便于区分进口方向。

分进口代理商理单,便于掌握、反馈信息,做好对代理的对口服务。

分货主理单,对于重要的经常有大批货物的货主,将其运单分类出来,便于联系客户,制单报关和送货、转运。

分口岸、内地或区域理单,便于联系内地货运代理,便于集中转运。

分寄发运单、自取运单客户理单。

分类理单的同时,将各票总运单、分运单编上各空运代理自己设定的编号,以便内部操作及客户查询。

③编配单证。将总运单、分运单与随机单证、国外代理人先期寄达的单证、国内货主预先交达的各类单证进行编配。凡是单证齐全、符合报关条件的转入制单、报关程序,否则及时与货主联系,催齐单证,使之符合报关条件。如由货主自己报关,货运代理将单证交给货主即可。

2. 发到货通知

为了减少货主仓储费,避免海关滞报金,货运代理人应尽快根据运单或合同上的收货人名称及地址通知或寄发到货通知给实际收货人,告知货物已到港,催其报关、提货。

①到货通知的内容。

到货通知应向货主提供达到货物的以下内容:

a. 运单号、分运单号、货运代理公司编号;

b. 件数、重量、体积、品名、发货公司、发货地;

c. 运单、发票上已编注的合同号、随机已有单证数量及尚缺的报关单证;

d. 运费到付金额,货运代理公司地面服务收费标准;

e. 货运代理公司及仓库的地址、电话、传真、联系人。

②发出到货通知的时间规定。货物运送到目的站之后,除另有约定外,承运人或其代理人应及时向收货人发出到货通知,并提请货主配齐有关单证,尽快报关。到货通知主要有电话通知和书面通知,到货通知的一般规定如下:

a. 货物运送至目的站后,承运人应当及时发出到货通知,对于急件货物的到货通知在货物到达的2h内发出;

b. 对于能够预知收货人名称以及到达时间的货物,例如包机机型、包机货物等,应当在知道飞机到达时间后即可通知提货;

c. 对于一般的普通货物的到货通知,在到达机场或市内货运处后24h内发出;

d. 如果货运单没有随货物到达,应当根据货物包装的发货标志通知收货人提货;

e. 在发出到货通知五天以后,如果收货人没有提货,应当再次发出到货通知。到货的书面通知要以挂号信的形式邮寄。

无论是电话通知,还是书面通知,到货通知应向货主提供到达货物的以下内容:货运单号码、货物的件数、重量、货物品名、货物到达的航班、日期、提货地点以及营业时间,收货人应携带的证件、需要支付的相关费用、提货部门的电话号码。同时要提示货主,海关关于超过14天报关收取滞报金及超过三个月未报关货物将由海关处理的规定。

3. 正本运单的处理

货运代理打印海关监管进口货物入仓清单一式五份,分别提交检验检疫和海关,其中交海关的两份,一份海关留存,一份海关签字后收回存档。运单上一般盖五个章:总运单上盖海关监管章、分运单上盖代理公司分运单确认章、检验检疫章、商检章和海关放行章。

五 制单、报关

1. 制单

制单是指按照海关要求,依据运单、发票、装箱单及证明货物合法进口的有关批准文件,制作"进口货物报关单"。货运代理公司制单时一般程序包括以下几种情况:

①长期协作的货主单位,其有进口批文、证明手册等存放于货运代理处的,货到港,发出到货通知后,即可制单、报关,通知货主运输或代办运输。

②部分进口货,因货主单位缺少有关批文、证明的,可用于理单、审单后,列明内容,向货主单位催寄有关批文、证明,也可将运单及随机寄来的单证、提货单以快递形式寄货主单位,由其备齐有关批文,证明后再决定制单、报关事宜。

③无需批文和证明的,可即自行制单、报关,通知货主提货或代办运输。

④部分货主要求异地报关时,在符合海关规定的情况下,制作"转关运输申报单"办理转关手续。

在手工完成制单后,将报关单的各项内容通过终端输入到海关报关系统中,并打印报关单一式多联(具体份数根据不同贸易性质而定)。完成电脑预录入后,在报关单右下角加盖申报单位的"报关专用章"。然后将报关单连同有关的运单、发票、装箱单、合同,并随附批准货物进口的证明和批文,由报关员正式向海关申报。

2. 报检报验

根据进口商品的种类和性质,按照进口国家的有关规定,对其进行商品检验、卫生检验、动植物检验等。检验前填制"中华人民共和国出入境检验检疫入境货物报检单",并到当地的出入境检验检疫局进行报检报验。

报检报验时,有持证的报验员,凭报关单、发票、装箱单,向当地的出入境检验检疫局进行报检报验。出入境检验检疫局核查无误后,或当即盖章放行,或者加盖"待检章"。如果当即放行,单证货物可转入报关程序,海关放行后,可直接从监管仓库提货。如果加盖"待检章",单证货物可先办理报关手续,海关放行后,必须由出入境检验检疫局对货物进行查验,无误后才能提货。

3. 报关

进口报关就是向海关申报办理货物进口手续的过程。报关是进口程序中最关键的环节,任何货物都必须在海关申报并经海关放行后才能提出海关监管仓库或场所。海关经过初审、审单、查验、征税、验放等工作环节后,在货运单上加盖放行章,将报关单据及核销完的批文和证明全部留存海关,验放关员可要求货主开箱查验货物,查验无误后海关放行货物。

按海关法规定,进口货物报关期限为:自运输工具进境之日起 14 日内报关,超过这一期限报关的,由海关每天按货物到岸价格的万分之五征收滞报金。3 个月内未办理进口手续的货物,上缴当地海关处理。

六　收费、发货

1. 收费

办完报关、报验等进口手续后,货主须凭盖有海关放行章、动植物报验章、卫生检疫报验章(进口药品须有药品检验合格章)的进口提货单到所属监管仓库付费提货。货主提取货物时必须结清各种费用。收货人在提货前一般要先向货运代理缴纳相关费用,收费的内容主要包括:到付运费及垫付佣金,单证、报关费,仓储费,装卸费,航空公司到港仓储费,海关预录入、动植物检验检疫、卫检报验等代收代付费用,关税等。

2. 发货

仓库发货时,须检验提货单据上各类报关、报验章是否齐全,并登记提货人的单位、姓名、身份证号,以确保发货安全。发货时,货运代理应协助货主装车,尤其遇有超大、超重货物、货物件数比较多的情况,应指导货主(提货人)合理、安全装车,以提高运输效率,保障运输安全。

(1)分批达到货物的发货

货物全部到齐后,方可通知货主提货。如果部分货物达到,货主要求提货,有关货运部门则收回原提货单,出具分批到提货单,后续货物陆续到达后,再通知货主再次提取。

(2)短损货物

属于航空公司责任的货物破损、短缺,应由航空公司签发商务记录。

属于货代公司责任的货物破损,应由货代公司签发商务记录;并尽可能协同货主、商检单位立即在仓库做商品检验,确定货损程度,避免后续运输中加剧货物损坏程度。

(3)送货、转运

送货上门业务是指进口到达货由货运代理报关、垫税,提货后直接运送至收货人手中。货代公司可以接受货主的委托送货上门或办理转运。在将货物移交货主前,办理货物交接手续,并向其收取货物进口过程中所发生的一切费用。

转运业务主要指将进口清关后货物转运至内地的货运代理公司。转运业务需由内地货运代理公司协助收回相关费用,口岸货运代理公司要支付一定比例的代理佣金给内地货运代理公司。

七　转关

进口货物转关是指货物入境后不在进境地海关办理报关手续,而运往另一个设关地点办理海关手续。在办理海关手续前,货物一直处于海关监管下,转关运输也称监管运输。转关货物无论以何种方式运输,需使用监管运输车辆将转关货物运送至指运地海关监管之下,指运地海关应将"转关运输货物准单"回执联填妥,盖章后寄还给入境地海关核销。

1. 转关条件

进口货物办理转关运输必须具备以下条件方可进行:

(1)海关机构

指运地设有海关机构,或虽未设海关机构,但分管海关同意办理转关运输,即收货人所在地必须设有海关机构,或邻近地区设有分管该地区的海关机构。

向海关交验的入境运输单据上列明到达的目的地为非首达口岸,需要转关运输。

（2）运输工具

运输工具和货物要符合海关的监管要求,并有加封条件和装置。使用汽车运输时,必须使用在海关登记备案并赋予海关编号的封存的货柜车,由进境地海关加封,指运地海关启封。

（3）转关运输的单位

办理转关运输的单位必须是经过海关核对、认可的具有报关资质和监管运输能力的航空货运代理公司。一般运输企业特别是个体运输者,即使有货柜车,也不能办理转关运输。

（4）海关的其他规定

办理转关运输还应遵守海关的其他有关规定:

①转关货物必须存放在海关统一的仓库、场所,并按海关规定办理收存、交付手续;

②转关货物未经海关许可,不得开拆、改装、调换、提取、交付;

③对海关加封的运输工具和货物,应当保持海关封志完整,不能擅自开启,必须负责将进境地海关签发的关封完整及时交给指运地海关,并在海关规定的期限内办理进口手续。

2. 转关手续

（1）一般转关（预报关转关）

①转关申请人需办理的手续:

转关申请人在向进境地海关办理手续前,均须预先向指运地海关办理申报手续,申请"同意××运单项下进口货物转关运输至指运地"的关封,即转关联系函,然后凭此关封至进境地海关办理进口货物转关运输手续,同时向进境地海关递交预录入完毕的"进口转关运输货物申报单"一式三份,并随附3份国际段空运单和2份发票。

②进境地海关办理的手续:

a. 进境地海关审核货运单证同意转关运输后,将货物运单号和指运地的地区代号输入电脑进行核销,并将部分单证留存;

b. 将运单、发票各一份,进口转关运输货物申报单2份装入关封内,填妥关封号加盖验讫章;进境地海关留存一套运单、发票及进口转关运输货物申报单;

c. 在运单正本上加盖放行章;

d. 在海关配发给各代理公司的转关登记簿上登记,待以后收回回执核销;

e. 采用汽车转运运输时,海关关员到查验点办理加封手续,并在"载运海关监管货物车辆登记簿"上登记;

f. 货物转关进入指运地海关监管之下,指运地海关应将"转关运输货物准单"回执联填妥,盖章后,寄还入境地海关核销。货代公司再据以核销自己的转关登记簿上的有关项目,以完成整个转关运输程序。

（2）直通关（快速转关）

收货人或其委托的货运单代理公司、报关行根据运输预报,在货物抵达进境地收货人或其委托的货运代理公司、报关行向进境地海关递交预录入完毕的"进口转关运输货物申报单"一式三份,并随附3份国际段运单和2份发票。海关审单无误后,将货物的运单号在电脑内进行核销。

海关官员至查验点办理加封手续。

运单及发票各 1 份、进口转关运输货物申报单 2 份装入海关关封内,交指运地海关;进境地海关留存一套运单、发票及进口转关运输货物申报单。

是否能够开展直通关,取决于进境地海关与指运地海关之间是否存在事先的操作约定。

第二节 航空公司进港货物的处理

航空公司进港货物的操作程序指的是从飞机到达目的地机场,承运人把货物卸下飞机直到交给代理人的整个操作流程。

一 航空公司进港货物的操作流程(接受到达的货物)

航空公司进港货物的操作流程主要包括以下七个环节:

1. 进港航班预报

航空公司调度部门或其地面代理工作人员填写航班预报记录。以当日航班进港预报为依据,在航班预报册中逐项填写航班号、机号、预计到达时间。在每个航班到达之前,从相关业务部门查询获取 FFM、CPM、LDM、SPC 等载重电报信息,了解到达航班的货物装机情况、到港中转货物情况以及特种货物处理情况,做好接机准备。

2. 接业务袋,办理货物海关监管

及时接取随机业务文件袋,检查业务袋中的文件是否完备。业务袋中通常包括货运单、货邮舱单、邮件路单等运输文件。检查无误后,将到港货物的货运单送达海关办公室,加盖海关监管章。同时,根据飞机配载平衡图填制卸机单,准备卸机。

3. 监卸

监卸人员根据飞机载重电报或货邮舱单,监督卸机人员把货物卸下飞机一直运送到仓库位置。卸机时,应注意轻拿轻放、严格按照货物包装上的储运指示标志作业,防止货物损坏。按照装机单、卸机单准确卸货,保证飞行安全。

如果在运输过程中发现货物包装破损无法续运时,应做好运输记录,通知托运人或收货人,征求处理意见。

托运人托运的特种货物、超限货物,承运人装卸有困难时,可以请托运人或收货人提供必要的装卸设备和人力。

4. 分拣

分拣指根据货邮舱单和航空货运单核对货物,并按照货物的性质、件数、流向或航空货单的号码尾数等方式将货物分别放置到规定货位的操作流程,包括货运单的分拣和货物的分拣。

(1)分拣货运单

承运人根据航班的货邮舱单,确认并核对货运单是否齐全。根据货运单所列收货人的地址和货物性质等进行分拣。分拣后的货运单,填写一式两份的到达货物交接清单。

相关工作人员需在每份货运单的正本上加盖或书写到达航班的航班号和日期;认真审核货运单,注意运单上所列目的港、代理公司、品名和运输保管注意事项;将联程货运单交中转部门。

(2)分拣货物

①分拣时间要求。

在货物卸机完毕后,根据货运单将货主自行提取、送往市区货主提取或送交代理人的货物分别存放,并分别填写达到货物交接清单。送往市区的货物应尽量在当日送,最迟不超过12h。

飞机到达的2h内必须根据货邮舱单和航空货运单将货物分拣完毕,最迟不超过4h。如果发现运输不正常,应立刻通知查询部门电告前方站和始发站,后续的查询工作均以此为依据。

②特种货物及破损货物的处理。对装有特种货物的航班进行分拣时,应注意特种货物的特性,适当给予特殊照顾。如果货物外包装破损,应做好事故签证并交由交接双方和值班领导共同签字确认。

③联程货物分拣。对于到达本站的联程货物,应注意核对有关运输凭证和货物件数,检查货物和包装状况。如果发现内物破损、包装不良等不正常情况应及时填制事故记录,发电向有关航站查询,并设法弥补差错,整修包装以便续运。如果货物破损严重,继续发运会增加破损程度,则应停止转运,同时电告始发站货物破损情况,转告托运人提出处理意见。

5.核对运单和舱单

若舱单上有分批发运的货物,应把分批货物的总件数标在货运单之后,并注明分批标志。把舱单上列出的特种货物、联程货物圈出。

根据分单情况,在整理出的舱单上标明每票运单的去向。核对运单份数与舱单是否一致,做好多单、少单记录,将多单运单号码加在舱单上,多单运单交查询部门。

6.电脑输入信息

根据标好的舱单,将航班号、日期、运单号、数量、重量、特种货物、代理商、分批货、不正常现象等信息输入电脑,打印出国际进口货物航班交接单。

7.交接

将中转货物和中转运单、舱单交出港操作部门。邮件和邮政路单交邮局。

二 交付货物

航空货物交付是指收货人验收货物并在航空货运单上签字的全过程。

1.货物收费

承运人交付货物要仔细检查收货人的证明和文件,以防冒领、错领。同时要计算收取相关费用:

(1)保管费

①普通货物:自承运人发出到货通知的次日起免费保管3天,分批到达的普通货物的免费

保管期限从通知提取最后一批货物的次日起计算。超过免费保管期限的货物,每日每公斤收取保管费人民币 0.10 元,保管期不满一日的按一日计算。每份货运单最低收取保管费的标准为 CNY50.00。

②贵重物品:自贵重物品到达目的站的次日起,每日每公斤收取 CNY5.00,保管期不满一日的按一日计算。每份货运单最低收入保管费 CNY50.00。

③危险物品:自承运人发出到货通知的次日起免费保管 3 日。超过免费保管期限的货物,每日每公斤收取保管费 0.50 元,保管期限不满一日的按一日计算。每份货运单最低收取保管费 CNY10.00。

④需要冷藏的鲜活易腐物品、低温、冷冻食品:自航班达到后免费保管 6h。超过 6h,每日每公斤收取保管费人民币 0.5 元,保管期不满一日的按一日计算。每份货运单最低收取保管费 CNY10.00。

(2)被扣留货物的收费

货物被检查机关扣留或因违章等待处理存放在仓库内,应当由收货人或托运人付保管费和其他有关费用。

2. 清点交付

承运人按照货运单上列明的货物件数清点货物后交付给收货人。收货人提取货物时,如果发现货物有丢失、短少、污染、变质、损坏或者延误达到等情况,应向承运人提出异议,并会同承运人当场查验,由承运人按规定填写货物运输事故记录单,并由双方签字或盖章。

收货人提取货物时,如对货物外包装状态或重量有异议,应当场提出查验或重新计算核对。收货人提取货物并在货运单上签字而未提出异议,则视为按运输合同规定货物已完好交付的初步证据。

3. 分批货物的交付

在国内运输的分批货物,如果有前站的分批发运单或电报,到达站可以将到达的货物分批交付给收货人,但须做好记录。如果没有前站的分批发运单或电报,必须等单、货到齐后才能办理货物交付手续。

在国际运输的分批货物,必须等全票货物到齐后才能办理货物交付手续。

4. 违规物品的处理

托运人所托运的货物与货运单上所列品名不符或在货物中夹带政府禁止运输或限制运输的物品或危险物品时,承运人应按规定处理。

交付完成后,到达站应将已交付货物的货运单逐日整理并按日期装订,妥善保存。

三 无法交付货物的处理

无法交付货物是指货物到货通知发出后,由于各种原因,导致收货人没有提取货物,此时到达站应通知托运人和始发站,并征求托运人对货物的处理意见。

1. 货物不能被及时提取的原因

导致收货人没有及时提取货物的原因主要有:

①货运单上所列地址无收货人或收货人地址不详。

②收货人对货物到达通知不予答复。

③收货人拒绝提货。

④收货人拒绝支付应付费用。

⑤其他原因。

2. 无法交付货物的处理

(1)国内运输无法交付货物的处理

①国内运输无法交付货物的处理时效。自承运人发出到货通知的次日起14日内货物无人提取时,承运人应通知始发站,始发站通知托运人征求处理意见。满60日仍无人提取,又未收到托运人的处理意见时,按无法交付的货物处理。

②国内运输无法交付货物的处理方法。一般的生产、生活资料,作价移交物资部门或商业部门。凡属政府禁止运输和限制运输的物品、贵重物品以及珍贵文史资料等货物,无价移交政府部门。鲜活易腐货物或保管有困难的货物,由承运人酌情处理,由此产生的费用由托运人承担。

③处理款项的处置。经作价处理的货款,由承运人财务部门负责保管。从处理之日起90日内,如有托运人或收货人认领,扣除该货的保管费和处理费后的余款退还给认领人,如90日内仍无人认领,应将余款上缴国库。

④处理结果通知。对无法交付货物的处理结果,由目的站通过始发站通知托运人。

(2)国际运输无法交付货物的处理

①国际运输无法交付货物的处理时效。自承运人发出到货通知的次日起14日内货物无人提取时,承运人应填制无法交付货物通知单通知始发站,始发站通知托运人征求处理意见。满30日仍无人提取,又未收到托运人的处理意见时,按无法交付的货物处理。

②国际运输无法交付货物的处理方法:自第一次无法交付货物通知单发出30日内,货物仍无人提取,又未收到托运人的处理意见时,发出第二次无法交付货物通知单通知始发站。

自货物达到目的站之日起90日内仍未获得始发站或托运人的处理意见,根据《中华人民共和国海关法》的有关规定,承运人将货物上交海关处理。承运人可以按照规定收取该货物在运输过程中发生的有关费用。无法交付的鲜活易腐货物或其他保存有困难的货物,承运人应当与海关商洽后及时处理。如果作为毁弃处理所产生的费用应由托运人支付。

3. 到付运费的收取

对于使用到付运费方式的无法交付货物,由目的站填开CCA,向始发站结清所有费用。始发站负责向托运人收取到付运费和在目的站产生的其他所有费用。

4. 货物品名不符货物的处理

货物品名不符是指货物的实际名称与运输凭证上填写的货物名称不相符。如果属于托运人谎报货物品名或在货物中夹带政府禁止运输或限制运输的物品和危险物品时,承运人应按以下规定处理:

①在出发站,停止发运,通知托运人提取货物,运费不退。

②在中转站,停止运输,通知托运人,运费不退,对品名不符的货物,按照实际运送航段另

核收运费。

③在到达站,对品名不符合货物另外核收全程运费。

对品名不符的货物,承运人可根据情节轻重处理,必要时交由公安部门处理。因托运人伪报货物品名而给承运人或旅客、行李、邮件和其他货物造成的损失,由托运人负完全责任。

四 海关关于进出口货物的规定

进口货物自进境起到办结海关手续为止,出口货物自向海关申报起到出境为止,过境、转运和通运货物自进境起到出境为止,必须接受海关的监管。

1. 货物申报

进口货物的收货人、出口货物的发货人应向海关如实申报,交验进出口许可证和有关单证。国家限制进出口的货物,没有进出口许可证的货物,海关不予放行。

进口货物的收货人应当自运输工具申报进境之日起 14 日内,出口货物的发货人除海关特准的外应当在装货的 24h 以前,向海关申报。

2. 货物查验

进出口货物应当接受海关查验。海关查验货物时,进口货物的收货人、出口货物的发货人应到场,并负责搬移货物,开拆和重封货物的包装。海关认为必要时,还可以进行开验、复验或提取货样。

3. 缴纳税款

进出口货物需按照相应税率缴纳关税。除海关特准的外,进出口货物在收、发货人缴清税款或提供担保后,由海关签印放行。

4. 未申报货物的处理

进口货物的收货人自运输工具进境之日起超过 3 个月未向海关申报的,其进口货物由海关提取变卖处理。所得价款在扣除运输、装卸、储存等费用和税款后,尚有余款的,自货物变卖之日起一年内,经收货人申请,予以发还;逾期无人申请的,上缴国库。

确属误卸或漏卸的进境货物,经海关审定,由原运输工具负责人或货物的收发货人自该运输工具卸货之日起 3 个月内,办理退运或进口手续;必要时,经海关批准,可以延期 3 个月。

5. 办理海关手续的地点

进口货物应由收货人在货物的进境地海关办理海关手续,出口货物由发货人在货物的出境地海关办理海关手续。

过境、转运和通运货物,运输工具负责人应向进境地海关如实申报,在规定期限内运输出境。海关认为必要时,可以查验过境、转运和通运货物。

6. 海关监管要求

海关监管的货物,未经海关许可,任何单位和个人不得开拆、提取、交付、发运、调换、改装、抵押、转让或更换标记。海关加施的标志,任何个人不得擅自开启或损毁。

存放在海关监管货物的仓库、场所的经理人应按照海关规定,办理收存、交付手续。

在海关监管区之外存放的海关监管货物,应经海关同意,并接受海关监管。

五 检验检疫部门关于进出口货物的规定

1. 进出境动植物的检疫规定

下列各种货物,依照进出境动植物检疫法的规定实施检疫:

①进境、出境、过境的动植物、动植物产品和其他检疫物。

②转载动植物、动植物产品和其他检疫物的装载容器、包装物、铺垫材料。

③来自动植物疫区的运输工具。

④进境拆解的废旧船舶。

⑤有关法律、行政法规、国际条约规定或者贸易合同约定应当实施进出境动植物检疫的其他货物、物品。

2. 办理进境检疫审批

①符合下列条件的,可申请办理进境检疫审批手续:

a. 符合国家和地区无重大动植物疫情的;

b. 符合中国有关动植物检疫法律、法规、规章的规定的;

c. 符合中国与输出国家或地区签订的有关双边检疫协定的。

②办理进境检疫审批手续后,有下列情况之一的货主、物主或其代理人应当重新申请办理进境检疫审批:

a. 变更进境物的品种或数量的;

b. 变更输出国家或地区的;

c. 变更进境口岸的;

d. 超过检疫审批有效期的。

3. 出境动植物检疫规定

输出动物,在出境前需要经过隔离检疫的,在口岸动植物检疫机关指定的隔离场所检疫。输出植物、动物产品和其他检疫物的,在仓库对货物实施检疫;根据需要,也可以在生产、加工过程中实施检疫。

输出动植物、动植物产品和其他检疫物的检疫主要依据以下规定进行:

①输入国家或地区和中国有关的动植物检疫规定。

②双边检疫协定。

③贸易合同中订明的检疫要求。

4. 动植物过境检疫要求

运输动植物、动植物产品和其他检疫物过境或转运的,承运人或押运人应持货运单和输出国家或地区政府动植物检疫机关出具的证书,向进境口岸动植物检疫机关报检;运输动物过境的,还应同时提交国家动物检疫局签发的"动物过境许可证"。

过境动物运达过境口岸时,由进境口岸动植物检疫机关对运输工具、容器的外表进行消毒并对动物进行临床检疫,经检疫合格的,准予过境。进境口岸动植物检疫机关可以派检疫人员监运至出境口岸,出境口岸动植物检疫机关不再检疫。

装载过境植物、动植物产品和其他检疫物的运输工具和包装物、装载容器必须完好。经口岸动植物检疫机关检查,发现运输工具或包装物、装载容器有可能造成途中散漏的,承运人或押运人应按照口岸动植物检疫机关的要求,采取密封措施,无法采取密封措施的,不准过境。

第三节　货物运输不正常的处理

货物的不正常运输是指货物在收运及运输过程中由于工作的差错而造成的不正常情况。在货物运输过程中发生的漏装、漏卸、中途拉卸、错卸、少收、多收货物、错贴货物标签、有货无单、有单无货、丢失货邮舱单、货物下落不明、货物破损等情况,均称为货物不正常运输。

一　货物装卸差错的处理

1. 货物漏装(Shortshipped Cargo,简称 SSPD)

货物漏装指货物始发站在班机起飞后发现货邮舱单上已列的货物未装机,航空货运单已随机带走。

(1)电报通知

始发站发现货物漏装时,应立即电告货物目的站和中转站,电报中应注明漏装货物的货运单号码、件数、重量、始发站、目的地站。同时尽可能告知续运的航班、日期。

(2)通知海关

如果漏装的是国际运输货物,应通知当地海关作相应处理。

(3)运送

漏装货物一般由原承运人的航班运送。如果改变运输路线,应要求原卸机站将原货运单转给改变路线后的货物卸机站或目的站。运送漏装货物时,需随附漏装货物货运单副本及相关电文复印件,并将漏装货物列在续运航班的货邮舱单上。

(4)单据处理

货物发运站发现货物漏装时,如货运单和货邮舱单尚未转交给财务部门或外航代表时,应立即做出相应的更改;如果已经转交了,要通知有关部门更改。

2. 货物漏卸(Overcarried Cargo,简称 OVCD)

货物漏卸指货物进港后按照货邮舱单应卸下的货物而没卸下。

漏卸站发现货物漏卸应立即向有关站发电查询,各有关站及时查找,并复电将查找结果告漏卸站。如果漏卸的是国际运输货物,应通知当地海关作相应处理。

收到漏卸货物的航站应立即电告漏卸站,并应将漏卸货物运至目的站或退回至漏卸站。漏卸货物如果有原始货运单应连同货物一起转运;如果没有原始货运单,国际运输应立即通知漏卸站传真货运单,用该货运单副本转运。国内运输应填开货(邮)代单,予以转运。转运漏卸货物应随附电文复印件,并将该漏卸货物显示在转运航班货邮舱单上。

3. 中途拉卸(Planned Offloading, 简称 OFLD)

中途拉卸指经停站因特殊情况需要卸下过境货物。

(1)拉卸过境货物

拉卸过境货物时需要注意以下几点:

在时间允许的情况下,应事先征得始发站货运部门的同意后拉卸。应尽可能整批拉卸,避免部分拉卸。

禁止拉卸有时效性和已订妥航班的货物,以及邮件、作为货物托运的行李、贵重物品、外交信袋、活体动物、灵柩、骨灰、鲜活易腐货物、报刊、新闻电视影片等。

(2)拉卸货物的处理

被拉卸货物的货运单要留在拉卸站,在被拉卸航班的货邮舱单上,注明相应拉卸情况和拉卸站。立即电告被拉卸货物目的站或经停站和装机站,并抄送有关站。

应尽快安排将被拉卸货物续运至目的站,续运时应在货邮舱单上显示被拉卸货物并随时附相关电文复印件。

如果是国际货物应通知当地海关作相应处理。

4. 货物错卸(Offloading by Error, 简称 OFLD)

货物错卸是指经停站由于工作疏忽和不慎将其他航站的货物卸下。

错卸站发现卸错货物要立即电告货物应卸站和有关站,并抄送给始发站。如果是国际货物应通知当地海关作相应处理。

需特殊照料的货物,错卸站应采取相应措施加以保管,以免货物受损。应尽快安排错卸货物续运至目的站或原卸机站。续运错卸货物时应随附相关电文复印件和货运单。如果没有原始货运单,国际运输应立即通知始发站或下一航站,并传真货运单;国内运输应采取货(邮)运代单。错卸货物应显示在续运航班的货邮舱单上。

二 收货错误的处理

1. 货物多收(Shortlanded Cargo, 简称 STLD)

货物多收指由于装卸等原因造成在到达站多收货物。

对于多收的货物,如果有货运单或标签的,根据货运单号码、件数、重量等向前方各站拍发电报询问处理办法。如果无货运单或标签的,根据多收货物的件数、重量、尺寸、外包装类型、标记等向前方各站拍发电报询问处理办法。收到始发站或其他航站对该货物的处理指示后,按照指示办理。

经详细查询后无回音的,应按照无法交付的货物处理。多收的国际货物应通知当地海关。

2. 货物少收(Found Cargo, 简称 FDCA)

货物少收指由于装卸等原因导致到达站短收货物。出现货物少收的航站要拍发电报通知前方站货物少收,如果是国际货物应通知当地海关作相应处理。

按通知在进港货邮舱单上注明并随附相关电文复印件,收存少收货物的货运单,待货物运达后再处理。

如果本站为转运站而少收货物已由其他航班转运至目的站,应将货运单转往该站。如果少收货物已由其他航空公司运至目的站,应将货运单连同漏装、错卸的电报复印件一并转交给该航空公司,做好交接记录。

三 货单不符的处理

1. 有货无单(Missing AWB,简称 MSAW)

有货无单指到达站只收到货物而未收到航空货运单。

发现有货无单的到达站要发电报向始发站和航班经停站查询,要求尽快补运或传真货运单。

货物始发站收到有关丢失货运单的电报后应立即组织查找,如未能找到原始货单,应通知有关站货运单正本已经丢失,用副本(国内可用货运代单)代替正本完成后续工作,并尽快补运货运单副本和有关随机文件。

联运货物可根据始发站的通知,用货运单副本(随附相关电文复印件)将货物转运至有关站,在转运时应保留一份货运单副本备查。

2. 有单无货(Found AWB,简称 FDAW)

有单无货指到达站只收到航空货运单而未收到货物。

发现有单无货的航站要发电向始发站和有关各航站联系,并将货运单妥善保存,等待货物运达。

如果多收的货运单并非是寄给本站的,可根据来电要求将货运单及相关电文复印件寄往或退回有关航站。

四 包装差错的处理

1. 错贴货物标签(Mislabeled Cargo,简称 MSCA)

托运人将货物的标签贴错或挂错,以致使货物上的标签与航空货运单或货运舱单上所列明的内容不符。

发现货物错贴、错挂货物标签的航站应立即电告始发站。如果中转站收到始发站的错贴货物标签电报,则应根据电报进行更正。

2. 货物破损(Damaged Cargo,简称 DMG)

货物在运输过程中造成破裂、伤损、变形、湿损、毁坏等现象称为货物破损。

(1)填制运输事故签证

发现货物破损时,要立即拍发电报通知有关各站,并及时填制"运输事故签证"登记表,由地面操作人员或外航代表在事故签证上签字。在货物转运前,应做好多份运输事故签证,转运时附在货运单上,随货物运往目的站。

(2)联运货物破损修复

联运货物必须将包装修复或重新包装后,才能续运,所产生的修理费或包装费由承运人承担。

（3）破损严重货物的处理

包装破损严重的国际货物应会同海关严格检查货物内容，详细做好运输事故签证，然后将货物妥善保管，等待托运人的意见。

（4）破损货物交付

在交付货物前，承运人或航站应填写好运输事故签证，会同收货人共同检查货物内容。收货人在注明破损情况的货运单上签收，如收货人提出要求，可给予一份运输事故记录。

五 货单丢失的处理

1. 货邮舱单丢失（Missing Manifest，简称 MSMFST）

航班达到后，发现货邮舱单丢失，应发电通知装机站拍发 FFM 报，并尽早补寄货邮舱单。到达站收到货邮舱单后应核对实际到站的货邮数量，如有误，应尽快处理。

各站在收到卸机站有关丢失货邮舱单的通知后，应立即拍发 FFM 报，并重新打制、补寄货邮舱单。

2. 货物/邮件丢失（Missing Cargo/Mailbag，简称 MSCA/MSMB）

货邮件丢失指按照货邮舱单所列，应运达本站的货物而没有运达。

（1）货物丢失站的措施

货物丢失站要核对有关运输文件，分析可能丢失的原因。查找货物可能放置的地方，包括清点仓库货物。立即向各有关站发电查询，准备填制"运输事故记录"。

（2）装机站的措施

装机站在收到查询电报后，要立即认真查找货物，核对运输文件，清点仓库，调查货物是否确已装机。同时做好调查记录，应在 24h 内将调查结果电告货物丢失站。

（3）经停站的措施

经停站在收到查询电报后，应立即查找货物，调查货物是否错卸。做好调查记录，在 24h 内将调查结果电告货物丢失站。

（4）后续处理

如果货物已经找到，该站应立即电告货物丢失站并告知有关站，并尽可能安排最早的航班将货物运至目的地或货物丢失站。

在国际运输中，如丢失货物经查找在 30 天后无结果时，应填制"国际货物损失事故调查报告单"，由始发站、目的站或货物丢失站按丢失货物的有关规定办理赔偿事宜。

六 品名不符货物的处理

货物品名不符是指货物的实际名称与运输凭证上填写的货物名称不相符，发现此种情况，要区分其性质，正确处理。

1. 贵重物品不符的处理

如果发货人确属申报错误，不属于有意取巧的只需补收运费差额即可。如果发货人确属

伪报品名,则采取如下措施处理:

①在始发站:停止发运,通知托运人取回,已收运费不退。如果托运人仍要求运输,应按贵重物品重新办理托运手续。

②在中途站:停止运送,通知托运人,已收运费不退,并对含贵重物品的整票货物,按照实际运送航段另核收普通货物基础运价(N)150%的运费。

③在达到站:对贵重物品的整票货物,已收运费不退,另核收普通货物基础运价(N)150%的运费。

2. 伪报夹带部分货物的处理

发现托运人伪报品名,在货物中夹带政府禁止运输或限制运输的物品或危险物品时,按下列规定处理:

①在始发站:停止发运,通知托运人取回,已收运费不退。并视情节轻重报告有关部门。

②在中途站:该单全部货物停止运送,通知托运人提出处理意见,已收运费不退,并按照实际运送航段另核收运费,并视情节报告有关部门。

③在到达站:对夹带的货物补收全称运费,并视情节报告有关部门。

对应补收的费用,可向收货人收取,收妥后方可交付货物。

第四节　货物运输变更及赔偿

货物运输变更至托运人在交运货物之后和收货人提取货物之前,对货物运输方面做出改变,或对货运单上所列费用及付款方式进行改变。根据变更产生的原因,可分为自愿变更运输和非自愿变更运输两类。

一　自愿变更运输

由于托运人的原因而改变运输成为自愿变更运输。

1. 货物运输可变更的项目

①发运前在始发站退运。

②在航班的任一经停站停运。

③由目的站退回始发站。

④变更收货人。

⑤变更目的地。

托运人要求变更运输时,应提出书面申请,并出示货运单正本,保证负担由此而产生的一切费用。

2. 始发站对货物运输的接受条件

始发站在接受托运人变更运输的要求时,要注意托运人不得要求将货运单上列的部分货物变更运输,也不能要求将整批货物分批变更;只能整票或整批变更。

如果由于托运人的要求运输而损害承运人或其他托运人的利益,承运人不能满足托运人的要求时,应及时通知托运人。

3. 自愿变更运输的处理

(1)发运前退运的处理

在货物发运前,托运人提出退运,承运人应向托运人收回货运单正本;填开退款单,扣除地面运输费、退运手续费、保险费、声明价值附加费等费用,将扣除后的余额,连同退款单的托运人联一起交给托运人。

(2)中途站停运的处理

货物运送至中途站,托运人提出停运时,中途站要在货运单上注明"中途停运"字样和停运日期,按照始发站要求对货物做出相应处理,将处理情况通知始发站。

始发站收取已发生航段的运费,剩余运费退换给托运人。如果货物因绕道运输,已使用航段的运费超过已收货物的运费,则不再退运费。

(3)变更到达站的处理

货物在发运之前,托运人提出变更货物的到达站,承运人要向托运人收回货运单托运人联,将原货运单各联作废,按退运手续处理,免收手续费;再按照变更后的到达站填制新的货运单。

如果托运人提出变更到达站在货物发运之后,始发站要根据变更后的目的站,重新计算运费,差额多退少补;货物原中途站或到达站根据始发站的通知在货运单上注明"根据××站函、电要求变更至××站"的字样及执行日期和改运地点等。将变更后的货运单随货物运至变更后的到达站。

(4)退回始发站的处理

货物发运后,托运人提出要将已经运出的货运退回始发站时,如果货物已运至到达站,始发站要电告货物到达站,由到达站将货物退回始发站,始发站向托运人收取回程航段的运费。

如果货物运至中途站,由中途站将货物退回始发站,始发站向托运人收取回程航段的运费,未使用航段的运费退还给托运人。

中途站或到达站根据始发站的通知在货运单上注明"根据××站函、电要求退回始发站"的字样及执行日期和改运地点等。将原货运单留存,重新填制货运单,将原货运单其中一联、始发站的变更通知、新填制的货运单托运人联和财务联一起交给财务部门。

退运站使用新货运单退运,须将原货运单号码注明在"结算注意事项"栏,货物退运产生的费用填写在"到付"栏内。到达站向托运人结算费用时,应将新货运单收货人联交给托运人。退回始发站的货物一般由原承运人运输。

(5)变更收货人

托运人在货物发运前提出变更收货人,承运人须在货运单上将原收货人划去,在旁边空白处书写变更后的收货人名称,并在涂改处加盖业务章和私章(或签名)。

托运人在货物发运后提出变更收货人,必须向始发站提出书面申请,始发站统一后电告到达站。到达站凭始发站的详细更改电报或其他详细的书面更改要求方可办理。

(6)变更费用

托运人提出费用变更主要有:将预付运费改为到付运费或将到付运费改为预付运费,更改代垫付款的数额。托运人提出经始发站同意后,始发站电告到达站。

托运人不可更改货物运输声明价值和保险价值。

如果在货物发运前托运人提出变更付款方式或代垫付款数额,承运人要收回原货运单,按照变更的内容重新填开新货运单。根据情况补收或退回运费,并按承运人的收费标准向托运人收取变更运输手续费、货运单费等。

如果托运人提出变更在货物发运后和提取前,承运人需填写货物费用更改通知单,根据情况补收或退回运费,并按承运人的收费标准向托运人收取变更运输手续费。

二　非自愿变更运输的处理

由于天气、机械故障、货物积压、禁运和承运人的其他原因而改变已订妥的航班和运输路线,称为非自愿变更运输。

1. 变更运输的权力

当货物还在填开货运单的承运人监管之下时,承运人有权变更运输。

由于定义中所述的原因,货物需要在中途变更运输时,只有货运单上所变更运输时的承运人才有权变更运输。

2. 承运人的责任

发生非自愿变更运输时,承运人应按照货物运输安全、迅速、可靠的原则,尽快将货物运至目的地。承运人可利用自己的其他航班将货物运至目的地,或利用地面运输将货物运至目的地,还可以将货物转交给其他承运人运至目的地。

3. 运杂费的处理

在发生变更时,始发站要及时征求退运人的处理意见,并将托运人的处理意见反馈给中途站。

(1)始发站的处理

非自愿变更运输发生在始发站,承运人将运杂费退还给托运人。

(2)中途站的处理

非自愿运输变更发生在中途站,如果托运人要求将货物运回始发站的,航空运费退还给托运人,其他杂费不退。

如果托运人要求改用其他承运人或用其他运输方式将货物续运至原目的站时,运费多退少不补,杂费不退。

如果托运人要求变更目的站时,承运人退回未使用航段的航空运费,另外核收新航段的航空运费,杂费不退。

三　运费更改

在货物运输过程中,由于托运人的原因或由于承运人工作差错,需要更改运费数额或运费的付款方式,在发现后,应及时采取措施予以更改。

1. 托运人办完托运手续更改运费

①托运人在办完运输手续后,要求将运费由预付改为到付,或由到付改为预付时,如果当

时货物尚未发运,应重新填开货运单,并分别视情况退回运费或补收运费。

②如果当时货物已发运,可按下列规定办理:

如果该货是预订吨位,货运单上也已填列各承运人及航班日期,则应发电通知指定的承运人和目的站,要求在货运单上作相应的更改,并要求复电证实。

如果该货未预订吨位,货运单上未填列各承运人,则可直接电告货物目的站有关部门,要求在货运单上作相应的更改,并要求复电证实。

如果货物已被收货人提取,则应将情况告知托运人,不予办理更改手续。

2. 因承运人过失造成更改

如果因为承运人或代理人工作过失而造成运费多收、少收或错列付款方式(运费到付错列为运费预付,或反之)时,承运人应发电报通知有关承运人和货物目的站有关部门,要求在货运单上作相应的更改,并要求复电证实。

无论何种原因造成的差错,除了应及时发电通知有关承运人和货物目的站有关部门要求更正并复电证实外,还必须填制"货物运费更改通知单"(CCA)一式若干份送沿途有关部门,包括在货物目的站交付货物的空运企业和始发站的财务部门,同时应留一份附在货运单存根联后备查。

托运人留存的货运单(即托运人联)也要更改。

3. 货物运费更改通知单的填写

国内货物运费更改通知单、国际货物运费更改通知单的样式见图4-1、图4-2。

国际货物运费更改通知单的填写要求如下:

(1) To/Flight No./Date 栏[1A]至[1C]

目的地、航班号和日期栏,如果已指定货物运输承运人或已订妥吨位,应将各承运人的有关部门名称、货物发送航班号、日期分别填入[1A]、[1B]、[1C]栏内。

如果未指定货物运输各航段承运人,则只在[1A]栏内填写第一承运人即可。

(2) AWB No. 栏 [2]

货运单号码栏,填写需更改费用的货运单号码。

(3) From 栏[3]

始发地栏,填写始发地名称。

(4) To 栏[4]

目的地栏,填写目的地名称。

(5) Date 栏[5]

日期栏,填写填开货运单的日期。

(6) Original/Incorrect Charges 栏[6]

原列明费用栏,填写货运单上原列明的费用具体项目和不正确的费用的数额。

(7) Revised/Corrected Charges 栏[7]

更改费用栏,填写更改后的运输具体项目、运费数和货币代码。

(8) CC 栏[8]

附注栏,填写更改原因及注意事项。

××航空公司

货物运费更改通知单

编号：

货运单号	始发站	目的站	日期、地点
到站	第一承运人：	航班号	日期
到站	第二承运人：	航班号	日期
到站	第三承运人：	航班号	日期
更改后运费额		原运费额	
更 改 项 目		更改原因	

托运人

收货人

收 运 单 位 _____

日 期、地 点 _____

制 单 人 _____

回 执

收文单位_____　　发文单位_____

编　　号_____　　日　　期_____

货运单号_____　　签　　字_____

图 4-1　国内货物运费更改通知单样式

（9）Address /Signature 栏［9］

地址签章栏，填写更改通知单的单位名称、地址，加盖图章，经手人签字。

（10）回执栏［10］

货物费用更改通知单的回执，有关承运人填妥签字后撕下退还原发单位。

（11）Date of Issue 栏［11］

填写更改通知单的日期。

（12）Place of Issue 栏［12］

××航空公司
CARGO CHARGES CORRECTION ADVICE(CCA)

Recipient or Issuing Carrier's Agent Name and City.		Recipient's or Agent's Code.		Date of Issue [11]	
				Place of Issue [12]	
				Number [13]	
To 1 [1A]		Flight No. [1B]		Date [1C]	
To 2 [1A]		Flight No. [1B]		Date [1C]	
To 3 [1A]		Flight No. [1B]		Date [1C]	

Will transfer stations please fill in lines 2 or 3 as appropriate and re-forward this form immediately to next carrier. The alip below must only be filled in and returned to issuing carrier by the deliverling carrier.

AWB No. [2]	From [3]	To [4]	Date [5]

AIR WAYBILL CHARGES HAVE BEEN CORRECTED/ADDED AS FOLLOWS.

Currency	Revised/Corrected Charges		Original/Incorrect Charges		Remarks and reason for issuing advice.
	Prepaid	Coller	Prepaid	Coller	
Weight Charge	[7]		[6]		
Valuation Charge					
Other Charges Due Carrier					
Other Charges Due Agent					
					In case of non delivery enter all charges due at destination for collection from shipper.
Total					

CC 1
2
3 [8]

Please correct your documents accordingly and confirm action taken by returning to us.duly signed the slip below.
Thank you.

Yours faithfully [9]

CSN

_____
Address
_____
Signature

TO:

[10]

Ref. AWB No._____

Ref. CCA No._____

From:_____(Airline)
At: _____(Station)
Date:_____
We herewith confirm having corrected our documents and taken the necessary action as per your instructions.

Carrier's Stamp_____

Signatrue_____

图4-2　国际货物运费更改通知单样式

填写更改通知单的地点。

（13）Number 栏［13］

更改通知单的编号。

四　航空货运中的责任与赔偿

1.航空货运中的托运人、收货人责任

托运人应对货运单上所填写的关于货物的说明和声明的正确性负责。因货运单上所填写的说明和声明不符合规定、不正确或不完全,给承运人或承运人对之负责的其他人造成的损失,托运人应当承担赔偿责任。

托运人应当提供必需的资料和文件,以便在货物交付收货人前完成法律、行政法规规定的有关手续;因没有此种资料和文件,或者此种资料和文件不充足或不符合规定造成的损失,除出承运人或其受雇人、代理人的过错造成的外,托运人应当对承运人承担责任。除法律、行政法规另有规定外,承运人没有对这些资料和文件进行检查的义务。

2.航空货运中承运人的责任

（1）承运人的一般责任

承运人从货物收运时起,到交付时止,承担安全运输的责任。在货物运输期间发生的货物损失,承运人应承担责任,但国家法律、行政法规、命令或要求另有规定的除外。

承运人能够证明货物的毁灭、遗失或损坏完全是由于不可抗拒的原因造成的,或承运人证明本人或其受雇人、代理人为了避免损失的发生,已经采取一切必要措施或不可能采取此种措施的,不承担责任。

（2）连续承运人的责任

由几个连续承运人根据一份航空货运单进行的运输被视为一个单一运输过程。

由连续承运人运输的货物,每一承运人就其根据运输合同办理的运输区段作为运输合同的订约一方。在运输过程中,对货物损失或延误等,托运人或收货人均可以对发生货物损失或延误等的运输区段的承运人提起诉讼。

五　航空货运中的赔偿

1.赔偿责任限额

（1）办理了声明价值货物的赔偿限额

办理了声明价值并交付了声明价值附加费的货物,在运输过程中发生损失,该声明价值为最高赔偿限额。承运人能够证明货物的实际损失低于声明价值的,按实际损失赔偿。

（2）未办理声明价值货物的赔偿限额

未办理声明价值的货物,在运输过程中发生损失,承运人承担的最高赔偿限额为:

在国际运输中,根据《统一国际航空运输某些规则公约》(《华沙公约》)和《海牙议定书》,对托运货物的赔偿责任限额,毛重每公斤为 17 计算单位(SDR 特别提款权)。实际按毛重每公斤 20 美元作为最高赔偿限额。

在国内运输中,对托运货物的赔偿责任限额,毛重每公斤为 20 元人民币。其中,由于承运人的原因导致货物超过约定或规定期限运出,每延误 1 天的赔偿额不超过该票货物实付运费的 5%,但赔偿总额以全部运输为限。

(3)保险货物

投保航空运输险的货物,在运输过程中发生损失,由保险公司按照有关规定赔偿。

(4)部分损毁的赔偿

托运货物的一部分或货物中的任何物件毁灭、遗失、损坏或延误的,用以确定承运人赔偿责任限额的重量,仅为该一包或数包件的总重量。

但因货物的一部分或货物中的任何物件的毁灭、遗失、损坏或延误,影响同一份航空货运单所列其他包件价值的,确定承运人的赔偿责任限额时,此种包件的总重量也应考虑在内。

2. 赔偿诉讼期限

收货人收受货物而未提出异议,作为货物已经完好交付并与运输凭证相符的初步证据。托运人有任何异议均应在规定的期间内写在运输凭证上,或以书面提出。

(1)提出诉讼时限

托运货物而发生损失的,收货人应当在发现损失后 14 日内向承运人提出异议。货物发生延误的,最迟于货物交付收货人处理之日起 21 日内提出异议。

承运人承认货物已经遗失,或者货物在应当达到之日起 7 日内仍未到达的,收货人有权自航空货运单填开之日起 120 日内向承运人索赔。

除承运人有欺诈行为外,收货人未能在规定的期限内提出异议的,不能向承运人提出索赔诉讼。

(2)诉讼时效

航空运输的诉讼时效期间为 2 年,自民用航空器到达目的地点、应当达到目的地点或运输终止之日起计算。

复习思考题

1. 货物保管费的期限及保管费的收取标准是什么?
2. 简述航空货物进口运输代理业务流程。
3. 什么是转运业务?
4. 简述航空公司货物出港的操作流程,请画出流程图。
5. 鲜活易腐货物无法交付时的处理方法有哪些?
6. 简述货物运输的包装要求。
7. 航空企业发现货物的实际品名与货运单上申报的品名不一致,该如何处理?
8. CCA 的全称是什么?什么情况下应填制 CCA?

第五章　特种货物的运输

学习目的与要求

　　了解各类特种货物的定义,掌握其收运条件及运输过程中的包装要求、运输文件及其他运输规定。

　　特种货物是指在收运、储存、保管,运输及交付过程中,因货物本身的性质、价值等条件,需要特别照料和服务的货物。常见的特种货物有:鲜活易腐物、活体动物、贵重物品、危险品、超大超重货物、骨灰灵柩、外交信袋等。

　　特种货物运输需要采取特殊处理办法,否则会危害到飞机、旅客以及机组人员的安全,所以特种货物装载、运送过程中除了要遵守一般货物的装载、运输规定外,还应严格遵守有关国家对特种货物的特殊规定,具体可查阅 TACT Rules 7.3,有关承运人关于特种货物的特殊规定,可查阅 TACT Rules 8.3。

第一节　危险物品的运输

　　凡是有爆炸、燃烧、毒害、腐蚀、放射等性质,在航空运输中,可能明显地危害人身健康、安全或对财产造成损害的,并且列于《危险物品规则》(Dangerous Goods Regulations,简称 DGR),或依据 DGR 分类的物质或物品都称为危险品。

　　DGR 是根据《芝加哥公约》附件 18 和《国际民航组织技术指南》的内容编制而成,以运输专用名称的顺序公布了各类危险物品的包装、标签、数量等方面的要求。

一　危险物品的分类

1. 按危险性质分类

　　根据具有的不同危险性,按照 IATA《危险物品规则》,危险品可分为 9 类,列于 DGR3.0.2 中。第 1、2、4、5、6 类因各自包括的范围比较广又被细分为多个项。第 1 类~第 9 类危险品的类别编号仅为使用方便,与相应的危险等级无关。

　　(1)第 1 类　爆炸物品

　　1.1 项:具有整体爆炸危险性的物质和物品;

　　1.2 项:具有喷射危险性而无整体爆炸危险性的物质和物品;

1.3 项：具有起火危险性,轻微的爆炸危险性和/或轻微的喷射危险性但无整体爆炸危险性的物质和物品;

1.4 项：不存在明显危险性的物质和物品;

1.5 项：具有整体爆炸危险性的非常不敏感的物质;

1.6 项：无整体爆炸危险性的极不敏感的物品。

（2）第 2 类　气体

2.1 项：易燃气体。如丙烷、乙炔、丁烷。

2.2 项：非易燃无毒气体。如二氧化碳、氮气、氦气。

2.3 项：毒性气体。其毒性或腐蚀性危害人体健康的气体,如硫化氢、氯气。

（3）第 3 类　易燃液体

如油漆、酒精、汽油。

（4）第 4 类　易燃固体、自燃物质及遇水释放易燃气体的物质

4.1 项：易燃固体。在正常运输情况下,容易燃烧或摩擦起火的物质。如火柴、樟脑。

4.2 项：自燃物质。在正常运输情况下,容易自动放热,或与空气接触容易升温或燃烧的物质。例如白磷。

4.3 项：遇水释放易燃气体的物质。与水反应,容易自燃或放出大量危险的易燃气体的物质。如锂、钠。

（5）第 5 类　氧化剂和有机过氧化物

5.1 项：氧化剂。自身不一定可燃,但可以放出氧气而引起其他物质燃烧的物质,如过氧化氢、漂白粉。

5.2 项：有机过氧化物。含有过氧基的有机物的性质是遇热不稳定,可以放热而加速自身的分解;易于爆炸分解;速燃;对碰撞和摩擦敏感;与其他物质进行危险的反应。

（6）第 6 类　毒性物质和感染性物质

6.1 项：毒性物质。在误食、吸入或皮肤接触后,进入人体可导致死亡或危害健康的物质。如砒霜、农药。

6.2 项：感染性物质。能够使人或动物引起疾病的微生物及其病毒。

（7）第 7 类　放射性物质

（8）第 8 类　腐蚀性物质

（9）第 9 类　其他危险品

如磁性物质、干冰等。

2. 按危险程度、包装等级分类

根据物品的危险程度,将第 3、4、5、6、8 类和第 9 类危险物品划分为 3 个包装等级:

① Ⅰ 表示该危险物品危险程度较高,包装要求严格。

② Ⅱ 表示该危险物品危险程度中等,包装要求中等严格。

③ Ⅲ 表示该危险物品危险程度较低,包装严格程度低。

二　危险物品的包装要求

由于危险物品的危害性,对其包装有严格的要求,承运人要严格按照规定检查货物的包

装,以保障运输安全。

1.危险物品包装术语

包装件:指包装与内装物的统称。

包装:指用不同的包装材料和方法完成对物品的打包。

组合包装:指由内外包装组合而成的包装。一般由木料、纤维板、金属、塑料制成的一层外包装;内装有金属、塑料、玻璃、陶瓷制成的内包装,根据不同的要求还需装入衬垫和吸附材料。

单一包装:指在运输过程中,不需要任何内包装来完成其盛放功能的包装,一般是钢、铝、塑料或其他许可的材料。

合成包装:指为了运输和装载方便,同一托运人将若干个符合危险物品包装、标志、标签要求的包装件合成了一个作业单元。

联合国规格包装:指经过联合国包装的试验,并保证安全达到联合国标准,包装上有联合国试验合格标志的包装。

限量包装:指用于危险货物数量在一定限量内的包装,没有经过联合国性能测试,其外表上没有 UN 标志,但必须有足够强度的要求。

例外数量包装:指某些类型的危险品运输量很小时,可以使用三层包装(内、中、外)以及吸附材料对货物进行包装,要求坚固耐用,经例外数量包装的危险货物接近普货运输。

2.危险物品包装的基本要求

托运人负责对危险物品的全面包装,收运人负责对托运人包装的正确使用予以检查。

(1)包装容器

危险物品必须使用优质包装容器,不得有任何损坏迹象,包装的结构和封闭性能必须能防止正常空运条件下由于纬度、温度、湿度、压力或震动的变化而引起渗漏。包装容器应与内装物相适应,直接与危险物品接触不得与该危险物品发生化学反应或其他反应。

如果是使用过的包装必须全面检查,防止污染。

(2)内包装

内包装应进行固定和衬垫,控制其在外包装内移动。衬垫和吸附材料不得与内装物发生危险反应。包装件外部不得沾染达到有害数量的危险物品。

(3)国际运输中的包装要求

在国际货物运输中,危险物品的包装还须遵守联合国和国际航协对危险货物运输包装的要求。这是通过符合《品名表》中的包装指令来体现的,每一危险物品的包装必须符合其包装指令的要求。

三　危险货物的运输文件

危险物品运输文件是构成危险物品运输不可缺少的组成部分。在整个危险物品运输当中,起着组织、引导作用。危险物品运输文件主要包括"危险物品申报单"、"货运单"、"危险物品核查单"以及"机长通知单"等。

1. 危险物品申报单（Shipper's Declaration for Dangerous Goods）

危险物品申报单的样式见图 5-1 和图 5-2。

SHIPPER'S DECLARATION FOR DANGEROUS GOODS
托运人危险物品申报单

Shipper 托运人	Air Waybill No. 航空货运单号码 Page of Pages 第　　页，共　　页 Shipper's Reference Number (optional) 托运人编号（可选择）
Consignee 收货人 Tel 电话：	For optional use for Company logo name and address 可选使用公司的商标名称和地质
Two completed and signed copies of this Declaration must be hander to the operator. 烦将两份填好并签字的申报单交给经营人	WARNING 警告 Failure to comply in all respects with the applicable Dangerous Goods Regulations may be in breach of the applicable law. subject to legal penalties. This Declaration must not. in any circumstances. be completed and/or signed by a consolidator a forwarder or an IATA cargo agent. 未完全按照适用的《危险物品规则》办理则可能会触犯有关法律，要受到法律制裁，本申报单在任何情况下，都不得由货物的集运人，运输承揽人或国际航协货运代理人填制和/或签署。 （托运人的责任见背面）

TRANSPORT DETAILS 运输说明		
This shipment is within the limitations prescribed for:(delete no applicable) 此货物仅限于：（不适用的删掉） **PASSENGER AND CARGO AIRCRAFT** 客机和货机 / **CARGO AIRCRAFT ONLY** 仅限货机		Airport of Departure 始发站机场

Airport of Destination: 目的站机场	Shipment type: (delete non-applicable) 货物种类（不适用的删掉）	
	NON-RADIOACTIVE	RADIOACTIVE

NATURE AND QUANTITY OF DANGEROUS GOODS 危险物品的种类和数量

Dangerous Goods Identification 危险物品的识别

Proper Shipping Name 运输专用名称	Class or Division 类或项	UN or ID No. NO 或 ID 编号	Packing Group 包装等级	Subsidiary Risk 次危险性	Quantity and Type of packing 数量及包装类型	Packing Inst. 包装说明	Authorization 批准

Additional Handling Information
附加操作说明

I hereby declare that the contents of this consignment are fully and accurately described above by the proper shipping name. and are classified. packaged. marked and labeled/placarded. and national governmental regulations. 我在此申明，上述运输专用名称完整、准确地表达了货物的内装物品并进行了分类、包装、标记、标签/挂签、各方面状态完好适合运输，符合国际及国家的有关规定。	Name/Title of Signatory 签字人姓名/职务 Place and Date 地点和上期 Signature 签字 (see warning above)　　（见上述警告）

图 5-1　托运人危险物品申报单样式正面

Shipper's Responsibilities

A shipper must comply fully with IATA Dangerous Goods Regulations when offering a consignment of dangerous goods to IATA Member and associate Member airlines. and to airlines participating in IATA interline agreements for cargo. In addition. shippers must comply with any applicable regulations set forth by the Sates of origin. transit and destination.

IATA Dangerous Goods Regulations are fully compliant with the ICAO Technical Instructions. A shipper. offering articles or substances in violation of these Regulations. may be in breach of national law and may be subject to legal penalties.

A shipper must provide such information to his employees as will enable them to carry out their responsibilities with regard to the transport of dangerous goods by air.

The shipper must ensure that the articles or substances are not prohibited for transport by air.

The articles or substances must be properly identified. classified. Packed. marked. labeled and documented in accordance with these Regulations.

Before a consignment of dangerous goods is offered for air transport, all relevant persons involved in its preparation must have received training to enable them to carry out their responsibilities as detailed in 1.5 of these Regulations. Where a shipper does not have trained staff. "the relevant person" may be interpreted as applying to those employed to act on the shipper's behalf and undertake the shipper's responsibilities in the preparation of the consignment. However. such persons must be trained as required by 1.5 of these Regulations.

托运人的责任

托运人向国际航空运输协会（以下简称IATA）会员或准会员航空公司及参加IATA货物联运协议的航空公司交运危险物品时，必须完全遵守IATA《危险品规则》（以下简称《危规》）以及始发地、经停地和目的地国家的有关规定。

《危规》完全符合国际民用航空组织（ICAO）的《技术准则》。托运人在交运物品或物质时违反《危规》则可能会违反国家法律并将受到法律制裁。

托运人必须向其雇员提供能够使雇员履行有关航空运输危险物品方面的职责的信息和资料。

托运人必须保证所交运的物品或物质不属于航空禁运的物品或物质。

托运人必须按照《危规》的规定，对其交运的物品或物质准确地加以识别、分类、包装、标记、标签及备好文件。

交运危险物品前，所有在交运准备中涉及的有关人员必须接受过培训，使其能够按照《危规》1.5节中所详述的要求履行其职责。如托运人的雇员没有接受过培训，在交运准备中，"有关人员"可被视为代表托运人行事并履行其职责的受雇人、但该受雇人必须是按《危规》1.5节中的要求接受过培训的人。

图 5-2 托运人危险物品申报单样式背面

托运危险物品时,托运人必须填写一式两份的危险物品申报单,签字后一份交始发站留存,另一份随货运至目的地站,申报必须由托运人填写、签字并对申报的所有内容负责,代理人不可代替托运人签字。

申报单的填写内容必须与所托危险货物相一致,遵守联合国和国际航协的相关规定,提供国家有关部门出具的货物物理、化学性质分析报告。

字迹要清楚,如果有涂改,托运人必须在涂改处签字。申请单必须用英文填写,在英文的后面可以附上中文的正确译文。

申报单不得包括与本次运送无关的信息,但可以描写与本次运送的危险物品共同包装的非危险物品。

2. 航空货运单(Air Waybill)

货运单填制的基本要求已在第二章国际货物出口运输代理业务流程中讲述。在运输危险物品时,货运单的填制在遵循基本要求的基础上,还需注意以下几项内容的填写:

①货运单包含危险物品与非危险物品时,填开时应危险物品在先,非危险物品在后;在"Handling Information"栏内,指出危险物品的件数。

②随同货物运输的货运单,在"Handling Information"栏内,必须填写下列一项以上的说明:"Dangerous Goods as Per Attached Shipper's Declaration","Dangerous Goods Shipper's Declaration Not Required","Cargo Aircraft Only"。

③不需要填写申报单的危险物品,在货运单的"Nature and Quantity of Goods"栏内,还应依次注明如下内容:运输专用名称,类别或项别的号码,UN 或 ID 编号,包装等级,次要危险性,包装件的书目,每个包装件的净重或净容积,包装说明。

④对于例外数量危险物品,必须在货运单的"Nature and Quantity of Goods"栏内注明"Dangerous Goods in Excepted Quantities"。

⑤如果怀疑某种化工产品或化学物品是危险物品,但不符合各类(或项)危险性判定的标准,这种产品或物质应作为非危险物品运输。在货运单中该产品或物质的品名下面,应注明"Not Restricted",表示已对该货物做过核查。

3. 危险物品收运核查单(Dangerous Goods Check List)

在收运危险物品时,为了核查危险物品的申报单、货运单及包装件是否完全符合要求,航空公司的收运人员必须填制"危险物品收运核查单"。根据收运的危险物品属放射性或非放射性,核查单分为两种:一种为非放射性危险物品收运核查单,另一种为放射性危险物品收运核查单。

(1)核查单的使用说明

核查单由收运人填写,一式两份,经签字后生效。无核查单或核查单上无签字的危险物品,不得收运。经核查,如各项均无问题,该危险物品可以收运。核查单、危险物品申报单与货运单的正本附在一起随同货物运输,其副本留在始发站归档。

如有一项结果为否定项时的,该危险物品就不得收运。

(2)对核查出问题的处理办法

如果错误出在货运单上,可由航空公司的收运人员修改;

如果错误出在申报单上，必须由托运人更正；

如果包装件有损坏，或打包方法不正确，应该拒收。

4. 特种货物装载机长通知单（Special Load Notification Captain）

根据国际民航组织关于危险物品运输的规定，对已装机的危险物品，必须在飞机起飞前就向机长做出书面通知。空中出现紧急情况时，机长可以根据该通知单将机上危险物品的种类、数量及装载位置通知地面的有关机场当局。

四　危险货物运输原则

由于其本身具有的危险性，承运人在运送危险货物的过程中，必须要严格遵守下列原则：

1. 预先检查原则

危险物品的包装件在组装集装器或装机之前，必须进行认真检查，包装件在完全符合要求的情况下，才能继续进行作业。检查的内容包括：外包装有无漏洞、有无破损、包装件有无气味、有无任何漏卸及损坏现象。

检查包装件上的危险性标签和操作标签是否正确无误、粘贴牢固，包装件的文字标记是否书写正确、字迹清楚。

2. 方向性原则

装有液体危险物品的包装件要按要求贴向上的标签，必要时还应标注"This Side Up"字样。在搬运、装卸、装箱板及装机的全过程中，必须按标签的指向使包装件始终保持向上。

3. 轻拿轻放原则

在搬运或装卸危险品包装件时，无论是采用人工操作还是机械操作，都必须轻拿轻放，切记磕、碰、摔、撞。

4. 固定防滑原则

危险物品包装件装入飞机货舱后，装载人员应设法固定，防止危险物品在飞机飞行过程中倾倒或翻滚，造成损坏。

五　放射性同位素的运输

托运人托运放射性同位素必须办理下列手续：

1. 提供运输文件

托运人向承运人提交货物托运书，并提供当地卫生防疫部门和主管单位检查盖章的"放射性货物剂量检查证明书"。填写货物托运书时，要写清收货单位名称、地址和电话，以便到达航站及时与收货单位联系，托运书的右上角加盖或注明"放射性同位素"字样。

2. 包装

放射性同位素的包装必须符合要求，包装物两侧应粘贴规定的包装标识。

3.申请吨位

托运时应于飞机起飞前一天与承运人联系,以预留吨位,航班当日起飞前90min由托运人将货物送至机场。包机托运放射性同位素时,包机单位需要派专人押运。

4.通知提取

托运人办妥托运手续后,应电告收货人所托运的放射性同位素的数量、等级、班机到达时间,以便收货人按时到机场提取。

第二节　活体动物的运输

活体动物指的是活的家禽、家畜、鱼介、野生动物(包括鸟类)、试验用动物和昆虫等。

为保证活体动物安全到达目的站,IATA 出版的《活体动物规则》(Live Animal Regulations,简称 LAR)规定了运输动物的最低标准。每年出版一期的 LAR,包括了运输活体动物所规定的包装的种类、操作和仓储标准等。承运人收运活体动物时应以 LAR 为依据并严格遵守各项规定。

一　活体动物的收运条件

由于在运输过程中对活体动物来说要进入很多陌生的环境,会导致其行为异常,处理不当会影响活体动物的运输质量。承运人在收运活体动物时就需规定执行收运的条件。

1.事先申请

托运人必须事先与承运人联系,说明活体动物的种类、数量和运输要求,经承运人同意后订妥舱位,方可交运。活体动物运输应尽量利用直达航班;在夏季及气候炎热的地区,应尽量利用早、晚航班。如果有必要,承运人有权要求托运人派人押运。

2.运输文件

托运人交运活体动物,应填制"活体动物托运人证明书"一式两份,证明书应由托运人签字,一份交承运人留存,一份和其他证件一起附在货运单上寄往目的站。

托运人交运的动物应无传染病,同时托运人应出示县(区)级以上检疫部门出具的动物检疫合格证明;水生野生动物应携有《水生野生动物特许运输许可证》。除了必备的设备和饲料外,活体动物不可与其他货物作为一票货物交运。

收运活体动物时,要按照收运检查单的要求,进行收运检查。

3.运费

活体动物运输的运费按照附加等级运费执行,承运人另有规定的除外。不办理运费到付。

4.CITES 对野生动物的分类

野生物种贸易公约(即 CITES)将野生动物分为三类,根据其类型运输要求也有差异。

一类保护野生动物不能作为贸易运输,如果托运,必须具备进出口许可证;

二类保护野生动物在运输时通常只需要出口许可证;

三类保护野生动物,每个国家自己规定进出口配额。

承运人在收运野生动物时,要按照上述规定执行。

5. 不得收运的活体动物

有不良气味的活体动物,承运人不予承运;

妊娠期的哺乳动物,除非托运人出示有效的官方兽医证明,说明活体动物在运输过程中不可能分娩外,方可收运,但必须对此类动物采取防护措施。

尚在哺乳期内的幼畜,一般不予收运;对于动物与尚在哺乳期的幼畜同时交运的情况,只有大动物与幼畜可以分开时才能收运。

在飞机起飞前48h以内刚刚分娩过的动物,一般不予收运。

二 活体动物的包装要求

1. 包装容器要求

运输动物的包装容器应坚固、轻便、无毒,并符合国家及承运人的有关规定,能防止活体动物破坏、逃逸和接触外界。容器上应有安全的、便于搬运的装置。包装容器内应光滑,不能有尖锐的边缘或突出物。

包装容器的尺寸,应适合不同机型的舱门尺寸和货舱容积。容器必须有足够的通气孔,以防止活体动物窒息。容器的出入口处,应设有安全设施,以防发生事故。

2. 包装结构要求

包装结构应合理而坚固,使用时根据各物种的体长、体重等物种特征对包装容器大小进行调整,保证动物在运输过程中的舒适,从而不妨碍飞行安全和秩序。

3. 标志和标贴

包装容器上应清楚地写明托运人、收货人的姓名、详细地址及联系电话。

包装容器上应贴有"动物"(或"实验用动物")和"向上"等标签,有毒动物还应特别注明。装运大型活体动物的包装容器必须适合机械操作和装卸。

4. 包装内垫衬

包装容器必须加放托盘和吸湿物,防止活体动物粪便渗漏,以免污染飞机、行李、邮件和其他货物。非尼龙袋包装的带水活鱼介类,其容器应能防止水漏溢,以免污染、损坏飞机设备。必要时,包装容器内应备有饲养设备和饲料。

三 活体动物的运输

1. 做好预先安排

(1)航线安排

运输活体动物时,应优先使用直达航班,减少起飞、落地次数,避免重复操作和温度的急剧变化;收运活体动物前,必须订妥全程舱位,符合承运人的相关运输条件;如需变更承运人,必须重新得到续程承运人的许可;选择运输路线时,还需考虑从收运到交运所需的总时间。

应注意活体动物运达目的地的日期,尽量避开周末和节假日,以免动物运达后延误交付,造成动物死亡。

（2）机型选择

现代运输飞机,部分机型的下货舱的温度和通风条件不可控,因此,活体动物在下货舱运输时,应考虑不同的机型所能提供的运输条件。

（3）机场设施

发运活体动物前必须确认有关机场设备有所需要的装卸和仓储设施;如果在周末和节日无法办理海关和联检手续,应尽量安排动物在工作日到达中转站或目的站。

（4）预先通知

如果已经做好各项准备工作,托运人应通知收货人货物的运输情况,保证货物到达目的站后,托运人可及时办理海关、卫生检疫手续,提取货物。

2. 活体动物的仓储

（1）环境要求

为保证动物呼吸正常,包装的通气孔不可被其他货物或塑料布遮盖。动物应存放在安静的区域内,活体动物不能在高温、寒冷、降雨等恶劣天气时露天存放。为保证动物正常呼吸,包装件之间应留有足够空间;装载活体动物的容器要与其他货物有一定的隔离距离以便通风。经常存放动物的区域应定期清扫,清扫时要把动物移开。

（2）存放禁忌

互为天敌的动物、来自不同地区的动物、发情期的动物不能在一起存放。动物也不能与食品、放射性物质、毒性物质、传染物质、灵柩、干冰等放在一起。实验动物要与其他动物分开存放,以避免交叉感染。

除非托运人有特别要求,否则承运人不负责给动物喂食、喂水。

（3）野生动物存放

根据动物的习性,野生动物包括哺乳动物和爬行动物喜欢黑暗或光线暗淡的环境,一般放置在安静阴凉处;家畜或鸟类一般放置在敞亮的地方。

（4）运输工具要求

除全货机和COMBI机型外,活体动物必须装在密封的下货舱内,一般装在货舱门口附近。活体动物在普货和行李装机后装机,最先卸机。装卸时间应尽可能接近飞机起飞或到达时间。

3. 活体动物的运输责任

（1）托运人的责任

托运人应提供详尽的各类文件,达到国际航协《活体动物运输规则》中的各项要求。提供活体动物的明确声明、正确的专业名称/通俗名称;提交活体动物的正确数量,确保承运人收运的活体动物处于良好的健康状态。

提供活体动物运输过程中所需的食物和水,提供喂食、喂水以及特殊处理的指南。

（2）承运人的责任

活体动物的包装要达到 LAR 的要求，向活体动物提供足够的保护。向有关各航站提供活体动物运输的信息。

装舱时应分隔不相容的货物，发生运输延误时应及时通知货主，确保活体动物运输各类文件齐备。

（3）责任区分

动物在运输过程中，由于自然原因而发生的病、伤、丢失或死亡，承运人不负责任，除非证明是由于承运人造成的责任。

由于托运人的过失或违反承运人的运输规定，致使动物在运输过程中造成对承运人或第三者的伤害或损失时，托运人应负全部责任。动物在运输途中或到达目的地后死亡（除承运人的责任事故外）所产生的一切处理费用，应由托运人或收货人承担。

四　填制货运单的特别说明

①活体动物与其他货物不得使用同一份货运单，即不得填制在同一份货运单内。

②填写货运单时，在"货物品名"栏内，须填写此活体动物的常用名称、数量及包装容器的尺寸，并注明"活体动物"（Avi-live Animals）字样，同时在货邮舱单上和载重电报中作相应注明。

③活体动物运输不办理运费到付。

五　几类动物运输的包装要求

1. 运输凶猛动物的包装要求

运输凶猛动物，如装运熊、山猫、野狗、狐狸、狼、虎、豹、狮等的容器必须坚固、安全。

（1）容器的制作要求

包装容器须用坚硬木料制作，容器前部应用粗钢丝网或铁栏杆制成。门上栏杆的距离，应能防止动物前爪外伸。容器后部应有一活门，活门必须有安全开关，以防动物逃逸而发生事故。

容器地板应做成铁筐形，使动物的排泄物能落到下面托盘上。如不能做成铁筐形地板必须防漏，并应有吸湿物，保证动物的排泄物不外溢。

为了地面运输工作人员的安全，动物容器上应有便于搬运的装置。

对熊、狗、狼以及其他有锐利爪子的动物容器，容器四面应衬以金属板，防止动物抓破。

（2）容器的体积要求

容器必须保证空气流通，不致使动物窒息。容器的两侧，必须留有足够的通风孔，容器后面的滑门，应从上到下都有通风孔。通风孔的直径约为 2.5cm，通风孔外面应有稀麻布或铁纱保护。

容器的大小，除应适应机门的大小外，还应根据动物的大小数量而定，并应留有余地，保证动物能自由活动和站立。容器应装有供动物饮水的装置。

2. 运输一般动物的包装要求

运输一般动物如羊驼、羚羊、小骆驼、鹿、家畜、骆马、斑马等，可用木质或轻金属容器，容器的两侧和顶部可用刨光的木料制作,或用麻布或帆布(内塞刨花或纤维)作衬垫。

容器两侧的木板不能低于动物站立时两肩的高度,肩上可用木条板。两边条板之间的间隔应能足以防止动物的头和脚伸出去。

容器的后部应设一滑门或合页门,门上应备有安全插销,防止动物逃逸。

容器的地板应做成条板式的,以防止动物滑倒。地板应能防止粪便漏溢,并应有吸湿物。必要时容器上应设有食槽,可从外面加放饲料。

装带角动物的容器,臼的高度和宽度应保证不会伤及动物的角骺顶部。动物的角不致刺穿容器;容器的大小,应能对动物的活动有所限制,限制动物不能完全转身,以免动物活动时自身挤伤。容器下部四壁护板应坚固合适,使动物在活动时不致损伤动物腿蹄。

收运长颈鹿时,应注意年龄,超过 6 个月不予收运。

3. 运输鸟类的包装要求

运输鸟类的容器,应考虑鸟的生活习性,使之在容器内能自由活动。

容器内设有盛装饲料和饮水器皿。为防止鸟跌落水槽而溺死,可在水槽里放置小浮板。但注意要禁用锡焊的器皿盛装饲料和饮水,以免中毒。

爱争斗的鸟必须分装。

容器应备有足够的通气孔。如用铁纱罩时,必须处理好,以免伤害鸟类。

4. 运输爬行动物的包装要求

爬行类动物应装在结实的袋(尼龙网袋)里,所用的袋应保证空气流通。将袋口封好,然后放在用胶合板制的外包装里。

胶合板箱应坚固,应有足够的气孔,通气孔应有罗纱或铁纱保护,以防动物逃逸。箱盖应能抽动,箱底和周围应用金属片加固,箱外再用承木加固。

5. 运输甲鱼的包装要求

用牢固的木箱包装,每只木箱高度应小于 25cm,强度可承受同类包装、同类重量、体积八层堆积的压力。木箱底部要有相应的吸湿物衬垫,以免甲鱼排泄物溢出污染飞机。

第三节 鲜活易腐货物的运输

鲜活易腐货物是指在一般运输条件下,因气候、温度、湿度、气压变化或者运输时间等原因,容易引起变质、腐烂或者死亡的物品。例如:肉类,水果类,蔬菜类,鲜花等植物类,水产品类,需要低温保存的食品、药品、人体器官、试剂、疫苗、人体蛋白等生物制品,都可以归类为鲜活易腐货物。

一 鲜活易腐货物的包装与仓储

1. 鲜活易腐货物的包装要求

(1)选择合适的包装材料

必须有适合此种货物特性的包装,注意不致在运输途中因包装破损或有液体溢出污染飞机设备或其他装载物。怕压的货物,外包装应坚固抗压;需通风的货物,包装上应有通风孔;需冷藏冰冻的货物,容器应严密,保证冰水不致流出。

带土的树种或植物苗等不得用麻袋、草包、草绳包装,应用塑料袋包装,以免土粒、草屑等杂物堵塞飞机空气调节系统。

(2)包装要便于搬运

为了便于搬运,每件鲜活易腐货物的重量以不超过 25kg 为宜,每件水产品连运输包装的重量不应超过 30kg。

(3)标签

为了便于识别,每件货物包装上应贴有"鲜活易腐货物"的标签和"向上"标签。单件包装上应贴挂"Perishable"的专用标志。

2. 鲜活易腐货物的仓储要求

为减少鲜活易腐货物在仓库存放的时间,托运人或收货人可直接到机场办理,交运或承运前必须查阅 TACT Rules 7,关于各个国家对鲜活易腐物品进出口、转口的运输规定。比如:机场能否提供冷库、清关的时间范围等,确定无误后方可承运。

在货物装机前,由托运人自备需要保持一定温度的设备,承运人根据当地条件和运输中的要求,妥善保管好此类货物。不得放在烈日下暴晒或置于露天风吹雨淋。

在运输过程中应尽可能提供合适的温度和通风条件,以保证运输质量。包机运送对温度要求比较严格的货物,可事先与飞机调度部门研究调节机舱温度。

装机时应将鲜活易腐货物装在货舱门口,以便到达站优先卸下。

二 鲜活易腐货物的托运人责任

1. 备齐运输文件

为了保证鲜活易腐货物运输的安全,托运人托运鲜活易腐货物时,应备齐运输文件,对货物进行妥善包装。同时,托运人应遵守国际公约、惯例、货物出发地和运输过程中有关国家的法律和规定以及承运人的有关规定。

2. 由于运输人过失赔偿承运人损失

托运人应赔偿由于以下原因造成的承运人的损失:

①托运的鲜活易腐货物中含有法律禁止运输或者限制运输的物品。

②货物的标识、数量、地址、包装或者货物品名不正确、不合法、不完整。

③进口许可证明缺失、延滞或者错误;货物重量、体积不符。

④托运人没有及时办理进出口检验检疫、海关等政府手续。

3. 对货物进行适应的包装

托运人要根据货物性质、重量、形状、体积,采用适合航空运输的内、外包装材料和包装形式,对货物进行包装。由于运输过程中温度、湿度和飞行高度变化产生压差,会导致液体的渗漏和不良气体的散发,因此,鲜活易腐货物的包装必须符合货物特性和承运人的要求。

4. 提出运输要求

托运人托运鲜活易腐货物前,应书面提出在运输中需要注意的事项以及允许的最长运输时间,如果承运人认为无法满足其要求可以拒绝收运。为了减少鲜活易腐货物在地面停留的时间,应要求托运人或者收货人直接到机场办理托运或者提取手续。

三 鲜活易腐货物的运输安排

1. 预订舱位

托运人托运鲜活易腐货物时,应提前向始发站舱位控制部门预订航班、舱位。订舱时需提供的信息包括:

①订舱人单位、地址、联系电话。
②货物始发站、目的站。
③货物的件数、重量。
④货物的品名、包装、包装尺寸和体积。
⑤储运要求。
⑥申请运输的航班、日期。

2. 航线选择

选择货物运输路线时应注意:

(1)尽量选择直达航班

鲜活易腐货物应优先发运,尽可能利用直达航班,此种货物在中途站如需特殊照料时,应事先发电通知各航站有关部门。

(2)中转运输要求

必须中转的鲜活易腐货物,应优先选择本承运人全程承运或者运输航线较长、结算收益较大的航线。

中转运输时,还必须考虑中转衔接时间、中转站的仓库条件、航班密度、续程航班的机型、运力等;要考虑中转站所在国家或地区的气候、灾情、疫情等可能对鲜活易腐货物运输带来的不良影响;中转的鲜活易腐货物是否符合中转站所在国家或地区的法律和规定。

整集装器中转的鲜活易腐货物,在选择运输路线时,应注意续程航班的机型对集装器类型、重量以及装载的限制。

3. 机场设施

如果货物需要特殊的操作和储存或必须在限定时间内运达目的站,托运人应以书面形式提出要求;保证始发站、中转站和目的站备有所需的装卸设施;如果在周末和节假日无法办理清关手续,应尽量安排货物在工作日内到达中转站或目的站。

4. 预先通知

托运人应预先将货物的航班安排情况和相关信息通知给收货人。

5. 运输不正常的处理

(1)航班延误、衔接脱班

如遇班机延误、衔接脱班,因延长运输时间而对货物的质量发生影响时,航空公司将及时通知收货人或托运人征求处理意见并尽可能按照对方意见处理。在此期间,对鲜活易腐货物按要求妥善保管。同时,尽可能安排最早的航班运出。

（2）货物腐烂

在运输过程中货物腐烂变质时的处理。在运输途中货物发生腐烂变质或在目的站由于收货人未能及时提取使货物腐烂变质时,航空公司将视具体情况将货物毁弃或移交当地海关和检疫部门处理,由此发生的额外费用将通过货运单填制人向托运人收取。

发现此类货物腐烂变质时,航空公司将填写运输事故记录并通知托运人或收货人。

四 鲜活易腐货物的运输文件

1. 货运单及随附文件

货运单品名栏"Nature and Quantity"应注明"Perishable"字样;还应注明已订妥的各航段班号/日期。在"Landing Information"栏内注明其他文件的名称和注意事项,并将装有各种卫生检疫证明的信封钉在货运单后面,随货运单寄出。

在国内运输中,货运单"储运注意事项"栏内注明"鲜活易腐货物"字样及其他注意事项。

卫生检疫证明指始发站国家检验检疫部门出具的检验检疫证明;始发站政府规定的濒危植物以及产品和国家保护植物必须提供所在国家林业主管部门或者国家濒危动植物管理部门出具的允许进出口的证明。

2. 特种货物机长通知单

鲜活易腐货物装机后,装机站应填写特种货物机长通知单,与机长进行交接。

如果鲜活易腐货物有特殊的装载和储运要求,托运人应以书面形式通知承运人并在货运单的储运注意事项"Handling Information"栏中说明。装机站应根据货运单上的注明将特殊要求填写在特种货物机长通知单上,与机长交接。

如果飞机在飞行途中更换机组,特种货物机长通知单应由上程机组交接给下程机组。

3. 货邮舱单

编制货邮舱单时,在货物品名栏中填写具体的货物品名,在备注栏内填写对应的三字代码。如果所装货物当中含有活体动物,应首先注明"AVI";如果货物没有具体的英文三字代码,应填写"PER"。

4. 特种货物装载电报

装机站应在航班离岗后30min内向目的站和经停站拍发特种货物载重电报。

五 几类鲜活易腐品在处理中的要求

1. 鲜花

鲜花对温度的变化很敏感,所收运的数量应取决于机型的要求,通常可采用集装箱运输,托运人应在飞机起飞前的最后限定时间内到机场交货,装机时应注意天气的变化。

2. 蔬菜

由于一些蔬菜含较高的水分,若不保持充分通风状况的话,会导致氧化变质,因此每件包装必须保证通风,摆放时应远离活动物及有毒物品,以防止污染。如果由集装箱装运,不可与其他货物混装。大多数蔬菜会散发出一种叫乙醇的气体,会对鲜花和植物造成影响,因此蔬菜不可与鲜花、植物放在同一舱内。

3. 新鲜或冷冻的鱼、肉

新鲜或冷冻的鱼、肉必须密封包装,不致渗漏液体,必须小心存放以免造成污染。机舱和集装器内必须洁净,若之前运输过活动物的话,必须经过消毒处理,操作人员也应经过卫生检查。

4. 海鲜

不同地方需要不同的海鲜包装箱。有的机场分别要用其指定的专用箱,单用泡沫箱不能装机,需外加纸箱并打包带。

5. 干冰

干冰常被作为货物的冷却剂。因此,应在货物包装、货运单以及仓单上注明。由于干冰是固体 CO_2,因此用干冰冷却的货物包装上应有使 CO_2 气体散出的漏孔,根据国际航协有关对限制物品的规定,在货物外包装上做好标记或贴有关标贴。

第四节 贵重物品的运输

一 贵重物品的定义

凡交运的一批货物中,含有下列物品中的一种或多种的,称为贵重物品(Valuable Cargo,VAL)。

①毛重每公斤运输声明价值超过或等于 1000 美元的国际货物;超过或等于 2000 元人民币的国内货物。

②黄金(包括提炼和未提炼过的金锭)、混合金、金币以及各种形状的黄金制品,如金粒、片、粉、绵、线、条、管、环和黄金铸造物;白金(铂)类稀有贵重金属(钯、铱、锇、钌、铑)和各种形状的铂合金制品,如铂粒、绵、棒、锭、片、条、网、管、带等。但上述金属以及合金的放射性同位素不属于贵重物品,而属于危险品,应按危险品的规定处理。

③铂金或铂金类稀有贵金属。

④现金,证券,合法的银行钞票、有价证券、股票、旅行支票及邮票(从英国出发,不包括新邮票)。

⑤钻石(包含工业钻石)、红宝石、蓝宝石、绿宝石、蛋白石、珍珠(包括养殖珍珠),以及镶有上述钻石、宝石、珍珠等的饰物。

⑥金、银、铂制作的饰物和表。

⑦珍贵文物(包括书、古玩、字画等)。

二　贵重物品的收运条件

收运贵重物品时要注意遵守以下要求:

1. 包装要求

贵重物品应根据其性质采用硬质坚固的木箱或铁箱,必要时还应在包装外用"＋"字或"#"字形铁条加固。外包装必须有铅封或火漆标志,标志要完好,标志上要有托运人的特别印记。

包装上应清楚详细地写明收货人名称,另请通知人和托运人的姓名、地址。箱内要放有衬垫物,使箱内物品不移动和互相碰撞。

如果一票货物中含有贵重物品,则整票货物应视为贵重物品。

贵重货物只能使用挂签;除识别标签和操作标签外,贵重货物不需要任何其他标签和额外粘贴物;货物的外包装上不可有任何对内装物做出提示的标记。

2. 称重

贵重物品要用精确的磅秤或天平逐件称重。实际毛重以 0.1kg 为单位,0.1kg 以下四舍五入。贵重物品的净重由托运人提供。

3. 运输价值

托运人交运贵重物品自愿办理声明价值。每份国际货运单货物的声明价值不得超过 10 万美元,每份国内货运单货物的声明价值不得超过 50 万元人民币。

每份货运单货物声明价值超过限额时,应请托运人分批托运,即分几份货运单托运,同时说明由此产生的运费差额或其他费用由托运人分担。

国际货物运输规定,客机每个航班上所装载的贵重物品价值不得超过 100 万美元,贵重物品的包机,总价值不得超过 5000 万美元。国内货物运输,客机每个航班上所装载的贵重物品价值不得超过 500 万元人民币。

4. 运输检查

在收运贵重物品时,应请托运人提供商业发票和货物装箱清单,然后随附在货运单后,并对贵重物品进行 X 光机检查。

5. 运输文件

货运单必须填写详细的托运人、收货人的名称、地址、联系电话;注明始发站机场的全称;注明已订妥的各航段航班号/日期。

除在"Nature and Quantity of Goods"栏内填写真实的货物名称、准确净重、内装数量外,还应注明"Valuable Cargo"字样;如航空公司要求提供贵重物品的声明价值,建议托运人申报货物价值。

贵重物品不可与其他货物作为一票货物运输。其他文件的名称和操作要求在"Handling

Information"栏内注明。

三 贵重物品的储运

1.贵重物品的仓储

贵重货物应存放在贵重货物仓库内,并随时记录出、入情况。货物交接时必须有书面凭证并由双方签字,与航空公司交接时必须缮制贵重物品交接清单。保证始发站、中转站和目的站机场都设有贵重货物仓库。

总重量在45kg以下,单件体积不超过45cm×30cm×20cm的贵重货物,应放在机长指定位置,有保险箱的尽量放在保险箱内,超过上述体积和重量的应放在有金属门的集装箱内或飞机散舱内。当使用集装箱时,贵重物品不得与其他货物混装在一起,当散货舱运输时,在情况许可下应单独装舱。

2.贵重物品的运输

(1)运输航班的选择

运输贵重货物,尽量缩短货物在始发站、中转站和目的站机场的时间;避开周末或节假日交运。托运人托运较大批的贵重物品,出发站应优先安排直达航班运送,托运人可提出办理押运货物。

收运贵重物品前,必须先向货运吨位控制部门订妥全程舱位,并符合有关承运人的运输条件;如需变更续程承运人,必须得到有关承运人的许可。贵重货物不得使用地面运输。

(2)装卸监护,做好交接

贵重货物在装机或装集装箱过程中,至少应有三人在场,其中一人必须是承运人的代表;装在集装箱内的贵重货物,装机站负责监护装机至飞机舱门关闭,航班离港后,装机站应立即用电话或电报通知卸机站,并做详细记录。卸机站接到通知,应安排专人监督卸机直至货物入库。

对贵重物品必须有严格的交接手续。装机和卸机、出仓与入仓,必须由交接人员逐件点交点接,点装点卸;在交接单、装机单、卸机单上都要注明贵重物品的件数,并有交接人员签字。贵重物品如需特别安全措施时,在电文中应特别注明。如有关航站需采取特别安全措施,例如警卫,因此产生的费用,应由托运人负担,如托运人拒付,航空公司则不予托运。

中转站接收中转的贵重货物,应进行复核。

在贵重物品装机前,应填制"特种货物机长通知单",连同货运单和贵重物品一起交给机长签收。

(3)包装破损的处理

运输过程中发现包装破损或封志有异,应停止运输,征求始发站的处理意见;如果发现贵重货物有破损、丢失或短少等迹象,应立即停止运输,填写《货物不正常运输记录》并通知有关部门。

收货人提取货物前,应仔细检查货物包装,如有异议时,应当场向承运人提出,必要时重新称重,并详细填写运输事故记录。

第五节　其他特种货物的运输

一、灵柩运输

1.灵柩的包装

尸体必须经过防腐处理,装入厚塑料袋内密封,放入焊接严密的金属箱内。金属内棺放入木屑或木炭做吸湿物,链接处焊牢,以防气味或液体渗溢。

将金属棺放入木棺中,金属棺外应套装木制的容器,最外层还应用帆布或防水油布包裹以防止容器受损,木棺的两侧应装有牢固的把手以便装卸。

灵柩必须完好无损,接缝严密,保证内装液体不渗漏。在货物外包装上加贴"急货"及"不可倒置"标贴。

2.预留吨位

灵柩应尽可能利用直达航班运送。不论是利用直达航班还是由几个航班联运,均应向有关航班吨位控制部门申请预留吨位。灵柩应装在全货机或有独立货舱的客机上并经过事先订舱。

3.运输文件

托运人必须提供医疗卫生单位或其他有关部门出示的死亡证明书、入殓证明书、指运国领事馆开具的死亡证书。非自然死亡者还应提供市级公证处和法医的验尸报告。国际运输还需提供中国殡葬协会国际运尸网络服务中心出具的入殓证明书、遗体入/出境防腐证明及卫生监管申报单。

(1)死亡证明书(Death Certificate)

死亡证明书包括:死者姓名、年龄、性别、国籍;死亡日期;死亡原因,特别注明属于非传染病而死亡。

(2)入殓证明书(Certificate of Burial)

入殓证明书应说明尸体的包装符合金属箱内铺放木屑和木炭等吸湿物,连接处焊牢,以防气味或液体渗溢的要求。棺内除尸体及衬垫外,无其他物品;证明书上的死者姓名等项,应与死亡证明书上所列内容相符。

各证明书一式两份,一份留始发站存查,一份附在货运单后,随货物带往目的地。

(3)货运单

在货运单"路线和目的站"栏内要填写指定的运输路线和各航线指定的承运人;在"航班/日期"栏内应填写已订妥舱位的航班及日期。

在"货运单所附文件"栏内,应注意附有死亡证明及入殓证明书各一份。

灵柩运输不办理运费到付。

4.灵柩的运送和存放

(1)运送时限要求

灵柩必须最迟在飞机起飞前2h由托运人运抵机场。

凡经中国中转的灵柩,续运前应停放在当地办理丧葬部门的停尸房。如中转时间不长,也可停放在机场特定地点,但应妥善处理,加盖罩布,与一般货物分开。

(2)运送通知

始发站通知:始发站应填写"特种货物机长通知单",事先通知机组人员。灵柩装机后应在发给有关航站的载重电报中说明尸体装载的舱位。

到达站通知:到达站在收到关于灵柩的通知后,应及时通知发货人在飞机到达前在机场等候提取,交付之后,到达站应立即将提取情况电告始发站。

(3)灵柩的装载规定

灵柩尽量装载集装板上,不可与其他货物混运,除非整票集运货都是灵柩。

灵柩必须远离动物和食品,散装时,灵柩不能与动物装在同一货舱内,集运时,分别装有灵柩和动物的集装器,装机时中间至少应有一个集装器间隔。

灵柩必须在旅客登机前装机,在旅客下机后卸机。灵柩装机前或卸机后,灵柩应停放在僻静地点,如果条件允许,应加盖罩布,与其他货物分开存放。

灵柩只可以水平放置,不可以直立或侧放。

由于传染病而死亡的尸体,必须火化后作为骨灰方可收运。

二 骨灰的运输

通常情况下骨灰(Cremated Remains)的运输可被任何飞机接受而无须订舱。

1. 骨灰的收运条件

①托运人必须提供卫生部门出具的死亡证明书及丧葬部门出具的火化证明书。各证明书一式两份,一份留给始发站存查,一份附在货运单后,随货物带往目的站。

②骨灰应放入专门的容器(丧葬专用的罐、瓮或盒内等),并放置衬垫物以保护容器不致损坏,外面用木箱套装。在货物外包装上加贴"急件"标签。

2. 运输文件

(1)证明文件

发运骨灰所需要的证明与发运尸体基本相同,但还要提供殡仪馆开具的火化证明。各证明书一式两份,一份留始发站存查,一份附在货运单后,随货物带往目的站。

(2)货运单

在货运单上加注"急"或加盖"急"的字样标记。

在货运单"储运注意事项"栏内注明附有死亡证明书及火化证明书各一份。

3. 骨灰的储运

承运人接收骨灰运输后,处理基本与普通货物处理一致。

骨灰可装在下货舱,亦可由旅客随身携带。骨灰装机后,应在发给有关航站的载重电报中说明骨灰的装载位置。

骨灰运输应填写特种货物机长通知单,事先通知机组人员。

三　超大超重货物的运输

1. 超大超限货物的定义

"超大货物"一般指体积超过机型限制,需要一个以上的集装板装下的货物,这类货物的运输需要特殊处理程序以及特殊装卸设备。"超重货物"一般是指每件超过150kg的货物,但最大允许货物的重量主要还取决于飞机机型(地板承受力)、机场设施以及飞机在地面停站的时间。

超大超重货物又称为超限货物,常见的有:汽车、飞机发动机、大型机器设备、钢材等。

2. 超大超重货物的收运条件

(1)重量限制

非宽体机上承运超大超重货物每件重量可放宽至150kg,但在An24、Y7飞机上禁止承运超过120kg的货物,在宽体机上承运超大超重货物,应请示值班经理同意,并在收运后及时通知到达站准备装卸设备。

(2)订舱

超大超重货物必须全程订妥舱位。订舱时应说明货物的重量和尺寸,并在货运单内单独列明,承运人可提前制订装载计划并准备必要的固定设施。

(3)包装要求

托运人所提供的包装应便于承运人操作,如托盘、吊环等,必要时应注明重心位置。必须设置牢固的能支持装卸和固定的装置。

3. 超大超重货物的装载

装载超大超重货物尽量装在集装器的中间位置。如果未超过集装箱的2/3容积,且属于重货,则必须固定;应留意货舱的墙壁和地板上的锚定点以能牢固地将货物固定在机舱内。

如果需垫板等装卸设施应由托运人提供,并且按普通货物计费。承运超限货物要根据不同航空公司要求收取超限附加费。

应设置便于叉车等装卸设备操作的装置,例如托盘,与地面之间应留有5cm的空间允许叉车的使用;装卸操作时应注意平衡,重货尽量装在集装器的中间位置,重心位置应在货运单上标明,并在货物上圈出以便于装卸。

确保货物内部不含有危险性的物品(如电池、燃油)。如果有此类物品,应按TACT有关易碎或危险品规定采取保护措施;不要与其他部件混淆;不作为装卸和固定的部位;注意气候条件等。

四　外交信袋的运输

外交信袋是指各国政府(包括联合国下属组织)与其驻外大使、领馆、办事处之间运输作为货物托运的,使用专用包装袋的公务文件。

1. 外交信袋的收运条件

承运人在收运外交信袋时,需注意下列事宜:

①外交信袋不应开包或过安检,承运人应要求托运人提供领事馆或有关外事部门出具的有效证明,并加注"无禁止运输物品"字样。

②外交信袋应由完善的包装和明显的封志。收运外交信袋时应仔细检查外包装和封志是否完好无损。使用挂签,外包装不得使用其他粘贴物。

③凡在机场交运的外交信袋,应不迟于该班飞机起飞前 **2h** 办理交运手续。

2. 外交信袋的装载规定

外交信袋应按指定航班日期运出,一般安排在直达航班上运输,国际航班国内段不安排外交信袋的运输。

外交信袋应放在货舱内明显的位置,并且不能与航空邮件装载在一起。不可与放射性物质或磁性物质放在同一货舱内。

五 无人押运行李的运输

作为货物运输的行李(Baggage Shipped as Cargo)又称无人押运行李(Unaccompanied Baggage)。

1. 行李的内容及包装

作为货物运输的行李,仅限于旅客本人的衣服和与旅行有关的私人物品。包括小型乐器、手提打字机、小型体育用品,但不包括机器、机器零件、货币、证券、珠宝、表、餐具、镀金属器皿、毛皮、影片或胶卷、照相机、票证、文件、酒类、香水、家具、商品和销售样品。

行李箱必须上锁,如果锁的钥匙和行李一同运往目的地,应把钥匙装入专用信封附在货运单上,行李内还应装入标有行李内容和旅客的姓名以及家庭地址的标签,行李箱上还应贴挂标有旅客姓名和目的地地址的标牌。

在运输过程中,为了便于识别旅客交运的行李和作为货物运输的行李,在作为货物运输的行李上应加挂"货物"标签。

2. 行李的收运条件

托运行李的旅客必须持有定期客票,并在乘机前办妥交运手续。

凡作为货物运输的行李,只能在旅客客票中所列地点的机场之间运输。旅客须如实申报行李内容、提供有关的文件、自行办理海关手续,并支付所需费用。该货物运输的具体时间由承运人决定。

行李折扣运价不得和任何普通货物运价或指定商品运价相加使用,以致相加后的运价低于适用的规定或组合运价。

如果不满足上述条件,则其他任何航程均只能采用普通货物运价或指定商品运价。旅客持全程客票、旅行于欧洲和三区之间经过一区,则作为货物运输的行李应列入指定商品第九类(9998 号)货物,其运费按照适用的运价办理。

3. 运输文件

(1)货运单

在货运单"货物品名及数量"栏内填写"无人押运行李"字样,同时注明旅客的客票号码、航班日期和航班号。

例如:

Nature and Quantity of Goods
Unaccompanied Baggage
TKT NO.784/22225800
CZ305/20JUN
CAN-HKG

如旅客要求将钥匙带往目的站,应请其装入自备的结实信封内,在信封上写明收货人和托运人的姓名、地址,然后由收运部门封妥后,随附在货运单上。货运单"储运注意事项"栏内注明"Key of Unaccompanied Baggage"字样。

(2)押运员客票

押运人员的客票应在"签注"栏内应注明"Unbag"字样,并填入货运单号码、件数和重量。

例如:

ENDORSEMENT
Unbag
784/22225800
2PC 50kg

(3)私人物品运输单证

出国人员和来华工作、学习的外国人回国时如办理私人物品托运,应提供护照、定期机票和私人物品出境申报单。

4.收费

旅客必须自行办妥海关手续和支付应付的费用,作为货物托运的行李,不办理运费到付。到达目的地后的一切费用亦应有旅客本人负担。

作为货物运输的行李重量不得计算在免费行李额内。

(六)急件货物运输

急件货物是指承运人同意托运人的要求,以最早的航班或最短的时限运达目的地,并以最快的速度交付的货物。

1.急件货物的收运条件

①收运急件或其他有时限要求的货物,首先要考虑货物的运输期限是否在民航班期之内,运力能否保证按期运达。货运单除准确写明收货人名称、地址外,还应填写电话、邮编等,以便到达站及时通知提货人。货运单储运注意事项栏内应加盖"急件"印章,并在货物上加贴"急

件"标签。

②国内运输,急件货物的运费按照普通货物基础运价的150%计收。一般来说,由于承运人原因造成运输延误时,每延误一天,承运人赔偿相当于运费5%的违约金,但赔偿总额以不超过运费总额为限。因天气或不可抗力的原因造成货物逾期运到,可免除承运人的责任。

③急件货物应严格开箱检查或按规定进行安全检查。

④办理急件运输应以直达航班为主,严格控制联程运输。

2.急件货物运输和交付注意事项

承运人所承运的急件货物应以最早航班运出。承运的急件货物和规定时限运出的货物,必须按照托运人事先要求将货物运至目的站。

对于联程中转的急件货物,承运人应在装机后2h内拍发"请急速转运"或"请按预订×××航班转运"的电函给中转站,货物到达后必须在2h之内发出到货通知。

七 带有强烈异味货物的运输

由于温度的变化或飞行时间较长,一些货物如硫化氢、香精和热带水果所散发出的气味会使旅客和机组感到不适,同时也会污染其他货物。

收运此类货物时,应仔细检查包装,保证内装物品不渗漏,也可建议托运人使用吸附材料(如二氧化硅)。有些带有异味的货物属危险物品,应严格按照《危险品规则》中的要求运输此类货物。

八 其他几类货物的运输规定

1.挂衣箱运输

如果发货人出口比较高档的服装,不能打捆装箱,可以委托航空货运代理公司向航空公司租用挂衣箱。挂衣箱的租金按航空公司的收费标准收取。挂衣的具体工作可以由发货人自己负责,也可以委托航空货运代理公司代为服务。

2.音像制品

空运音像制品需省级社会文化管理委员会办公室发的音像制品运输传递证明。

3.麻醉药品

需卫生部药政管理局发的麻醉品运输凭证。

4.罐装液体、粉状物品

需出产厂家的物品性质证明。

5.玻璃

必须钉封闭木箱,打三脚架。

6.特种货物机长通知单

根据国际航协规定,对于装载在飞机上的特种货物,货运部门必须在飞机起飞前向机长发出书面通知,当空中出现紧急情况时,机长可以根据特种货物机长通知单上所载特种货物的种类、数量及装载位置通知地面的有关机场当局,并采取措施。一式四份,一份随业务袋带往卸机站,一份交配载部门,一份交机长,一份装机站留存。

复习思考题

1. 什么是危险品?

2. 国际航空危险品货物运输分为几类?

3. 什么是活体动物?

4. 简述活体动物的托运条件以及储运条件。

5. 简述鲜活易腐货物托运过程中的包装要求。

6. 托运人托运鲜活易腐货物需要准备哪些运输文件?

7. 什么是贵重物品?

8. 简述贵重物品的收运条件。

9. 简述外交信袋的装载规定。

10. 无人押运行李填制货运单需要注意哪些问题?

11. 简述急件货物收运的条件。

12. 什么是超大超重货物? 收运超大超重货物时需要考虑哪些因素?

13. 什么是特种货物? 特种货物在包装等方面有何特别要求?

14. 对活体动物的收运、装载和操作的注意事项是什么?

15. 托运人托运活体动物需要向承运人出具什么文件?

16. 什么是危险品?

17. 国际航空危险品运输货物运输分为几类?

18. 危险品的储运需要注意哪些事项?

19. 灵柩和骨灰的装箱(板)和装舱有无特别要求?

20. 鲜活易腐货物的装箱(板)和装舱有无特别要求?

21. 为什么装载重件货物一般需要铺放垫材?

22. 某收货人收到自某地运来的金鱼时,水已经漏光,金鱼死亡,收货人要求赔偿,承运人是否应当赔偿?

第六章 航空货物运价与运费

学习目的与要求

　　了解航空货物运价的基本知识,掌握普通货物、指定商品、等级货物、混运货物、集装货物的航空运费计算。

第一节 航空货物运价的基本知识

　　航空货物运价是指由始发站机场至目的地站机场之间的航空货物运输价格,不包括机场与市区之间、同一城市两个机场之间的地面运输价格。运价要使用填开货运单之日有效的运价;使用的运价与货物的运输方向一致,但不受货物实际运输路线的影响。

一 航空货物运价的种类

1.按运价的制定划分

　　按运价的制定划分,可分为:协议运价(Agreement Rate)和公布运价(Published Rate)。

　　协议运价指航空公司与托运人签订协议,托运人保证每年向航空公司交运一定数量的货物,航空公司则向托运人提供一定数量的运价折扣。协议运价通常较公布运价低,且只能在协议双方或多方之间使用。目前,航空公司使用的运价,在协议运价中又根据不同的协议方式进行细分。

　　(1)长期协议

　　长期协议通常指航空公司与托运人或代理人签订的一年期限的协议。

　　(2)短期协议

　　短期协议通常指航空公司与托运人或代理人签订的半年或半年以下期限的协议。

　　(3)包板/包舱

　　包板/包舱指托运人在一定航线上包用承运人的全部或部分的舱位或集装器来运送货物。

　　(4)死包板/包舱

　　死包板/包舱指托运人在承运人的航线上通过包板/包舱的方式运输时,托运人无论是否向承运人交付货物,都必须支付协议上规定的运费。

　　(5)软包板/包舱

　　软包板/包舱指托运人在承运人的航线上通过包板/包舱的方式运输时,托运人在航班起飞前72h如果没有确定舱位,承运人则可以自由销售舱位,但承运人对代理人的包板/包舱的总量有一个控制。

(6)销售量返还

销售量返还是指如果代理人在规定期限内完成了一定的货量,航空公司则可以按一定的比例返还运费。

(7)销售额返还

销售额返还是指如果代理人在规定期限内完成了一定的销售额,航空公司则可以按一定的比例返还运费。

(8)自由销售

自由销售也称议价货物或一票一价,是指除了订过协议的货物外,其余都是一票货物一个定价。

2.按运价的组成划分

按运价的组成划分,可分为:

(1)公布直达运价(Through Published Rate)

公布直达运价指承运人直接公布的,从运输始发地机场至目的地机场间直达的运价。

(2)比例运价(Construction Rate)

比例运价指运价手册上公布的一种不能单独使用的运价附加数,当货物的始发地机场到目的地机场没有公布直达运价时,可采用比例运价与已知的公布直达运价相加构成适用运价。

(3)分段相加运价(Combination Rate)

分段相加运价指当货物的始发地机场至目的地机场既没有公布直达运价,也不能组成比例运价时,可以选择合适的运价相加点,按分段相加的办法组成全程运价。

3.按货物的性质划分

按货物的性质划分,可分为:

①普通货物运价(General Cargo Rate)。

②指定商品运价(Specific Commodity Rate)。

③等级货物运价(Commodity Classification Rate)。

④集装货物运价(ULD Rate)。

各种运价在使用时,先后顺序是:协议运价、公布直达运价、非公布直达运价(包括比例运价和分段相加运价)。

二　货物的最低运费

货物的最低运费指某两点之间货物运输按适用运价乘以计费重量计得的货物航空运费,不得低于某一限额,此限额就是航空运费最低收费标准,称为最低运费。

在国内运输中,普通货物每份货运单的最低航空运费为CNY30.00,等级货物最低航空运费按普通货物最低运费的150%计算,即CNY45.00。

在国际运输中,公布地点的最低运费按TACT Rate 4.3运价公布表中公布的金额收取。根据TACT Rules 3.4.2的规定,TACT未公布地点的最低运费按该表所列金额收取,见表6-1示例。

货物最低运费示例　　　　　　　　　　　表 6-1

From COUNTRY to Area sub-area/exception	CURRENCY CODE minimum charge
From CHINA(excluding Hong Kong SAR and Macao SAR to)	CNY
1	420
2 Europe,Middle East	320
2 Africa	451
3 Japan,Korea(Dem.Rep.of),Korea(Rep.of)	230
3 South Asian Subcontinet	230
3 South East As ia except to Hong Kong(SAR),Macao(SAR)	230
3 Hong Kong(SAR),Macao(SAR)	90
3 South West Pacific	420

三　航空货物的重量

航空货物的重量,可分为实际重量、体积重量和计费重量三种。

1. 实际重量(Gross Weight)

实际重量即俗称的毛重,指包括货物包装物在内的货物重量,称为货物的实际毛重。在国际运输中,货物的计费重量有公斤和磅两种单位。我国一般采用公斤为计重单位。

实际重量的计算单位是 0.1kg,进位方法是四舍五入。

例 6-1:
一件货物过磅时称得重量是 367.52kg,四舍五入进位后应表示为 367.5kg。

例 6-2:
一件货物过磅时称得重量是 58.76kg,四舍五入进位后应表示为 58.8kg。

2. 体积重量(Volume Weight)

将货物的体积按照一定的比例折合成的重量,称为体积重量。每公斤货物的体积超过 $6000m^3$ 时,称为轻泡货物。由于货舱空间有限,对于轻泡货物要考虑其体积重量可能会成为计费重量。

在计算货物的体积重量时,一般以 cm 为计算单位,部分国家采用 in 为计算单位。不论货物的形状是否为规则的长方体或正方体,计算货物体积时,均以最长、最宽、最高的三边长度计算。如果遇到货物的尺寸小数点后面有数字,用四舍五入的方法进行进位。

$$货物的体积重量(公斤) = 货物体积 \div 6000cm^3/kg$$
$$货物的体积重量(公斤) = 货物体积 \div 366in^3/kg$$
$$或货物的体积重量(磅) = 货物体积 \div 166in^3/kg$$

例 6-3:
一件货物的尺寸是 39.6cm × 40.2cm × 50.4cm,如要计算它的体积应算为:40cm × 40cm × 50cm = 80000cm³。

体积重量的计算单位是 0.5kg,进位方法是有数就进。

例 6-4:

体积重量 100.51kg,进位为 101.0kg;

体积重量 100.01kg,进位为 100.5kg。

例 6-5:

一件货物的尺寸是:46cm×51cm×72cm,体积重量 =46cm× 51cm×72cm÷6000cm³/kg =28.15kg,进位后得体积重量为 28.5kg。

3. 计费重量(Chargeable Weight)

计费重量指计算航空货物运价时所采用的货物重量。将一件货物的体积重量、实际重量两者比较,取高者作为计费重量。计费的计算单位是 0.5kg,进位方法是有数就进。

例 6-6:

一票货物共 2 件,称重后分别是 20.1kg 和 35.7kg,计费重量分别是 20.5kg 和 36.0kg。填写在货运单上见表 6-2。

货 运 单   表 6-2

No. of Pcs RCP	Gross Weight	kg lb	Rate Class Comm. Item No.	Chargeable Weight	Rate Charge	Total	Nature and Quantity of Goods (Incl. Dimension or Volume)
1	20.1			20.5			
1	35.7			36.0			
2							

例 6-7:

一件货物称重为 50.1kg,其体积是 100cm×70cm×50cm。由于该货物为轻泡货物,计算其体积重量 =100cm× 70cm×50cm÷6000cm³/kg =58.3kg,其计费重量选取较重的体积重量,进位后得 58.5kg。填写货运单见表 6-3。

货 运 单   表 6-3

No. of Pcs RCP	Gross Weight	kg lb	Rate Class Comm. Item No.	Chargeable Weight	Rate Charge	Total	Nature and Quantity of Goods (Incl. Dimension or Volume)
1	50.1			58.5			SHOES DIMS:100cm×70cm×70cm

4. 计费重量的确定

(1)称量实际重量

称量货物的实际重量,要保留到小数点后 2 位小数,将实际重量进行进位。

（2）计量体积

量出每件货物的最长、最宽、最高，应量到小数点后 1 位小数，将量得的三边进行进位。

（3）计算体积重量

计算货物的体积，将体积折算成体积重量，将体积重量进位。

（4）确定计费重量

比较货物的体积重量和实际重量，取较高者作为计费重量。如果该货物的体积重量大于实际重量，则该票货物称为轻泡货物。

一票货运单包含有 2 件或 2 件以上且体积不同的货物，确定其计费重量需将总的体积重量与总的实际重量相比较，取高者作为计费重量。

四 航空货运参阅手册

从事航空货物运输，尤其是国际运输的时候，会涉及一些相关航空货物运输资料、手册的使用和查询。

1.《国际航空货物运价手册》

国际航协为了统一国际航空货物运输的有关操作，特制定了航空货物运价及规则手册 The Air Cargo Tariff（简称 TACT）。由国际航空运输协会出版发行，主要提供与航空运输相关的货运业务信息。我国民航各航空公司在处理国际货物运价时，多以该手册为依据。其主要内容有：

①100 多家航空公司的信息，成为航空货运市场上最可靠和最全面的信息来源。

②信息来源包括国家和承运人的具备权威性的各类行业规章。

③各类信息由大约 70000 个来自货运行业的专业人士定期进行商讨，这些专业人士来自航空公司、海关部门、货运代理、货主、机场部门等。

④TACT 手册包含了覆盖全球的超过 230 万个运价和运费。

TACT 共分为两部分：

（1）规则手册（TACT Rules）

航空货物运输规则包括总则（General）、规定（Regulation）和操作程序（Operation）等内容，规则手册每年 4 月、10 月各出版一期。具体包括以下内容：

①一般常识介绍（General Information）。

IATA 分区，城市、机场、航空公司代码，缩略语代码。

②收运（Acceptance for Carriage）。

托运人文件、货物接收、预订吨位、无法交付货物的处理。

③运费（Transportation Charges）。

运价、运费使用顺序、最低运费、普通货物运价、指定商品运价、等级货物运价、非公布直达运价、混运货物、国际优先服务（快递）、小件包装服务。

④其他运费（Services Related Charges）。

垫付费、保险、制单费、危险品运输费、到付费。

⑤付费方式和货币结算（Payment of Rates and Charges，Currency Conversion）。

货币结算、运费预付货物费用支付方式、运费到付货物费用支付方式、其他支付手段。

⑥货运单(The Air Waybill)。

货运单的内容和填制方法。

⑦各国规定(Information by Countries)。

运费到付、出入境进口等有关规定。

⑧承运人特殊规定(Carriers Special Regulations)。

(2)运价手册(TACT Rates Book)

运价手册主要是公布世界各国所使用的航空货物运价,包括北美运价手册(Rates-North America)和世界运价手册(Rates-Worldwide)。其中北美运价手册内容为与美国、加拿大、波多黎各、美属维尔京群岛、圣皮埃尔、密克隆等国家或地区有关的各类运价。世界运价手册公布了除北美以外的世界各国的各类运价。

运价手册每两个月出版一次,每逢双月出版。

表6-4是从TACT中选取的从BJS—AMS的货物运价。

北京至阿姆斯特丹的货物运价　　表6-4

BEIJING	CN		BJS
Y.RENMINBI	CNY		KGS
AMSTERDAM	NL	M	320.00
		N	50.22
		45	41.53
		300	37.52

在上表中,"N"代表45kg以下普通货物的运价,"45"代表45kg以上普通货物的运价,"300"代表300kg以上普通货物的运价,45kg以上的不同重量分界点的普通货物运价均用"Q"表示,如"Q300";"M"代表最低收费标准。

2.《航空货物运输指南》

《航空货物运输指南》(Official Airline Guide Cargo;简称OAG)是集中了世界各大航空公司货物运输航班时刻表和运价等信息的一本月刊。该指南包括两部分:航空货物运输指南的内容简介和航班时刻表的使用与查询。

(1)OAG货运航班信息

OAG向货运代理、运输商、商务公务的托运人提供全面的覆盖全球的航班时刻,可以使货运相关部门和人员更好地安排货物运输计划,提高货运效率。其电子产品策划方案包含OAG货运航班在线、OAG Cargo Disk增强板、ICAO危险品指南、OAG货运运价互动系统、OAG货运公司平台;印刷品策划包含OAG货运航班指南、ICAO危险品指南、ICAO紧急情况处理指南。

(2)OAG货运指南

为了更有效地指导全球航空旅客运输和货物运输,英国REED集团出版发行Official Air-line Guide(简称OAG-Cargo),作为世界航空公司的指南,包括《航空货运指南》(OAG-Cargo Guide)和《航空客运指南》(OAG-Flight Guide)。每月出版一期,全年共有12套,每套包括上、下两个分册,手册每月更新一次,包括提供全球超过800家航空公司的航班信息,主要公布世界范围内的航班时刻表和票价表。

①上册提供了航空旅行的有关信息。

国际时间换算表、航空公司的机型代号表、航空公司资料、全球机场和城市的三字代码表、某些国家的州或省的两字代码表、机场的资料、最短停留时间介绍（Min Connecting Times，简称 MCT）、联程航班路线表（Flight Routings）、航班时刻表的使用与查询等信息。

从航班时刻表可查询到货运航班的相关信息，以阿曼到开罗的货运航班为例，见表6-5。

阿曼到开罗的货运航班　　　　　　　　　　表6-5

AMMAN JORDAN(AMM)							+0200
QUEEN ALIA INTERNATIONAL(AMM)22mls/35kms S of Amman.							
CIVIL-MARKA(ADJ)：3.5mls / 6kms NE of city center.							

Validity From To	Days of Service	Dep.	Arr.	Flight No.	Acft.	Class	Stops
Cairo CAI							
—　—	-2-----	**0900AMM**	1130	MS 815	321	PC	0
—　—	-----5--	**1045AMM**	1315	RJ 505	320	BC	0
—　—	12-----	**1215AMM**	1445	RJ 505	320	BC	1
—　—	--3----	**1315AMM**	1545	MS 815	321	PC	0
—　—	-----6-	**1530AMM**	1800	RJ 505	320	BC	0
—　—	--3----	**1735AMM**	2000	RJ 507	320	BC	0
—　—	------7	**2005AMM**	2235	RJ 507	320	BC	0
—　—	---4---	**2030AMM**	2300	RJ 503	320	PC	1
—　—	---4---	**2100AMM**	2330	MS 815	321	PC	0
—　—	----5--	**2100AMM**	2330	MS 815	320	PC	0
—　—	------7	**2100AMM**	2330	MS 815	735	PCY	2
—　—	1------	**2215AMM**	*0045	MS 815	320	BC	0
—　—	-----6-	**2215AMM**	*0045	MS 815	735	BC	1

a. 本航班的生效和截止日期（Date When Service Starts And Ends）：如果在 From 和 To 的栏目中所显示的是横线，则代表本航班在本期的时间范围内无限制。除此以外，此处显示的日期均为该航班的生效或截止日期。

b. 本航班的运行日期（Days of the Week）：如果本航班为每天的航班，此处显示是 Daily，或者表示为"1234567"。如果显示为"135"，则表示为该航班的运行时间为每周一、三和五；如果显示为"X36"，则表示为该航班的运行时间为除了星期三和星期六的其他时间，此处的"X"是英文的 Exception 的缩写。

c. 起飞和达到时间（Departure and Arrival Time）：显示航班的起飞和到达时间，所有的时间均为当地时间（Local Time），以 24h 制显示。如果显示的时间为黑体，则表示为本航班的始发和目的站的时间。如果该航班为非直达航班，则只有始发和到达目的站的时间为黑体，其余的中转时间显示均为普通字体。

d. 到达日期显示（Date Indicators）：如果在到达时间后有"+1，+2，+3"，则表示本航班的到达时间是起飞的次日（第二天）、第三天等。

e. 始发机场的代号(Airport Codes):显示始发机场的三字代码,一般和城市的三字代码相同。如果该城市有两个或两个以上机场时,此处显示为本航班出发的机场的代号,与城市的三字代号不同,以显示它的区别。

f. 航班号码(Flight Number):此处为本航班的号码,一般国际航班的号码为 3 位数。在航班号码的代号中,如果有"◆",则表示该航班为代码共享航班,它是由两个以上的航空公司共同经营的航班。这方面的信息可在代码共享的资料中查阅。

g. 飞机的机型(Type of Aircraft):此处显示的机型代号为 OAG 手册中所表示的特殊形式。

h. 航班所提供的服务等级(Class of Service Available of The Flight):用代号表示该航班所提供的服务等级情况,一般为三个服务等级,即 F/C/Y。其他的代号则表示该航班的子舱位,在订座时有区别,它们的限制条件是不同的。

i. 中间经停站(Number of Stops):此处用 1,2 或 0 表示该航班的经停情况,0 表示为航班无经停站;1 或 2 则表示该航班有 1 或者 2 个经停站。

j. 直达航班和中转航班的区别(Direct Flight and Transfer Connections):直达航班(Direct Flight)为一个从始发站至目的站使用相同的航班号码,该航班可以有中间经停站,也可以无中间经停站。

中间经停航班或称为中转航班(Transfer Connection)为需要中转一次以上才能到达目的站的航班。一般中转航班显示在直达航班的后面,并且以"Transfer Connection"开始。如果该城市对之间无直达航班,则直接显示中转航班,而且也无"Transfer Connection"的字样。中转航班有两种情况,即单个航班的中转"Single Transfer"和两个航班的中转,即"Double Transfer"。

还有世界各城市之间的航班信息(Time Table):

a. 直达航班(Direct Flight)。

b. 中途经停航班(Transfer Connections)。

c. 非公布航班信息(Unpublished Transfer Connection)。

②下册提供了旅客旅行的相关信息,包括:

a. 常旅客信息(Frequent Flyer)。

b. 世界主要航空联盟以及汽车租赁公司的信息(Airline Service and Car-rental Service)。

c. 世界疾病感染区的介绍(World Health)。

d. 某些国家的信息(Aircraft Configuration)。

第二节　普通货物运价

普通货物的运价简称 GCR,是指除了等级货物运价和指定商品运价以外的适合于普通货物运输的价格。普通货物运价根据货物重量不同,分为若干个重量等级分界点运价。普通货物运价种类代号是 Q。

一　普通货物运费计算的基本步骤

普通货物运费的计算公式是:

$$普通货物运费 = 适用的运价 \times 计费重量$$

具体计算步骤为：

Volume：计算该货物的体积；

Volume Weight：计算该货物的体积重量；

Gross Weight：计算实际总重量；

Chargeable Weight：确定计费重量；

Applicable Rate：选取适用的货运价；

Weight Charge：适用的运价 × 计费重量得到货物运费。

例 6-8：

一件货物的信息如下，计算运费。

Routing：BJS—TYO

Commodity：Bamboo Basket

PC/WT：2/23.5kg

DIMS：39.6cm × 40.2cm × 50.4cm

计算步骤如下：

(1) 到运价手册(TACT)中查找 BJS—TYO 的公布运价，见表6-6。

BJS—TYO 的公布运价　　　表6-6

BEIJING Y.RENMINBI	CN CNY		BJS KGS
TOKYO	JP	M	230.00
		N	37.51
		45	28.13

(2) 按照货运费计算公式进行计算。

Volume：　　　　　　$40cm \times 40cm \times 50cm \times 2 = 160000cm^3$

Volume Weight：　　$160000cm^3 \div 6000cm^3/kg = 26.66kg \rightarrow 27.0kg$

Gross Weight：　　　23.5kg

Chargeable Weight：27.0kg

Applicable Rate：　　GCR N 37.51CNY/kg

Weight Charge：　　　27.0kg × 37.51CNY/kg = 1012.77CNY

(3) 填开货运单的运价计算栏，见表6-7。

货运单的运价计算栏　　　表6-7

No. of Pcs RCP	Gross Weight	kg lb	Rate Class	Comm. Item No.	Chargeable Weight	Rate Charge	Total	Nature and Quantity of Goods (Incl. Dimension or Volume)
2	23.5	K	Q		27.0	37.51	1012.77	BAMBOO BASKET DIMS:40cm×40cm×50cm×2
2	23.5						1012.77	

二　较高重量分界点的较低运价

根据货物重量和适用的运价计得的运费,与其较高重量分界点的重量和适用运价计得的运费相比较,取低者作为货物的运费。

例 6-9:

一件货物的信息如下,计算运费。

Routing: BJS—TYO

Commodity: Bamboo Basket

PC/WT: 2/40.0kg

DIMS: 39.6cm×40.2cm×50.4cm

计算步骤如下:

(1)到运价手册(TACT)中直查找 BJS—TYO 的公布运价,见表6-8。

BJS—TYO 的公布运价　　　　表6-8

BEIJING	CN		BJS
Y.RENMINBI	CNY		KGS
TOKYO	JP	M	230.00
		N	37.51
		45	28.13

(2)按照货运费计算公式进行计算:

Volume: $\qquad$ 40cm×40cm×50cm×2 = 160000cm³

Volume Weight: $\qquad$ 160000cm³ ÷ 6000cm³/kg = 26.66kg → 27.0kg

Gross Weight: $\qquad$ 40.0kg

Chargeable Weight: $\qquad$ 40.0kg

Applicable Rate: $\qquad$ GCR N 37.51CNY/kg

Weight Charge: $\qquad$ 40.0kg × 37.51CNY/kg = 1500.40CNY

采用较高重量分界点的较低运价计算:

Chargeable Weight: 45.0kg

Applicable Rate: $\qquad$ GCR Q45 28.13CNY/kg

Weight Charge: $\qquad$ 40.0kg × 28.13NY/kg = 1125.2CNY

(3)填开货运单的运价计算栏,见表6-9。

货运单的运价计算栏　　　　表6-9

No. of Pcs RCP	Gross Weight	kg lb	Rate Class	Comm. Item No.	Chargeable Weight	Rate Charge	Total	Nature and Quantity of Goods (Incl. Dimension or Volume)
2	40.0	K		Q	45.0	28.13	1265.85	BAMBOO BASKET DIMS: 40cm×40cm×50cm×2
2	40.0						1265.85	

三 普通货物运费的限额

普通货物运费的最低限额指按运费的重量和适用的运价计得的一票货物的运费不得低于该航线的最低运费,否则按最低运费收取。

例 6-10:

一件货物的信息如下,计算运费。

Routing:BJS—TYO

Commodity:News Tape

PC/WT:1/0.4kg

DIMS:10cm×6cm×2cm

计算步骤如下:

(1)到运价手册(TACT)中查找 BJS—TYO 的公布运价,见表 6-10。

(2)按照货运费计算公式进行计算。

Volume:	$10cm \times 6cm \times 2cm = 120cm^3$
Volume Weight:	$120cm^3 \div 6000cm^3/kg = 0.02kg \rightarrow 0.5kg$
Gross Weight:	0.4kg
Chargeable Weight:	0.5kg
Applicable Rate:	GCR N 37.51CNY/kg
Weight Charge:	$0.5kg \times 37.51CNY/kg = 18.76CNY < M\ 230.00CNY$

BJS—TYO 的公布运价　　表 6-10

BEIJING	CN		BJS
Y.RENMINBI	CNY		KGS
TOKYO	JP	M	230.00
		N	37.51
		45	28.13

(3)填开货运单的运价计算栏,见表 6-11。

货运单的运价计算栏　　表 6-11

No. of Pcs RCP	Gross Weight	kg lb	Rate Class	Comm. Item No.	Chargeable Weight	Rate Charge	Total	Nature and Quantity of Goods (Incl. Dimension or Volume)
1	0.4	K	M		0.5	230.00	230.00	NEWS TAPE DIMS:10cm×6cm×2cm
1	0.4						230.00	

第三节　指定商品运价

指定商品运价(Specific Commodity Rates,简称 SCR)指适用于自指定始发站到指定目的站之间的某些特定货物的运价,一般低于普通货物运价。指定商品运价种类代号是 C。指定商品运价是一种优惠性质的运价,在计算货物的航空运费时,应优先考虑指定商品运价。使用指定商品运价,对货物的起讫地点、运价使用期限、货物运价的最低重量起点均有特定的条件,这些规定可到 TACT Rules 中查阅。

一　指定商品编号与分组

根据货物的性质、特点对货物进行分类,共分为 10 个大组,每一人组又分为 10 个小组,对其分组形式用 4 位数字进行编号,该编号就是指定商品货物的品名编号。

1. 指定商品货物的分组及品名编号

0001 ~ 0999——食用肉类和植物类产品

1000 ~ 1999——活体动物及非食用动物和植物类产品

2000 ~ 2999——纺织品、纤维及其制品

3000 ~ 3999——金属及其制品,但不包括机器、车辆和电器设备

4000 ~ 4999——机器、车辆和电器设备

5000 ~ 5999——非金属矿和产品

6000 ~ 6999——化工产品及其有关产品

7000 ~ 7999——纸张、芦苇、橡胶和木材制品

8000 ~ 8999——科学、专业精密仪器、机械和配件

9000 ~ 9999——其他

2. 9700 ~ 9799 系列指定商品运价的品名编号

为了减少常规的指定商品品名的分组编号,国际航协还推出了实验性的指定商品运价,该运价用 9700 ~ 9799 内的数字编出。其主要特点是一个代号包括了传统指定商品运价中分别属于不同指定商品代号的众多商品品名。

这种编号适用于某些城市对之间有多种指定商品,虽然品名不同,但运价相同,为公布运价方便而使用。而传统的编号中的每一品名代号,一般只代表单一种类的指定商品运价。

3. 常用的几种指定商品代码

0007——Fruit,Vegetables 水果,蔬菜

0008——Fruit,Vegetables(Fresh) 新鲜的水果,蔬菜

0300——Fish(Edible),Seafood 鱼(可食用的),海鲜、海产品

0800——Vegetables 蔬菜

0850——Mushrooms,Mushroom Spawn 蘑菇,蘑菇菌

1093——Worms 沙蚕

1100——Furs,Hides,Skins,Excluding Wearing Apparel 兽皮

1164——Cattle Hides,Sheep Skins,Goat Skins 牛皮、羊皮

1190——Reptile Skins 爬行动物皮

1201——Leather,Leather Products 皮革,皮革制品

1401——Floral Stock,Nursery Stock,Bulbs,Seeds,Plants,Flowers 花木,幼苗,根茎,球茎,种子,植物,鲜花

1429——Orchids 兰花

2195——A：Yarn,Thread,Fibres,Cloth——not Further Processed or Manufactured：Exclusively in Bales,Bolts,Pieces 成包、成卷、成块未进一步加工或制造的纱、线、纤维、布
B：Wearing Apparel,Textile Manufactures 服装、纺织品

2199——A：Yarn,Thread,Fibres,Textiles 纱、线、纤维、布
B：Textile Manufactures 纺织品
C：Wearing Apparel 服装

2211——Yarn,Thread,Fibres,Cloth——not Further Processed or Manufactured：Exclusively in Bales,Bolts,Pieces——Wearing Apparel,Textile Manufactures 成包、成卷、成块未进一步加工或制造的纱、线、纤维,服装、纺织品

2865——Carpets,Rugs 地毯,挂毯

4214——Automobiles 机动车辆

6000——Chemicals,Pharmaceuticals 化学制品,药品

6002——Chemicals,Dyes,Fertilizers,Insecticides,Paints,Pigments,Varnishes,Drugs,Pharmaceuticals,Medicines,Cosmetics,Essential Oils 化学制品、染料、化肥、杀虫剂等

7109——Newspapers 报纸

7481——Rubber Tyres,Rubber Tubes 橡胶轮胎

9998——Household Goods,Personal Effects(of an Individual or Family/not for Resale) 家居、个人物品

二 指定商品运价的使用要求

使用指定商品运价的货物必须符合下列条件,方可使用指定商品运价：
(1)运输始发地至运输目的地之间有公布的指定商品运价。
(2)托运人所交运的货物,其品名与有关指定商品运价的货物品名相吻合。
(3)货物的计费重量满足指定商品运价使用时的最低重量要求。

三 指定商品货物运费的计算

(1)指定商品运价的计算步骤如下：
①查找运价表,如果两点间有指定商品代号,则考虑使用指定商品运价；记下指定商品品

名编号。

②查找 TACT Rates2.4 的品名表,找出与所运输货物品名相对应的指定商品编号。

③检查最低计费重量限制,如果所运输货物的计费重量超过指定商品运价的最低重量,则可以使用指定商品运价;如果货物的计费重量没有达到指定商品运价的最低重量要求,则需要将普通货物运价计得的运费与指定商品运价较高重量点计得的运费进行比较,选取低者。

(2)两地间既有指定商品运价,又有普通商品运价,优先使用指定商品运价。

例6-11:

一件货物的信息如下,计算运费。

Routing:BJS—TYO

Commodity:Crabs

PC/WT:15/150.0kg

DIMS:60cm×40cm×40cm each

计算步骤如下:

①到运价手册(TACT)中查找 BJS—TYO 的公布运价,见表6-12。

BJS—TYO 的公布运价　　　表6-12

BEIJING Y.RENMINBI	CN CNY		BJS KGS
TOKYO	JP	M	230.00
		N	37.51
		45	28.13
	0300	100	20.61
	0670	100	18.80
	0799	100	14.62
	0850	100	17.12

②根据 TACT Rates2.4 节,找出品名编号所指的货物品名:

0300——Fish(Edible),Seafood

0670——Horse Meat

0799——Vegetables(Fresh)

0850——Mushrooms,Mushroom Spawn

选择最适用的货物品名:0300——Seafood。

③按照货运费计算公式进行计算。

Volume:	$60cm \times 40cm \times 40cm \times 15 = 1440000cm^3$
Volume Weight:	$1440000cm^3 \div 6000cm^3/kg = 240.0kg$
Gross Weight:	150.0kg
Chargeable Weight:	240.0kg
Applicable Rate:	SCR 0300/C　20.61CNY/kg
Weight Charge:	240.0kg × 20.61CNY/kg =4946.40CNY

④填开货运单的运价计算栏,见表6-13。

货运单的运价计算栏 表6-13

No. of Pcs RCP	Gross Weight	kg lb	Rate Class	Comm. Item No.	Chargeable Weight	Rate Charge	Total	Nature and Quantity of Goods (Incl. Dimension or Volume)
15	150.0	K	C	0300	240.0	20.61	4946.40	CRABS
								DIMS: 60cm×40cm×40cm×15
15	150.0						4946.40	

(3)如果用指定商品运价计得的运费高于用普通商品运价计得的运费,则采用普通商品运价计得的运费。

例6-12:

一件货物的信息如下:

Routing:BJS—TYO

Commodity:Mushrooms

PC/WT:2/30.0kg

DIMS:60cm×40cm×40cm each

计算步骤如下:

①到运价手册(TACT)中查找 BJS—TYO 的公布运价,见表6-14。

BJS—TYO 的公布运价 表6-14

BEIJING Y.RENMINBI	CN CNY		BJS KGS
TOKYO	JP	M	230.00
		N	37.51
		45	28.13
	0300	100	20.61
	0670	100	18.80
	0799	100	14.62
	0850	100	17.12

②根据 TACT Rates2.4 节,选择最适用的货物品名:0850——Mushrooms, Mushroom Spawn。

③按照指定商品货物运价进行计算。

Volume:　　　　 $60cm×40cm×40cm×2 = 192000cm^3$

Volume Weight:　 $192000cm^3 ÷ 6000cm^3/kg = 32.0kg$

Gross Weight:　　 30.0kg

Chargeable Weight:100.0kg

Applicable Rate: SCR 0850/Q100   17.12CNY/kg

Weight Charge: 100.0kg × 17.12CNY/kg = 1712.00CNY

按照普通商品货物运价进行计算。

Volume: 60cm × 40cm × 40cm × 2 = 192000cm^3

Volume Weight: 192000cm^3 ÷ 6000cm^3/kg = 32.0kg

Gross Weight: 30.0kg

Chargeable Weight:32.0kg

Applicable Rate: GCR N   37.51CNY/kg

Weight Charge: 32.0kg × 37.51CNY/kg = 1200.32CNY

由于 GCR 计得的运费较低,选取其作为最终运费。

④填开货运单的运价计算栏,见表6-15。

货运单的运价计算栏   表6-15

No. of Pcs RCP	Gross Weight	kg lb	Rate Class		Chargeable Weight	Rate Charge	Total	Nature and Quantity of Goods (Incl. Dimension or Volume)
				Comm. Item No.				
2	30.0	K	N		32.0	37.51	1200.32	MUSHROOMS
								DIMS:60cm×40cm×40cm×2
2	30.0						1200.32	

(4)既有“确指品名”又有“泛指品名”的货物的运费计算。

两地间的指定商品编码,既有“确指品名”又有“泛指品名”,如果“泛指品名”运价高于“确指品名”,而重量分界点较低,两种计费方法进行比较,选取低者作为货物的运费。

例6-13:

一件货物的信息如下:

Routing:DXB—GLA

Commodity:Carpet

PC/WT:8/580.0kg

DIMS:120cm × 40cm × 30cm each

计算步骤如下:

①到运价手册(TACT)中查找 DXB—GLA 的公布运价,见表6-16。

②根据 TACT Rates.4 节,找出指定商品编号所对应的货物品名:

2199——Textile Manufactures

2865——Carpets,Rugs

选择最适用的货物品名:2865——Carpets,Rugs

③按照货物品名 2865 计算指定商品运价。

BJS—TYO 的公布运价　　表 6-16

DUBAI DIRHAM	AE AED	DXB KGS	
GVLASGOW	GB	M	320.00
		500	10.45
	2199	250	10.55
	2199	500	9.05
	2865	500	10.00

Volume：	$120\text{cm} \times 40\text{cm} \times 30\text{cm} \times 8 = 1152000\text{cm}^3$
Volume Weight：	$1152000\text{cm}^3 \div 6000\text{cm}^3/\text{kg} = 192\text{kg}$
Gross Weight：	580.0kg
Chargeable Weight：	580.0kg
Applicable Rate：	SCR 2865/Q500　10.00AED/kg
Weight Charge：	$580.0\text{kg} \times 10.00\text{AED/kg} = 5800.00\text{AED}$

④填开货运单的运价计算栏，见表 6-17。

货运单的运价计算栏　　表 6-17

No. of Pcs RCP	Gross Weight	kg lb	Rate Class	Comm. Item No.	Chargeable Weight	Rate Charge	Total	Nature and Quantity of Goods (Incl. Dimension or Volume)
8	580.0	K	C	2865	580.0	10.00	5800.00	CARPETS DIMS：120cm×40cm×30cm×8
8	580.0						5800.00	

例 6-14：

一件货物的信息如下：

Routing：DXB—GLA

Commodity：Carpet

PC/WT：4/280.0kg

DIMS：$120\text{cm} \times 40\text{cm} \times 30\text{cm}$ each

计算步骤如下：

①到运价手册（TACT）中查找 DXB—GLA 的公布运价，见表 6-18。

②根据 TACT-Rates2.4 节，找出指定商品编号所对应的货物品名：

2199——Textile Manufactures

2865——Carpets，Rugs

选择适用的货物运价：C2199　　250　　10.55

　　　　　　　　　　　　C2865　　500　　10.00

DXB—GLA 的公布运价　　　表 6-18

DUBAI DIRHAM	AE AED	DXB KGS	
GVLASGOW	GB	M	320.00
		500	10.45
	2199	250	10.55
	2199	500	9.05
	2865	500	10.00

③按照货物品名 2865 计算指定商品运价。

Volume：　　　　　$120cm \times 40cm \times 30cm \times 4 = 576000cm^3$

Volume Weight：　$576000cm^3 \div 6000cm^3/kg = 96.0kg$

Gross Weight：　　280.0kg

Chargeable Weight：500.0kg

Applicable Rate：　SCR 2865/Q500　10.00AED/kg

Weight Charge：　500.0kg × 10.00AED/kg = 5000.00AED

按照货物品名 2199 计算指定商品运价。

Chargeable Weight：280.0kg

Applicable Rate：　SCR 2199/Q250　10.55AED/kg

Weight Charge：　280.0kg × 10.55AED/kg = 2954.00AED

由于根据品名 2199 计得的运费较低，则选取其作为最终的运费。

④填开货运单的运价计算栏，见表 6-19。

货运单的运价计算栏　　　表 6-19

No. of Pcs RCP	Gross Weight	kg lb	Rate Class	Comm. Item No.	Chargeable Weight	Rate Charge	Total	Nature and Quantity of Goods (Incl. Dimension or Volume)
4	280.0	K	C	2199	280.0	10.55	2954.00	CARPETS DIMS: 120cm×40cm×30cm×4
4	280.0						2954.00	

（5）指定商品运价的使用顺序。

当货物作为指定商品运输，如果一种货物可同时按确指品名运价和泛指品名运价计算运费时，如果货物的重量满足确指品名运价的最低重量要求，则优先使用确指品名的指定商品运价。

如果货物的重量没有满足确指品名运价最低重量要求，则可以考虑使用泛指品名的指定商品运价。被选用的泛指品名运价必须同时满足三个条件：

①泛指品名要求的最低重量低于确指品名要求的最低重量。

②泛指品名的运价高于确指品名的运价。

③用泛指品名的指定商品运价计得的航空运费低于用确指品名运价计得的航空运费。

第四节 等级货物运价

等级货物运价(Commodity Classification Rates,简称 CCR)是指在规定的地区范围内,普通货物运价的基础上附加或附减一定百分比作为某些特定货物的运价。附加或附减规则公布在 TACT Rules3.7 中,运价的使用必须结合 TACT Rates Books 一同使用。

一 等级货物运价的分类

1. 附减等级货物的运价

附减等级货物运价适用于书报、杂志等无人押运行李(作为货物交运的行李)。

运价种类代号用"R"(Reduced Class Rate)表示。

2. 附加等级货物的运价

附加等级货物的运价适用于活体动物,贵重物品,灵柩、骨灰。附加等级货运运价中还包括既不附加也不附减的货物运价。

运价种类代号是"S"(Surcharged Class Rate)。

二 等级货物运费的计算步骤

(1)根据货物品名判断其是否适用于等级货物运价。

(2)适用的公布运价 × 百分比,并将计得的运价进位。

(3)适用的等级货物运价 × 计费重量,计算出等级货物的运费。

对于等级货物的国际联运,如果参加联运的某一承运人对其承运的航段有特殊的等级货物百分比,即使运输起讫地点间有公布的直达运价,也不可以直接使用。此时,用采用分段相加的办法计算运输始发地至运输目的地的航空运费。

三 附减等级货物的运费计算

1. 报纸、杂志类运费计算

此类货物包括报纸、杂志、图书、目录、盲人读物及设备。

(1)在 A1 区内、A1 区和 A2 区之间、欧洲内,按普通货物 45kg 以下运价的 67% 收取。

(2)除上述区域外的所有其他的航线及区域,按普通货物 45kg 以下运价的 50% 收取。

(3)最低运费按普通货物的最低运费 M 收取。

(4)货物的重量不得少于 5kg。

(5)可以使用普通货物较高重量点的较低运价。

例 6-15：

一件货物的信息如下，计算运费。

Routing：BJS—TYO

Commodity：Magazines

PC/WT：10/500.0kg

DIMS：70cm×60cm×50cm each

计算步骤如下：

(1) 到运价手册(TACT)中查找 BJS—TYO 的公布运价，见表6-20。

BJS—TYO 的公布运价 表6-20

BEIJING	CN		BJS
Y.RENMINBI	CNY		KGS
TOKYO	JP	M	230.00
		N	37.51
		45	28.13

(2) 按照货运费计算公式进行计算。

Volume： $70cm×60cm×50cm×10=2100000cm^3$

Volume Weight： $210000cm^3÷6000cm^3/kg=350.0kg$

Gross Weight： 500.0kg

Chargeable Weight： 500.0kg

Applicable Rate： R 50% of the Normal GCR　37.51CNY/kg×50%＝18.76 CNY/kg

Weight Charge： 500.0kg × 18.76CNY/kg＝9380.00CNY

(3) 填开货运单的运价计算栏，见表6-21。

货运单的运价计算栏 表6-21

No. of Pcs RCP	Gross Weight	kg lb		Rate Class Comm. Item No.	Chargeable Weight	Rate Charge	Total	Nature and Quantity of Goods (Incl. Dimension or Volume)
10	500.0	K	R	N50	500.0	18.76	9380.00	MAGAZINES DIMS：70cm×60cm×50cm×10
10	500.0						9380.00	

例 6-16：

一件货物的信息如下，计算运费。

Routing：BJS—TYO

Commodity：Magazines

PC/WT：1/5.0kg

DIMS：40cm×35cm×20cm

计算步骤如下：

（1）到运价手册（TACT）中查找 BJS—TYO 的公布运价，见表6-22。

BJS—TYO 的公布运价　　　表6-22

BEIJING	CN		BJS
Y.RENMINBI	CNY		KGS
TOKYO	JP	M	230.00
		N	37.51
		45	28.13

（2）按照货运费计算公式进行计算。

Volume：　　　　　40cm × 35cm × 20cm ＝28000cm^3

Volume Weight：　28000cm^3 ÷ 6000cm^3/kg ＝4.67kg →5.0kg

Gross Weight：　　5.0kg

Chargeable Weight：5.0kg

Applicable Rate：　R 50% of the Normal GCR　　37.51CNY/kg×50% ＝18.76 CNY/kg

Weight Charge：　　5.0kg × 18.76CNY/kg＝93.80CNY ＜ M　230.00CNY

（3）填开货运单的运价计算栏，见表6-23。

货运单的运价计算栏　　　表6-23

No. of Pcs RCP	Gross Weight	kg lb		Rate Class	Chargeable Weight	Rate Charge	Total	Nature and Quantity of Goods (Incl. Dimension or Volume)
				Comm. Item No.				
1	5.0	K	M		5.0	230.00	230.00	MAGAZINES DIMS: 40cm×35cm×20cm
1	5.0						230.00	

2. 作为货物运输的行李的运费计算

作为货物运输的行李指个人衣服和个人物品，包括手提乐器、手提打字机、手提体育用品；但不包括机器及其零备件、现金、债券、珠宝、手表、金银及镀金、镀银器皿、毛皮、胶卷、照相机、客票、文件、药剂、香料、家具、日用品及样品。

（1）收运条件：

①使用此运价运输的行李航程必须包括在旅客所持客票的航程范围内；

②旅客交运行李的时间不得晚于旅客出行的日期；

③旅客的客票号、航班号、日期等旅行信息必须填写到航空货运单上；

④旅客必须做一个行李内容的申报，完成行李发运、海关所要求的文件，负责行李到付、交付以及海关的额外费用；

⑤运输行李的航班由承运人决定；

⑥作为货物运输的行李运价不得与45kg以下普通货物运价或指定商品运价相加。

（2）运价使用规定：

①作为货物交运的行李的运价按普通货物45kg以下运价的50%收取，若使用上述折扣

运价,货物的计费重量不可小于10kg;

②根据普通货物运价计得的运费低于按上述规定计得的运费时,应采用较低的运价;

③计得的运费如低于公布的最低运费 M,则按 M 收取;

④运价的适用范围:在 A2 区内(全部航程为欧洲区域除外),在 A3 区内,在 A2 区与 A3 区之间(至或从美国领土、领地除外),在 A1 区与 A2 区之间(美国领土、领地,格陵兰岛除外),A1 区与 A3 区之间的航线不在此范围内,不能使用附减等级运价,而应采用普通货物运价。

例 6-17:

一件货物的信息如下,计算运费。

Routing:BJS—TYO

Commodity:Personal Effects

PC/WT:1/25.0kg

DIMS:50cm×30cm×25cm

计算步骤如下:

(1)到运价手册(TACT)中查找 BJS—TYO 的公布运价,见表 6-24。

BJS—TYO 的公布运价　表 6-24

BEIJING	CN		BJS
Y.RENMINBI	CNY		KGS
TOKYO	JP	M	230.00
		N	37.51
		45	28.13

(2)按照货运费计算公式进行计算。

Volume: 50cm×30cm×25cm = 37500cm³

Volume Weight: 37500cm³ ÷ 6000cm³/kg = 6.25kg →6.5kg

Gross Weight: 25.0kg

Chargeable Weight: 25.0kg

Applicable Rate: R 50% of the Normal GCR　N 37.51CNY/kg ×50% =18.76CNY/kg

Weight Charge: 25.0kg × 18.76CNY/kg =469.00CNY

(3)填开货运单的运价计算栏,见表 6-25。

货运单的运价计算栏　表 6-25

No. of Pcs RCP	Gross Weight	kg lb	Rate Class	Comm. Item No.	Chargeable Weight	Rate Charge	Total	Nature and Quantity of Goods (Incl. Dimension or Volume)
1	25.0	K	R	N50	25.0	18.76	469.00	PERSONAL EFFECTS DIMS: 50cm×30cm×25cm
1	25.0						469.00	

表6-26

活体动物运价表
IATA AREA

	Within 1				Within 2	Within 3	Between 1 and 2			Between 2 and 3	Between 3 and 1			
	to/from Canada	To USA	From USA	Other sectors			to/from Canada	to/from USA	Other sectors		to/from Canada	To USA	From USA	Other sectors
ALL LIVE ANIMALS Except: A.Baby Poultry less Than 72 hours old B.Monkeys and Primates C:Cold blooded animals	150% of appl. GCR Except 12 below	150% of appl. GCR	110% of appl. GCR	Normal GCR Except: 13 below	150% of Normal GCR Except 2 below	Normal GCR Except 3,4,20 below	150% of appl. GCR Except 8,15 below	150% of appl. GCR Except 1,8 below	Normal GCR Except 8,17 below	Normal GCR Except 4,10.19 below	150% of appl. GCR Except 4 below	110% of appl. GCR Except 4,9 below	150% of appl. GCR	Normal GCR Except 4,6,18 below
A. BABY POULTRY Less than 72 hours old	150% of appl. GCR Except 12 below	150% of appl. GCR	110% of appl. GCR	appl. GCR	Normal GCR Except 5 below	Normal GCRor over 45kgs Except 4,20 below	150% of appl GCR Except 15 below	110% of appl. GCR Except 1 below	Normal GCR or over 45kgs Except 6,17 below	Normal GCR or over 45kgs Except 4,19 below	150% of appl GCR Except 4 below	110% of appl. GCR Except 4.9 below	150% of appl. GCR	Normal GCR or over 45kgs Except 4,16,18 below
B. MONKEYS and PRIMATES	150% of appl. GCR Except 12 below	150% of appl. GCR	110% of appl. GCR	appl. GCR	150% of Normal GCR Except 2 below	Normal GCR Except 4,20 below	150% of appl. GCR Except 15 below	110% of appl. GCR Except 1 below	appl. GCR Except 17 below	Normal appl. Except 4,19 below	150% of appl. GCR Except 4 below	110% of appl. GCR Except 4.9 below	150% of appl. GCR	appl. GCR Except 4,18 below
C. COLD BLOODED ANIMALS	125% of appl. GCR Except 11 below ap	appl. GCR	appl. GCR	Normal GCR Except 13 below	150% of Normal GCR Except 2 below	Normal GCR Except 3,4,20 below	125% of appl. GCR Except 14 below	appl. GCR Except 7 below	Normal GCR Except 17 below	Normal GCR Except 4,19 below	125% of appl. GCR Except 4 below	appl. GCR Except 4 below	appl. GCR	Normal GCR Except 4,16,18 below

四　附加等级货物的运费计算

1.活体动物的运费计算

活体动物运价表参见表6-26。

在活体动物运价表中,常见有"Except"字样,这是与表中规则例外的情况,应严格按照TACT Rules 的规则要求使用。

(1)活体动物运价表使用说明。

①Normal GCR:表示不管重量多少,一律采用普通45kg 以下货物运价,如没有45kg 以下货物运价,则可以采用普通货物100kg 以下货物运价,不能用较高重量点较低运价。

②Normal GCR or Over 45kg:适用普通货物45kg 以下或45kg 以上运价,即使有较高重量点的较低运价,也不可使用。

③appl. GCR:使用货物重量所适用的普通货物运价。

④as a percentage of appl. GCR:按相应的普通货物运价附加一个百分比使用。

例如:150% of appl. GCR 适用普通货物运价的150%。

动物容器、食物均应包括在货物的计费重量之内。

(2)活体动物运价最低运费的收费标准,见表6-27。

活体动物最低收费标准　　表6-27

航程区域	最低收费标准
A1 区内	相应 M 的200%
A2 区与 A3 区之间	相应 M 的200%
A1 区与 A3 区之间(除了从美、加出发或到美、加外)	相应 M 的200%
从 A3 区到美国	相应 M 的110%
从美国到 A3 区	相应 M 的150%
A3 区与加拿大之间	相应 M 的150%

例 6-18:

一件货物的信息如下,计算其运费。

Routing:BJS—TYO

Commodity:Tropical Fish

PC/WT:5/110.0kg

DIMS:60cm×50cm×40cm each

计算步骤如下:

(1)到运价手册(TACT)中查找 BJS—TYO 的公布运价,见表6-28。

(2)按照货运费计算公式进行计算。

BJS—TYO 的公布运价 表6-28

BEIJING Y.RENMINBI	CN CNY		BJS KGS
TOKYO	JP	M	230.00
		N	37.51
		45	28.13

Volume： $60\text{cm} \times 50\text{cm} \times 40\text{cm} \times 5 = 600000\text{cm}^3$

Volume Weight： $600000\text{cm}^3 \div 6000\text{cm}^3/\text{kg} = 100.0\text{kg}$

Gross Weight： 110.0kg

Chargeable Weight： 110.0kg

Applicable Rate： S Normal GCR N 37.51CNY/kg

Weight Charge： $110.0\text{kg} \times 37.51\text{CNY}/\text{kg} = 4126.10\text{CNY}$

（3）填开货运单的运价计算栏，见表6-29。

货运单的运价计算栏 表6-29

No. of Pcs RCP	Gross Weight	kg lb		Rate Class	Chargeable Weight	Rate Charge	Total	Nature and Quantity of Goods (Incl. Dimension or Volume)
				Comm. Item No.				
5	110.0	K	S	N100	110.0	37.51	4126.10	TROPICAL FISH DIMS: 60cm×50cm×40cm×5
5	110.0						4126.10	

2. 贵重货物的运费计算

贵重货物指每公斤申报价值大于或等于1000美元的任何货物。

（1）贵重货物的种类主要包括：

①金块、混合金、金币和各种形状的黄金制品；

②现钞、证券、股票、旅行支票、邮票及银行发行的各种卡和信用卡；

③钻石（含工业用钻石）、红宝石、蓝宝石、蛋白石、珍珠（含人工养殖），以上各种质地的珠宝饰物；

④珠宝和金、银、铂的手表，金、铂制品（不含镀金、镀铂制品）。

（2）贵重物品的运价

①贵重物品的运费按普通货物45kg以下运价的200%收取；

②A1区与A3区之间且经北或中太平洋（除朝鲜半岛至美国本土各点外），1000kg或1000kg以上贵重货物的运费按普通货物45kg以下运价150%收取；

③贵重物品的最低运费按公布最低运费的200%收取，但不得低于50美元或等值货币。

3. 灵柩和骨灰的运费计算

灵柩运费按普通货物45kg以下运价收取；骨灰运费按适用的普通货物运价收取。

在 A2 区内,灵柩运费按普通货物 45kg 以下运价的 200% 收取,骨灰运费按普通货物 45kg 以下运价的 300% 收取。

最低运费按普通货物的最低运费收取,但不得低于 65 美元或等值货币。

在 A2 区内,最低运费按普通货物的最低运费的 200% 收取,不得低于 65 美元或等值货币。

例 6-19:

一件货物的信息如下,计算运费。

Routing:BJS—TYO

Commodity:Gold Coins

PC/WT:2/50.0kg

DIMS:50cm × 40cm × 30cm each

计算步骤如下:

(1)到运价手册(TACT)中查找 BJS—TYO 的公布运价,见表6-30。

BJS—TYO 的公布运价　　表6-30

BEIJING	CN		BJS
Y.RENMINBI	CNY		KGS
TOKYO	JP	M	230.00
		N	37.51
		45	28.13

(2)按照货运费计算公式进行计算。

Volume:　　　　　　$50cm × 40cm × 30cm × 2 = 120000cm^3$

Volume Weight:　　$120000cm^3 ÷ 6000cm^3/kg = 20.0kg$

Gross Weight:　　 50.0kg

Chargeable Weight:50.0kg

Applicable Rate:　 S 200% of the Normal GCR(N) 37.51CNY/kg × 200% = 75.02 CNY/kg

Weight Charge:　　50.0kg × 75.02CNY/kg = 3751.00CNY

(3)填开货运单的运价计算栏,见表6-31。

货运单的运价计算栏　　　　　　　　　　表6-31

No. of Pcs RCP	Gross Weight	kg lb	Rate Class	Comm. Item No.	Chargeable Weight	Rate Charge	Total	Nature and Quantity of Goods (Incl. Dimension or Volume)
2	50.0	K	S	N200	50.0	75.02	3751.00	GOID COINS DIMS: 50cm×40cm×30cm×2
2	50.0						3751.00	

例6-20：

一件货物的信息如下，计算运费。

Routing：BJS—TYO

Commodity：Coffin

PC/WT：1/215.0kg

DIMS：230cm×70cm×50cm

计算步骤如下：

（1）到运价手册（TACT）中查找 BJS—TYO 的公布运价，见表6-32。

BJS—TYO 的公布运价　　表6-32

BEIJING Y.RENMINBI	CN CNY		BJS KGS
TOKYO	JP	M	230.00
		N	37.51
		45	28.13

（2）按照货运费计算公式进行计算。

Volume：　　　　　　　230cm×70cm×50cm　＝805000cm³

Volume Weight：　　　805000cm³ ÷ 6000cm³/kg ＝134.167kg →134.5kg

Gross Weight：　　　　215.0kg

Chargeable Weight：215.0kg

Applicable Rate：　　S 100% of the Normal GCR（N）37.51CNY/kg

Weight Charge：　　　215.0kg × 37.51CNY/kg＝8064.65CNY

（3）填开货运单的运价计算栏，见表6-33。

货运单的运价计算栏　　表6-33

No. of Pcs RCP	Gross Weight	kg lb		Rate Class		Chargeable Weight	Rate Charge	Total	Nature and Quantity of Goods (Incl. Dimension or Volume)
				Comm. Item No.					
1	215.0	K	S	N100		215.0	37.51	8064.65	COFFIN DIMS: 230cm×70cm×50cm
1	215.0							8064.65	

4.各种运价的使用顺序

在使用各种类型的运价时，如果有协议运价，则优先使用协议运价。如果无协议运价，在相同运价种类、相同航程、相同承运人条件下：

（1）优先使用指定商品运价，其次使用等级货物运价。

如果货物可以按指定商品运价计算，但重量未满足 SCR 的最低重量要求，则用 SCR 与 GCR 比较，取低者。

如果该指定商品又属于附加的等级货物，则只能用附加的等级货物运价和 SCR 的计费结果比较,取低者,不能使用 GCR。

如果货物属于附减等级货物,则等级货物计费可与 GCR 比较,取低者。

(2)当无公布直达运价时,则应使用非公布直达运价。

优先使用比例运价构成全程直达运价。

无比例运价时,用分段相加办法组成全程最低运价。

第五节　混运货物与集装货物运价

混运货物是指在同一份货运单运输的货物中,包含有不同运价、不同运输条件下的货物。混运货物不可包括的物品有贵重物品、骨灰、活体动物、外交信袋、尸体、无人押运行李、危险物品、机动车辆(电力自动车辆除外)等。

一　混运货物的申报方式与计算规则

1.申报整批货物的总重量(或体积)

申报整批货物的总重量则将整批货物视为一种货物,将其总重量确定为一个计费重量,运价采用适用的普通货物运价。

2.分别申报每一种类货物的件数、体积、重量和品名

分别申报在计算运费时按不同种类货物适用的运价与其相应的计费重量分别计算运费。

如果混运货物使用一个外包装将所有货物合并运输,则该包装物的运费按混运货物中运价最高的货物的运价计收。

3.最低运费

混运货物的最低运费按整票货物计收,无论是分别申报或是整批申报的混运货物,按其运费计算方法计得的运费与起讫地点间的最低收费标准比较,取高者。

4.声明价值

混运货物只能按整票(整批)货物办理声明价值,不得办理部分货物的声明价值,或办理两种以上的声明价值。所以混运货物声明价值附加费应按整票货物总的毛重计算。

二　混运货物的运费计算

计算混运货物运费时,需按照分别申报和整批申报两种方法进行计算,比较算得的运费,取低者。

例 6-21:

一件货物的信息如下,计算运费。

Routing:BJS—TYO

Commodity：T – shirts and Display materials

PC/WT/ DIMS：10/70.0kg/30cm×40cm×20cm each

1/8.1kg/100cm×60cm×42cm

计算步骤如下：

(1)到运价手册(TACT)中查找 BJS—TYO 的公布运价，见表6-34。

BJS—TYO 的公布运价 表 6-34

BEIJING Y.RENMINBI	CN CNY		BJS KGS
TOKYO	JP	M	230.00
		N	37.51
		45	28.13
	2195	100	18.80

(2)按照货运费计算公式进行计算。

方法一：分别申报。

    T – shirts：

        Volume： $30cm \times 40cm \times 20cm \times 10 = 240000cm^3$

        Volume Weight： $240000cm^3 \div 6000cm^3/kg = 40.0kg$

        Gross Weight：   70.0kg

        Chargeable Weight：100.0kg

        Applicable Rate：   SCR 2195/Q100 18.80CNY/kg

        Weight Charge：   100.0kg × 18.80CNY/kg = 1880.00CNY

    Display materials：

        Volume： $100cm \times 60cm \times 42cm = 252000cm^3$

        Volume Weight： $252000cm^3 \div 6000cm^3/kg = 42.0kg$

        Gross Weight：   8.1kg

        Chargeable Weight：45.0kg

        Applicable Rate：   GCR Q45 28.13CNY/kg

        Weight Charge：   45.0kg × 28.13CNY/kg = 1265.85CNY

方法二：总体申报。

        Volume： $30cm \times 40cm \times 20cm \times 10 + 100cm \times 60cm \times 42cm = 492000cm^3$

        Volume Weight： $492000cm^3 \div 6000cm^3/kg = 82.0kg$

        Gross Weight：   70.0kg + 8.1kg = 78.1kg

        Chargeable Weight：82.0kg

        Applicable Rate：   GCR Q45 28.13CNY/kg

        Weight Charge：   82.0kg × 28.13CNY/kg = 2306.66CNY

两种方法计算后相比较，取低者。

（3）填开货运单的运价计算栏,见表6-35。

货运单的运价计算栏

表6-35

No. of Pcs RCP	Gross Weight	kg lb	Rate Class	Comm. Item No.	Chargeable Weight	Rate Charge	Total	Nature and Quantity of Goods (Incl. Dimension or Volume)
10	70.0	K	Q		82.0	28.13	2306.66	T-SHIRTS DIMS: 30cm×60cm×20cm×10
1	8.1							DISPLAY MATERIALS
11	78.1						2306.66	DIMS: 100cm×60cm×42cm

三　集装货物运价

集装货物指装入集装设备交运而不另加包装的货物。集装货物运价(ULD Rates)则指此类货物的特别运价。使用集装货物运价应保证货物从始发站至目的站装载在同一集装器内运输。

1. 集装货物运价代号

使用集装货物运价计算航空运费的货物,其航空货运单运费计算栏中"Rate Class"的代号有:

U:集装货物最低运费或运价;

E:集装货物附加运价;

X:集装货物附加信息。

2. 集装货物运价类型

集装货物运价包括指定商品的集装货物运价和除指定商品运价以外的所有货物集装器运价两类。

只适用于指定商品集装器运输的运价,见图6-1。

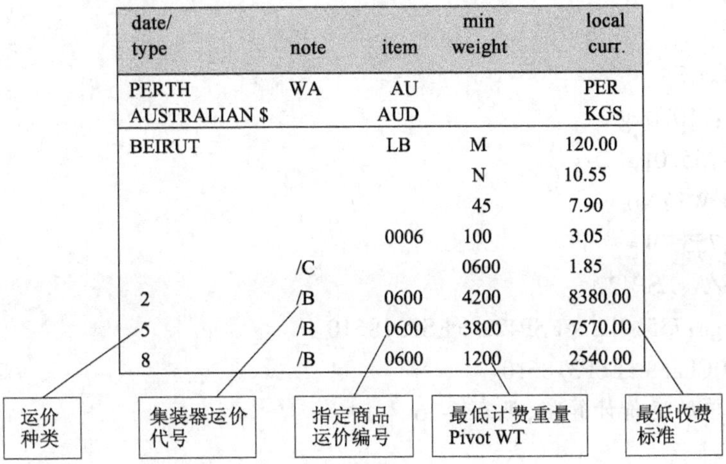

图6-1　指定商品集装器运输的运价

在运价表的 item 项下如果公布有指定商品品名编号,则该集装器运价仅适用于该项指定商品的集装运输,而不适用于其他货物运输的运费计算。

在运价表 date/type 项下如果是"数字(数字字母)"或"数字(数字字母)/字母",则表示集装货物运价,如 2(2A)或 8(8C)/C。前面的数字(数字字母)表示集装器运价种类代号(可查阅 TACT Rules3.10.8)。

3.集装货物运费的计算

计算步骤如下:

(1)确定集装器运价适用的种类代号;

(2)确定集装器最低计费重量,用于计算最低运费;

(3)集装器的最低运费,有的航线直接给出最低运费(B),有些需要计算得出;

(4)超过 Pivot WT 的货物重量乘以 Pivot Charge 计得的货物运费。

计算集装货物运费时,集装器自重不包括在货物计费重量里。

(1)代号/A:Pivot rate 或 Charge per kg。

表示该类集装器最低收费时的运价。即该类集装器的最低运费由"该运价乘以最低计费重量"获得。各类集装器的最低计费重量(Pivot WT)公布在 TACT Rates 4.2 中。

例 6-22:

一件货物的信息如下,计算运费。

Routing:MAD—POS

PC/WT:30/710.0kg

Commodity:Electrical Appliances

ULD 识别号码:AKE3288IB

ULD Rate Category:8

ULD WT:85.0kg

Pivot WT:755.0kg

计算步骤如下:

货物重量:710.0kg

Pivot WT:755.0kg

Over Pivot WT:NIL

Pivot WT:755.0kg

Pivot Rate/A:ESP422

Pivot Charge:755.0kg × ESP422 = ESP318610

Total ULD Charge:ESP318610

填写货运单的运价计算栏,见表6-36。

No. of Pcs RCP	Gross Weight lb	kg		Rate Class		Chargeable Weight	Rate Charge	Total	Nature and Quantity of Goods (Incl. Dimension or Volume)
				Comm. Item No.					
1	710.0	K	U X	8		755.0	422	318610	ELECTEICAL APPLIANCES 30SLAC AKE3288IB
	85.0								
1	795.0							318610	

货运单的运价计算栏　　表 6-36

（2）代号/A 和/C,其中/C:First Over – Pivot Rate per kg。

如果货物的实际重量超过最低计费重量时,超出部分的货物运费应使用超出的重量乘以第一个 Over – Pivot Rate。

例 6-23:

一件货物的信息如下,计算运费。

Routing:MAD—POS

PC/WT:30/3500.0kg

Commodity:Electrical Appliances

ULD 识别号码:PAP5586IB

ULD Rate Category:5

ULD WT:125.0kg

Pivot WT:1650.0kg

计算步骤如下:

货物重量:3500.0kg

Pivot WT:1650.0kg

Over Pivot WT:1850.0kg

Pivot WT:1650.0kg

Pivot Rate/A:ESP422

Pivot Charge:1650.0kg × ESP422 = ESP696300

Over Pivot WT:1850.0kg

Pivot Rate/C:ESP298

Pivot Charge:1850.0kg × ESP298 = ESP551300

Total ULD Charge:ESP696300 + ESP551300 = ESP1247600

填写货运单的运价计算栏,见表6-37。

货运单的运价计算栏 表 6-37

No. of Pcs RCP	Gross Weight	kg lb		Rate Class	Chargeable Weight	Rate Charge	Total	Nature and Quantity of Goods (Incl. Dimension or Volume)
				Comm. Item No.				
1	3500.0	K	U X	5	1650.0	422	696300	ELECTEICAL APPLIANCES
	125.0				1850.0	298	551300	30SLAC
1	3625.0						1247600	PAP5586IB

（3）代号/B 和/C，其中/B：First Minimum Charge – Minimum Weight，该类集装器的第一个最低运费。

例6-24：

一件货物的信息如下，计算运费。

Routing：LON—DRW

PC/WT：30/1300.0kg

Commodity：Electrical Appliances

ULD 识别号码：AKE5586BA

ULD Rate Category：8

ULD WT：85kg

Pivot WT：1050kg

计算步骤如下：

货物重量：1300.0kg

Pivot WT：1050.0kg

Over Pivot WT：250.0kg

Pivot Charge/B：GBP3527.00

Over Pivot WT：250.0kg

Over Pivot Rate/C：GBP3.20

Over Pivot Charge：250.0kg×GBP3.20＝GBP800.00

Total ULD Charge：GBP3527.00 ＋ GBP800.00 ＝ GBP4327.00

填写货运单的运价计算栏，见表6-38。

货运单的运价计算栏 表 6-38

No. of Pcs RCP	Gross Weight	kg lb		Rate Class	Chargeable Weight	Rate Charge	Total	Nature and Quantity of Goods (Incl. Dimension or Volume)
				Comm. Item No.				
1	1300.0	K	U E X	8	1050.0	3527.00	3527.00	ELECTEICAL APPLIANCES
	85.0				250.0	3.20	800.00	30SLAC
1	1385.0						4327.00	AKE5586BA

（4）代号/I：Flat Charge – Maxmum Weight，表示该类集装器规定最高重量时的固定收费。

例6-25：

一件货物的信息如下，计算运费。

Routing：WLG—HNL

PC/WT：30/1080.0kg

Commodity：Fruit

ULD 识别号码：AKE5586NZ

ULD Rate Category：8

ULD WT：85kg

计算步骤如下：

最大重量：1437.0kg

货物重量：1080.0kg

ULD 运价代号/I 所对应的固定收费：NZD3407.00

填写货运单的运价计算栏，见表6-39。

货运单的运价计算栏 表6-39

No. of Pcs RCP	Gross Weight	kg lb		Rate Class	Chargeable Weight	Rate Charge	Total	Nature and Quantity of Goods (Incl. Dimension or Volume)
				Comm. Item No.				
1	1080.0	K	U X	0456	1080.0	3407.00	3407.00	ELECTEICAL APPLIANCES
	85.0			8				30SLAC
1	1165.0						3407.00	AKE5586IB

（5）代号/H：Flat charge – minimum weight or no weight，表示该类集装器规定最低重量或没有规定最低重量时的固定收费。

复习思考题

1. 一件货物的体积为 150.2cm × 125.5cm × 100.6cm，该货物的体积重量是多少？

2. 有一件圆柱体的货物，底面积直径为 40cm，高为 100cm，实际重量为 35.0kg。该货物的计费重量是多少？

3. 一票货运单上有两件货物，其中第一件共 1 箱，实际重量为 30.0kg，体积是 90cm × 50cm × 70cm；第二件共 1 桶，实际重量为 60.0kg，体积是 50cm × 50cm × 120cm。计算这票货物的计费重量。

4. 一件货物的信息如下：

Routing：BJS—AMS

Commodity：Parts

PC/WT：1/38.6kg

DIMS：101cm × 57cm × 32cm

运价手册(TACT)中公布的 BJS—AMS 的运价,见表 6-40。

BJS—AMS 的运价　　表 6-40

BEIJING Y.RENMINBI	CN CNY		BJS KGS
AMSTERDAM	NL	M	320.00
		N	50.22
		45	41.53
		300	37.52

按照普通货物运价计算公式填写计算步骤,并填开货运单的运价计算栏(表 6-41)。

Volume:

Volume Weight:

Gross Weight:

Chargeable Weight:

Applicable Rate:

Weight Charge:

货运单的运价计算栏　　表 6-41

No. of Pcs RCP	Gross Weight	kg lb	Rate Class		Chargeable Weight	Rate Charge	Total	Nature and Quantity of Goods (Incl. Dimension or Volume)
				Comm. Item No.				

5. 一件货物的信息如下:

Routing:BJS—ROM

Commodity:Typewriter Ribbons

PC/WT:1/15.0kg

DIMS:40cm×50cm×60cm

运价手册(TACT)中公布的 BJS—ROM 的运价,见表 6-42。

BJS—ROM 的运价　　表 6-42

BEIJING Y.RENMINBI	CN CNY		BJS KGS
ROME	IT	M	320.00
		N	45.72
		45	37.98
		100	36.00

按照普通货物运价计算公式填写计算步骤,并填开货运单的运价计算栏(表 6-43)。

Volume:

Volume Weight:

Gross Weight:

Chargeable Weight：

Applicable Rate：

Weight Charge：

货运单的运价计算栏   表 6-43

No. of Pcs RCP	Gross Weight	kg lb	Rate Class Comm. Item No.	Chargeable Weight	Rate Charge	Total	Nature and Quantity of Goods (Incl. Dimension or Volume)

6. 一件货物的信息如下：

Routing：SHA—PAR

Commodity：Tools

PC/WT：10/280.0kg

DIMS：40cm×40cm×40cm each

运价手册(TACT)中公布的 SHA—PAR 的运价，见表 6-44。

SHA—PAR 的运价   表 6-44

SHANGHAI Y.RENMINBI	CN CNY		SHA KGS
PARIS	FR	M	320.00
		N	68.34
		45	51.29
		100	44.21

按照普通货物运价计算公式填写计算步骤，并填开货运单的运价计算栏(表 6-45)。

Volume：

Volume Weight：

Gross Weight：

Chargeable Weight：

Applicable Rate：

Weight Charge：

货运单的运价计算栏   表 6-45

No. of Pcs RCP	Gross Weight	kg lb	Rate Class Comm. Item No.	Chargeable Weight	Rate Charge	Total	Nature and Quantity of Goods (Incl. Dimension or Volume)

7. 一件货物的信息如下：

Routing：BJS—AMS

Commodity：Parts

PC/WT：1/38.6kg

DIMS：101cm×57cm×32cm

运价手册(TACT)中公布的 BJS—AMS 的运价,见表6-46。

BJS—AMS 的运价 表6-46

BEIJING Y.RENMINBI	CN CNY		BJS KGS
AMSTERDAM	NL	M	320.00
		N	50.22
		45	41.53
		300	37.52

按照普通货物运价计算公式填写计算步骤,并填开货运单的运价计算栏(表6-47)。

Volume：

Volume Weight：

Gross Weight：

Chargeable Weight：

Applicable Rate：

Weight Charge：

Chargeable Weight：

Applicable Rate：

Weight Charge：

货运单的运价计算栏 表6-47

No. of Pcs RCP	Gross Weight	kg lb	Rate Class		Chargeable Weight	Rate Charge	Total	Nature and Quantity of Goods (Incl. Dimension or Volume)
			Comm. Item No.					

8. 一件货物的信息如下：

Routing：HKG—ROM

Commodity：Textiles

PC/WT：1/30.0kg

DIMS：56cm×65cm×65cm

运价手册(TACT)中公布的 HKG—ROM 的运价,见表6-48。

按照普通货物运价计算公式填写计算步骤,并填开货运单的运价计算栏(表6-49)。

Volume：

Volume Weight：

Gross Weight：

Chargeable Weight：

Applicable Rate：

Weight Charge：

Chargeable Weight：

Applicable Rate：

Weight Charge：

HKG—ROM 的运价　　　表6-48

HONGKONG HONGKONG $	HK HKD		HKG KGS
ROME	IT	M	392.00
		N	76.49
		45	57.37
		100	44.00

货运单的运价计算栏　　　表6-49

No. of Pcs RCP	Gross Weight	kg lb	Rate Class	Chargeable Weight	Rate Charge	Total	Nature and Quantity of Goods (Incl. Dimension or Volume)
			Comm. Item No.				

9. 一件货物的信息如下：

Routing：SHA—PAR

Commodity：Tools

PC/WT：10/280.0kg

DIMS：40cm×40cm×40cm each

运价手册(TACT)中公布的 SHA—PAR 的运价,见表6-50。

SHA—PAR 的运价　　　表6-50

SHANGHAI Y.RENMINBI	CN CNY		SHA KGS
PARIS	FR	M	320.00
		N	68.34
		45	51.29
		100	44.21

按照普通货物运价计算公式填写计算步骤,并填开货运单的运价计算栏(表6-51)。

Volume：

Volume Weight：

Gross Weight：

Chargeable Weight：

Applicable Rate：

Weight Charge：

Chargeable Weight：

Applicable Rate：

Weight Charge：

货运单的运价计算栏   表 6-51

No. of Pcs RCP	Gross Weight	kg lb	Rate Class		Chargeable Weight	Rate Charge	Total	Nature and Quantity of Goods (Incl. Dimension or Volume)
			Comm. Item No.					

10. 一件货物的信息如下：

Routing：SHA—PAR

Commodity：Toy

PC/WT：1/5.6kg

DIMS：40cm×28cm×22cm

运价手册(TACT)中公布的 SHA—PAR 的运价,见表 6-52。

SHA—PAR 的运价   表 6-52

SHANGHAI Y.RENMINBI	CN CNY		SHA KGS
PARIS	FR	M	320.00
		N	68.34
		45	51.29
		100	44.21

按照普通货物运价计算公式填写计算步骤,并填开货运单的运价计算栏(表 6-53)。

货运单的运价计算栏   表 6-53

No. of Pcs RCP	Gross Weight	kg lb	Rate Class		Chargeable Weight	Rate Charge	Total	Nature and Quantity of Goods (Incl. Dimension or Volume)
			Comm. Item No.					

Volume：

Volume Weight：

Gross Weight：

Chargeable Weight：

Applicable Rate：

Weight Charge：

11. 一件货物的信息如下：

Routing：BJS—TYO

Commodity：Fresh Broccoli

PC/WT：10/299.0kg

DIMS：50cm×60cm×70cm each

运价手册(TACT)中公布的 BJS—TYO 的运价，见表6-54。

BJS—TYO 的运价　　　表6-54

BEIJING Y.RENMINBI	CN CNY		BJS KGS
TOKYO	JP	M	320.00
		N	37.51
		45	28.13
	0300	100	20.61
	0670	100	18.80
	0799	100	14.62
	0850	100	17.12

计算该货物的航空运费，并填开货运单的运价计算栏(表6-55)。

Volume：

Volume Weight：

Gross Weight：

Chargeable Weight：

Applicable Rate：

Weight Charge：

货运单的运价计算栏　　　表6-55

No. of Pcs RCP	Gross Weight	kg lb	Rate Class		Chargeable Weight	Rate Charge	Total	Nature and Quantity of Goods (Incl. Dimension or Volume)
			Comm. Item No.					

12. 一件货物的信息如下：

Routing：SHA—OSA

Commodity：Worm

PC/WT：4/24.1kg

DIMS：42cm×60cm×46cm each

运价手册(TACT)中公布的 SHA—OSA 的运价，见表6-56。

计算该货物的航空运费，并填开货运单的运价计算栏(表6-57)。

Volume：

Volume Weight：

Gross Weight：

Chargeable Weight：

Applicable Rate：

Weight Charge：

SHA—OSA 的运价　　　表 6-56

SHANGHAI Y.RENMINBI	CN CNY		SHA KGS
OSAKA	JP	M	230.00
		N	37.51
		45	28.13
	0008	300	18.80
	0300	500	20.61
	1093	100	14.72
	2195	500	18.80

货运单的运价计算栏　　　表 6-57

No. of Pcs RCP	Gross Weight	kg lb	Rate Class		Chargeable Weight	Rate Charge	Total	Nature and Quantity of Goods (Incl. Dimension or Volume)
				Comm. Item No.				

13. 一件货物的信息如下：

Routing：SHA—ZRH

Commodity：Books

PC/WT：30/310.0kg

DIMS：30cm×30cm×30cm each

运价手册(TACT)中公布的 SHA—ZRH 的运价，见表6-58。

SHA—ZRH 的运价　　　表 6-58

SHANGHAI Y.RENMINBI	CN CNY		SHA KGS
ZURICH	CH	M	320.00
		N	55.61
		45	45.57
		500	38.46
		1000	35.80

计算该货物的航空运费,并填开货运单的运价计算栏(表6-59)。

Volume：

Volume Weight：

Gross Weight：

Chargeable Weight：

Applicable Rate：

Weight Charge：

货运单的运价计算栏　　　　　　　　　　表 6-59

No. of Pcs RCP	Gross Weight	kg lb	Rate Class	Comm. Item No.	Chargeable Weight	Rate Charge	Total	Nature and Quantity of Goods (Incl. Dimension or Volume)

14. 一件货物的信息如下：

Routing：BJS—OSA

Commodity：Fresh Apples

PC/WT：5/65.2kg

DIMS：102cm×44cm×25cm×5

运价手册（TACT）中公布的 BJS—OSA 的运价，见表 6-60。

BJS—OSA 的运价　　　　　表 6-60

BEIJING Y.RENMINBI	CN CNY	BJS KGS	
OSAKA	JP	M	230.00
		N	37.51
		45	28.13
	0008	300	18.80
	0300	500	20.61
	1093	100	18.43
	2195	500	18.80

计算该货物的航空运费，并填开货运单的运价计算栏（表 6-61）。

货运单的运价计算栏　　　　　　　　　　表 6-61

No. of Pcs RCP	Gross Weight	kg lb	Rate Class	Comm. Item No.	Chargeable Weight	Rate Charge	Total	Nature and Quantity of Goods (Incl. Dimension or Volume)

Volume：

Volume Weight：

Gross Weight：

Chargeable Weight：

Applicable Rate：

Weight Charge：

15. 一件货物的信息如下：

Routing：SYD—LAX

Commodity：Catalogues

PC/WT：1/50.0kg

DIMS：30cm×30cm×30cm

运价手册（TACT）中公布的 SYD—LAX 的运价，见表6-62。

SYD—LAX 的运价　　　表6-62

SYDNEY AUSTRALIAN $	AU AUD		SYD KGS
LOSANGEL	US	M	120.00
		N	16.75
		45	7.90
		100	5.30
		300	4.60
		500	4.35
	1400	45	5.70

计算该货物的航空运费，并填开货运单的运价计算栏（表6-63）。

Volume：

Volume Weight：

Gross Weight：

Chargeable Weight：

Applicable Rate：

Weight Charge：

货运单的运价计算栏　　　表6-63

No. of Pcs RCP	Gross Weight	kg lb	Rate Class		Chargeable Weight	Rate Charge	Total	Nature and Quantity of Goods (Incl. Dimension or Volume)
			Comm. Item No.					

16. 一件货物的信息如下：

Routing：BJS—NGO

Commodity：Fresh Orange

PC/WT：4/191.2kg

DIMS：128cm×42cm×36cm each

运价手册(TACT)中公布的 BJS—NGO 的运价,见表6-64。

BJS—NGO 的运价　　　表6-64

BEIJING Y.RENMINBI	CN CNY		BJS KGS
NAGOYA	JP	M	230.00
		N	37.51
		45	28.13
	0300	100	20.61
	0670	100	18.80
	0799	100	14.62
	0850	100	17.12

计算该货物的航空运费,并填开货运单的运价计算栏(表6-65)。

货运单的运价计算栏　　　表6-65

No. of Pcs RCP	Gross Weight	kg lb	Rate Class Comm. Item No.	Chargeable Weight	Rate Charge	Total	Nature and Quantity of Goods (Incl. Dimension or Volume)

Volume：

Volume Weight：

Gross Weight：

Chargeable Weight：

Applicable Rate：

Weight Charge：

Chargeable Weight：

Applicable Rate：

Weight Charge：

17. 一件货物的信息如下：

Routing：DXB—GLA

Commodity：Carpet

PC/WT：4/430.0kg

DIMS：81cm×72cm×63cm each

运价手册(TACT)中查找 DXB—GLA 的公布运价,见表6-66。

计算该货物的航空运费,并填开货运单的运价计算栏(表6-67)。

Volume：

Volume Weight：

Gross Weight：

Chargeable Weight：

Applicable Rate：

Weight Charge：

Chargeable Weight：

Applicable Rate：

Weight Charge：

DXB—GLA 的运价 表 6-66

DUBAI	AE		DXB
DIRHAM	AED		KGS
GVLASGOW	GB	M	320.00
		500	10.45
	2199	250	10.55
	2199	500	9.05
	2865	500	10.00

货运单的运价计算栏 表 6-67

No. of Pcs RCP	Gross Weight	kg lb	Rate Class		Chargeable Weight	Rate Charge	Total	Nature and Quantity of Goods (Incl. Dimension or Volume)
				Comm. Item No.				

18. 一件货物的信息如下：

Routing：KUL—BOM

Commodity：Personal Effects

PC/WT：1/15.0kg

DIMS：30cm × 30cm × 30cm

运价手册(TACT)中公布的 KUL—BOM 的运价，见表 6-68。

KUL—BOM 的运价 表 6-68

KUALALUMPUR	MY		KUL
MALAYSIAN RI	MYR		KGS
MUMBAI	IN	M	75.00
		N	10.25
		45	7.68

计算该货物的航空运费，并填开货运单的运价计算栏(表 6-69)。

Volume：

Volume Weight：

Gross Weight：

Chargeable Weight：

Applicable Rate：

Weight Charge：

货运单的运价计算栏　　　　　　　　　　表 6-69

No. of Pcs RCP	Gross Weight	kg lb	Rate Class		Chargeable Weight	Rate Charge	Total	Nature and Quantity of Goods (Incl. Dimension or Volume)
			Comm. Item No.					

19. 一件货物的信息如下:

Routing:STR—KRT

Commodity:Live Deer

PC/WT:1/40.0kg

DIMS:90cm × 50cm × 68cm

运价手册(TACT)中公布的 STR—KRT 的运价,见表 6-70。

STR—KRT 的运价　　　表 6-70

STUUGART EURO	DE EUR	STR KGS	
HARTOUM	SD	M	76.69
		N	4.83
		100	3.74
		500	3.19

计算该货物的航空运费,并填开货运单的运价计算栏(表 6-71)。

货运单的运价计算栏　　　　　　　　　　表 6-71

No. of Pcs RCP	Gross Weight	kg lb	Rate Class		Chargeable Weight	Rate Charge	Total	Nature and Quantity of Goods (Incl. Dimension or Volume)
			Comm. Item No.					

Volume:

Volume Weight:

Gross Weight:

Chargeable Weight:

Applicable Rate:

Weight Charge:

20. 一件货物的信息如下:

Routing:BJS—LON

Commodity:Books

PC/WT:20/980.0kg

DIMS：70cm×50cm×40cm each

运价手册(TACT)中查找 BJS—LON 的公布运价,见表6-72。

BJS—LON 的运价　　　表6-72

BEIJING Y.RENMINBI	CN CNY		BJS KGS
LONDON	GB	M	320.00
		N	63.19
		45	45.22
		100	41.22
		500	33.42
		1000	30.71

计算该货物的航空运费,并填开货运单的运价计算栏(表6-73)。

Volume：

Volume Weight：

Gross Weight：

Chargeable Weight：

Applicable Rate：

Weight Charge：

货运单的运价计算栏　　　表6-73

No. of Pcs RCP	Gross Weight	kg lb	Rate Class / Comm. Item No.	Chargeable Weight	Rate Charge	Total	Nature and Quantity of Goods (Incl. Dimension or Volume)

21.一件货物的信息如下：

Routing：BJS—NGO

Commodity：Personal Effects

PC/WT：2/51.6kg

DIMS：51cm×40cm×25cm each

运价手册(TACT)中公布的 BJS—NGO 的运价,见表6-74。

BJS—NGO 的运价　　　表6-74

BEIJING Y.RENMINBI	CN CNY		BJS KGS
NAGOYA	JP	M	230.00
		N	37.51
		45	28.13

计算该货物的航空运费,并填开货运单的运价计算栏(表6-75)。

Volume：

Volume Weight：

Gross Weight：

Chargeable Weight：

Applicable Rate：

Weight Charge：

货运单的运价计算栏 表6-75

No. of Pcs RCP	Gross Weight	kg lb	Rate Class		Chargeable Weight	Rate Charge	Total	Nature and Quantity of Goods (Incl. Dimension or Volume)
			Comm. Item No.					

22. 一件货物的信息如下：

Routing：SHA—PAR

Commodity：Baby Poultry

PC/WT：2/50.0kg

DIMS：70cm×50cm×50cm each

运价手册(TACT)中公布的 SHA—PAR 的运价,见表6-76。

SHA—PAR 的运价 表6-76

SHANGHAI Y.RENMINBI	CN CNY		SHA KGS
PARIS	FR	M	320.00
		N	68.34
		45	51.29
		100	44.21

计算该货物的航空运费,并填开货运单的运价计算栏(表6-77)。

货运单的运价计算栏 表6-77

No. of Pcs RCP	Gross Weight	kg lb	Rate Class		Chargeable Weight	Rate Charge	Total	Nature and Quantity of Goods (Incl. Dimension or Volume)
			Comm. Item No.					

Volume：

Volume Weight：

Gross Weight：

Chargeable Weight：

Applicable Rate：

Weight Charge：

23. 一件货物的信息如下：

Routing：BJS—NYC

Commodity：Northeast Tiger

PC/WT：1/270.0kg

DIMS：240cm×120cm×60cm

运价手册（TACT）中公布的 BJS—NYC 的运价，表6-78。

BJS—NYC 的运价　　　　表6-78

BEIJING	CN		BJS
Y.RENMINBI	CNY		KGS
NEWYORK	UN	M	630.00
		N	64.46
		45	48.34
		100	45.19
		300	41.86

计算该货物的航空运费，并填开货运单的运价计算栏（表6-79）。

Volume：

Volume Weight：

Gross Weight：

Chargeable Weight：

Applicable Rate：

Weight Charge：

货运单的运价计算栏　　　　表6-79

No. of Pcs RCP	Gross Weight	kg lb	Rate Class		Chargeable Weight	Rate Charge	Total	Nature and Quantity of Goods (Incl. Dimension or Volume)
			Comm. Item No.					

24. 一件货物的信息如下：

Routing：BJS—BOS

Commodity：Gold Watch

PC/WT：1/32.0kg

DIMS：61cm×51cm×42cm

运价手册（TACT）中公布的 BJS—BOS 的运价，见表6-80。

计算该货物的航空运费，并填开货运单的运价计算栏（表6-81）。

Volume：

Volume Weight：

Gross Weight：

Chargeable Weight：

Applicable Rate：

Weight Charge：

BJS—BOS 的运价　　　表6-80

BEIJING Y.RENMINBI	CN CNY	BJS KGS	
BOSTON	UN	M	630.00
		N	79.97
		45	60.16
		100	53.19
		300	45.80

货运单的运价计算栏　　　表6-81

No. of Pcs RCP	Gross Weight	kg lb	Rate Class		Chargeable Weight	Rate Charge	Total	Nature and Quantity of Goods (Incl. Dimension or Volume)
			Comm. Item No.					

25. 一件货物的信息如下：

Routing：ROM—YMQ

Commodity：Banknotes

PC/WT：1/7.5kg

DIMS：10cm×10cm×30cm

运价手册（TACT）中公布的 ROM—YMQ 的运价，见表6-82。

ROM—YMQ 的运价　　　表6-82

ROME EURO	IT EUR	ROM KGS	
MONTREAL	CA	M	67.14
		N	4.31
		100	2.57
		300	2.12
		500	1.85

计算该货物的航空运费，并填开货运单的运价计算栏（表6-83）。

Volume：

Volume Weight：

Gross Weight：

Chargeable Weight：

Applicable Rate：

Weight Charge：

货运单的运价计算栏

表6-83

No. of Pcs RCP	Gross Weight	kg lb	Rate Class		Chargeable Weight	Rate Charge	Total	Nature and Quantity of Goods (Incl. Dimension or Volume)
			Comm. Item No.					

26. 一件货物的信息如下：

Routing：SHA—AMS

Commodity：Coffin

PC/WT：2/407.0kg

DIMS：250cm × 75cm × 55cm each

运价手册(TACT)中公布的SHA—AMS的运价，见表6-84。

SHA—AMS 的运价

表6-84

SHANGHAI Y.RENMINBI	CN CNY		SHA KGS
AMSTERDAM	NL	M	320.00
		N	50.22
		45	41.53
		300	37.52

计算该货物的航空运费，并填开货运单的运价计算栏(表6-85)。

Volume：

Volume Weight：

Gross Weight：

Chargeable Weight：

Applicable Rate：

Weight Charge：

货运单的运价计算栏

表6-85

No. of Pcs RCP	Gross Weight	kg lb	Rate Class		Chargeable Weight	Rate Charge	Total	Nature and Quantity of Goods (Incl. Dimension or Volume)
			Comm. Item No.					

27. 一件货物的信息如下：

Routing：BJS—OSA

180

Commodity：Books，Handicraft and Apple（Fresh）

PC/WT/ DIMS：4/100.0kg/70cm×47cm×35cm each

　　　　　　1/42.0kg/100cm×60cm×42cm

　　　　　　2/80.0kg/90cm×70cm×32cm each

运价手册（TACT）中公布的 BJS—OSA 的运价，见表6-86。

BJS—OSA 的运价　　　　　　表6-86

BEIJING Y.RENMINBI	CN CNY		BJS KGS
OSAKA	JP	M	230.00
		N	50.22
		45	41.53
	0008	300	18.80
	0300	500	20.61
	1093	100	18.43
	2195	500	18.80

计算该货物的航空运费，并填开货运单的运价计算栏（表6-87）。

方法一：

　　Volume：

　　Volume Weight：

　　Gross Weight：

　　Chargeable Weight：

　　Applicable Rate：

　　Weight Charge：

方法二：

　　Volume：

　　Volume Weight：

　　Gross Weight：

　　Chargeable Weight：

　　Applicable Rate：

　　Weight Charge：

货运单的运价计算栏　　　　　　表6-87

No. of Pcs RCP	Gross Weight	kg lb	Rate Class		Chargeable Weight	Rate Charge	Total	Nature and Quantity of Goods (Incl. Dimension or Volume)
			Comm. Item No.					

28. 一件货物的信息如下：

Routing：SHA—OSA

Commodity：Magazines，Beans and Samples

PC/WT/ DIMS：1/50. 0kg/40cm×40cm×30cm

2/100. 0kg/50cm×50cm×60cm each

1/80. 0kg/40cm×60cm×70cm

运价手册(TACT)中公布的 SHA—OSA 的运价，见表6-88。

SHA—OSA 的运价　　　　表6-88

SHANGHAI Y.RENMINBI	CN CNY		SHA KGS
OSAKA	JP	M	230.00
		N	30.22
		45	22.71
	0008	300	18.80
	0300	500	20.61
	1093	100	14.72
	2195	500	18.80

计算该货物的航空运费，并填开货运单的运价计算栏(表6-89)。

货运单的运价计算栏　　　　表6-89

No. of Pcs RCP	Gross Weight	kg lb	Rate Class		Chargeable Weight	Rate Charge	Total	Nature and Quantity of Goods (Incl. Dimension or Volume)
			Comm. Item No.					

方法一：

Volume：

Volume Weight：

Gross Weight：

Chargeable Weight：

Applicable Rate：

Weight Charge：

方法二：

Volume：

Volume Weight：

Gross Weight：

Chargeable Weight：

Applicable Rate：

Weight Charge：

第七章　航空货物的非公布直达运价

学习目的与要求

掌握航空货运比例运价和分段相加运价的计算,了解航空货物运输过程中产生的其他相关费用的收费标准和要求,掌握航空货运费的分摊与结算方法。

如果货物运输的始发地至目的地没有公布直达运价,则可以采用比例运价和分段相加运价的方法构成全程直达运价,计算全程运费。

第一节　比　例　运　价

比例运价是采用货物运价手册(TACT Rules5.2)中公布的一种不能单独使用的运价附加数(Add-on Amount),与已知的公布直达运价相加,构成非公布直达运价,这种运价则称为比例运价。

由于货物运价手册篇幅的限制,不能将所有城市(尤其是小城市)的运价都公布出来,为了弥补这一问题,根据运价制定的原则(航空运输成本和运输距离)制定比例运价:只要是运输距离在同一个距离的范围内或接近这一范围,就可以采用以某一地点为运价的组合点,然后用组合点至始发地或目的地的公布运价与组合点至目的地或始发地的比例运价相加,构成全程运价。

一　比例运价表

比例运价表的格式见表7-1。在表7-1中,黑框中的地点为用比例运价构成直达运价地点的一端地点,此地点既可以是始发站,也可以是目的站;在下拉列表中查找根据用比例运价组成直达运价的另一地点(目的地或始发地)所在的区域。

在运价表中标有"Const. Over"字样后所列的城市即为运价组成点。

如果在指定区域中,比例运价前列有"From"字样,说明该运价只适用于自该指定区域始发;如果在指定区域中,比例运价前列有"To"字样,说明该运价只适用于至该特定的区域。运输区域决定运价构成点。

二　比例运价的分类和使用要求

比例运价分为三类:

(1)普通货物的比例运价,用 GCR 表示。

(2)指定商品的比例运价,用 SCR 表示。

(3)集装货物的比例运价,用 ULD 表示。

比 例 运 价 表   表 7-1

Date/ Type	Note	Item	min. wght	USD	Local Curr.
MIYAZAKI			JP		KMI
YEN		JPY		KGS	KGS
Const. Over OSA Osaka JP					
From	Area 1				
		GCR	N	2.21	225
		GCR	45	1.66	169
To	Area 1				
		GCR	N		230
		SCR	N		170
A/		ULD			180
C/		ULD			165
	Area 3				
		GCR	N	2.21	225
		GCR	45	1.66	169
Const. Over TYO Tokyo JP					
Area 2		GCR	N	2.21	225
		GCR	45	1.66	169
		GCR	300	1.43	146
	P003	GCR	500	1.11	113

只有相同种类的货物运价才能组成始发地至目的地的货物运价,即

(1)普通货物比例运价只能与普通货物运价相加,即 GCR + GCR。

(2)指定商品比例运价只能与指定商品运价相加,即 SCR + SCR。

(3)集装货物比例运价只能与集装货物运价相加,即 ULD + ULD。

比例运价表以两种货币形式公布运价,即美元和当地货币。使用美元所列运价,必须采用 TACT Rate5.3.1 中公布的换算比价折算成所需货币的运价。使用当地货币换算成另一种当地货币(始发国货币)时,必须按上述换算表中的换算比价,将要换算的以当地货币表示的运价乘以始发地货币与美元的比率,然后除以当地货币与美元的比率,即求得所需货币的运价,即:

始发地货币 = 当地货币 × 始发地货币与美元的比率 ÷ 当地货币与美元的比率

用比例运价组成运价计算货物运费时,该货物的最低运费应采用始发地至目的地的最低运费,及 TACT Rules 3.4 Minimum Charge per Country 中公布的各国至某一区域或国家的最低运费。

三 比例运价的计算

比例运价只适用于国际运输,国内运输不适用。比例运价是一种不能单独使用的附加数,只能和公布运价相加后方能使用;采用比例运价构成直达运价时,比例运价可加在公布运价的两端,但每一端不能连加两个以上的比例运价。一般选取相对较小的城市进行运价组合。

采用不同的运价构成点组成的公布直达运价,应取其较低者作为货物的运价。

用公布直达运价同比例运价组合出来的普通货物运价可以用于等级货物运价的计算。

运价的构成不影响货物的运输路线。

例 7-1：

一件货物的信息如下，计算该货物的航空运费。

Routing：BJS—SJQ

Commodity：Electron Tureen

PC/WT：2/50.0kg

DIMS：30cm×50cm×70cm each

ROE：USD1.00＝CNY6.47000

（1）由于在 TACT Rate 4.3 中未能查到 BJS—SJQ 的公布直达运价，考虑采用比例运价。查找相对较小城市 SJQ 的比例运价，见表 7-2。

SJQ 的比例运价　　　　　　　　表 7-2

Date/ Type	Note	Item	min. wght	USD	Local Curr.
SESHEKE		ZM			SJQ
US Dollar		USD		KGS	KGS
Const. Over LUN Lusaka ZM Area 2					
		GCR	N		0.40
		GCR	45		0.29
Area 3					
		GCR	N		0.40
		GCR	45		0.29

从表 7-2 中可得，比例运价构成点为 LUN，到运价手册（TACT）中查找 BJS—LUN 的公布运价，见表 7-3。

BJS—LUN 的公布运价　　　表 7-3

BEIJING	CN		BJS
Y.RENMINBI	CNY		KGS
LUSAKA	ZM	M	451.00
		N	106.32
		45	90.37

（2）换算货币：

表中 LUN—SJQ 的比例运价：GCR N 0.40（USD），GCR 45 0.29（USD），将以美元为单位的比例运价换算成始发地货币（CNY）：

$$USD1.00 = CNY6.47000$$

$$USD0.29 = 0.29 \times CNY6.47000 = CNY1.8763 = CNY1.88$$

（3）计算运费。

BJS—SJQ 的运价构成：　　　　BJS—LUN—SJQ

BJS—LUN 的公布直达运价：　　GCR 45 90.37CNY/kg

LUN—SJQ 的比例运价：　　　　GCR 45 1.88CNY/kg

BJS—SJQ 的直达运价： GCR 45 92.25CNY/kg

Volume： $30cm \times 50cm \times 70cm \times 2 = 210000cm^3$

Volume Weight： $210000cm^3 \div 6000cm^3/kg = 35.0kg$

Gross Weight： 50.0kg

Chargeable Weight： 50.0kg

Applicable Rate： GCR Q 92.25CNY/kg

Weight Charge： $50.0kg \times 92.25CNY/kg = 4612.50CNY$

(4)填开货运单的运价计算栏(表7-4)。

货运单的运价计算栏　　　　表7-4

No. of Pcs RCP	Gross Weight	kg lb	Rate Class	Comm. Item No.	Chargeable Weight	Rate Charge	Total	Nature and Quantity of Goods (Incl. Dimension or Volume)
2 LUN	50.0	K	Q		50.0	92.25	4612.50	Electron Ture DIMS: 30cm×50cm×70cm×2
2	50.0						4612.50	

注:将运价组合点城市的代码填在件数下面。

例7-2：

一件货物的信息如下,计算该货物的航空运费。

Routing：SWA—WAS

Commodity：Toys

PC/WT：2/86.0kg

DIMS：40cm×60cm×90cm each

(1)由于在 TACT Rate 4.3 中未能查到 SWA—WAS 的公布直达运价,考虑采用比例运价。查找相对较小城市 SWA 的比例运价,见表7-5。

SWA 的比例运价　　　　表7-5

Date/ Type	Note	Item	min. wght	USD	Local Curr.
SHANTOU Y.RENMINBI		CN CNY		KGS	SWA KGS
Const. Over CAN Cuangzhou CN Area 1					
		GCR	N	0.51	4.24
		GCR	45	0.38	3.18
Area 2					
		GCR	N	0.51	4.24
		GCR	45	0.38	3.18
Area 3					
		GCR	N	0.51	4.24
		GCR	45	0.38	3.18

从上表中可得,比例运价构成点为 CAN,到运价手册(TACT)中查找 CAN—WAS 的公布运价,见表7-6。

CAN—WAS 的公布运价　　表7-6

GUANGZHOU Y.RENMINBI	CN CNY		CAN KGS
WANSHINGTOU	US	M	420.00
		N	80.50
		45	60.38
		300	56.35

(2)换算货币:

表中 SWA—CAN 的比例运价:GCR 45 0.38(USD),3.18(CNY),始发地货币为 CNY,无须换算货币。

(3)计算运费:

SWA—WAS 的运价构成:　　　SWA—CAN—WAS

SWA—CAN 的公布直达运价:GCR 45 3.18CNY/kg

CAN—WAS 的比例运价:　　GCR 45 60.38CNY/kg

SWA—WAS 的直达运价:　　GCR 45 63.56CNY/kg

Volume:　　　　　　　　　40cm × 60cm × 90cm × 2 = 432000cm³

Volume Weight:　　　　　432000cm³ ÷ 6000cm³/kg = 72.0kg

Gross Weight:　　　　　　86.0kg

Chargeable Weight:　　　86.0kg

Applicable Rate:　　　　　GCR N 63.56CNY/kg

Weight Charge:　　　　　86.0kg × 63.56CNY/kg = 5466.16CNY

(4)填开货运单的运价计算栏(表7-7)。

货运单的运价计算栏　　表7-7

No. of Pcs RCP	Gross Weight	kg lb	Rate Class	Comm. Item No.	Chargeable Weight	Rate Charge	Total	Nature and Quantity of Goods (Incl. Dimension or Volume)
2 CAN	86.0	K	Q		86.0	63.56	5466.16	Toys DIMS: 40cm×60cm×90cm×2
2	86.0						5466.16	

第二节　分段相加运价

分段相加运价指货物的始发地至目的地无公布直达运价,也不能使用比例运价,选择适当的运价构成点,采用分段相加的办法组成全程最低运价。

一　分段相加运价的使用规定

（1）在采用分段相加的方式组成全程运价时，要选择几个不同的运价构成点，将组成的全程运价进行比较，取最低的作为货物的非公布直达运价。

（2）当国内运价和国际运价相加时，国际运价的规定同样适用于相加后的全程运价。采用分段相加的方式组成的非公布直达运价可以作为等级货物运价的基础使用。

（3）如果各段运价适用的计费重量不同，计算运费时应在货运单运价栏内分别填写。

（4）运价相加的原则，见表7-8。

国际货运分段相加运价规则表　　　　　　　表 7-8

运价类别	可相加运价
国际普通货物运价	普通货物比例运价； 国际普通货物运价； 国内运价； 过境运价
国际指定商品运价	指定商品比例运价； 国内运价； 过境运价
国际等级货物运价	国内运价； 过境运价

过境运价适用于美国和加拿大之间的运输，除自加勒比地区和自 A3 区各点外，该运价不能与自/至加拿大的运价相加使用。

国际指定商品运价不能与国际指定商品运价相加，国际等级货物运价不能与国际等级货物运价相加。如果运输始发地至目的地间没有公布直达运价，运输的货物是指定商品，可以组成普通货物比例运价和分段相加的指定商品运价，由于上述两种非公布直达运价并非相同运价种类，优先使用分段相加的指定商品运价。

如果是国际联运的等级货物，如果联运的某一承运人在其承运的航段上有特定的等级百分比时，即使有公布的直达运价，也不可以采用，必须使用分段相加的运价。

（5）由于公布直达运价是以始发地所在国家的货币公布的，货物的航空运费也是以始发国货币计算的，因此在分段相加运价中，各段运价的货币必须统一换算成始发国货币。

二　分段相加运价的计算

使用分段相加运价时，如果相加的航段采用的运价种类、计费重量等相同，则可以直接将运价相加计算全程运费；否则，需要将各个航段的运费计算出来后再相加，计算出全程运费。

选择运价构成点时，一般考虑以始发地、目的地中相对较小的城市为基础，查找航程中经过的地点，选择几个，作为运价构成点。

例7-3：

一件货物的信息如下，计算运费。

Routing：CAN—ASP

Commodity：Clothes

PC/WT：1/28.0kg

DIMS：40cm×50cm×80cm

ROE：USD1.00＝CNY6.47000

　　　USD1.00＝AUD1.28622

（1）由于在TACT Rate 4.3中未能查到CAN—ASP的公布直达运价，也没有比例运价，考虑使用分段相加运价，一般考虑选择在航程始发地或目的地中相对较小城市附近查找运价构成点，查阅地图后，确定DRW、MEL、BNE三个运价构成点。

分别找出始发地至三个运价构成点的公布直达运价，及三个运价构成点至目的地的公布直达运价，组成CAN—ASP三组公布直达运价（表7-9～表7-14）。

CAN—MEL 的公布运价　　表7-9

GUANGZHOU Y.RENMINBI	CN CNY		CAN KGS
MELBOURNE	AU	M	420.00
		N	51.80
		45	38.85
		100	33.67
		300	31.08

MEL—ASP 的公布运价　　表7-10

MELBOURNE AUSTRALIAN	AU AUD		MEL KGS
ALICE SPRI	AU	M	25.00
		N	3.95

CAN—DRW 的公布运价　　表7-11

GUANGZHOU Y.RENMINBI	CN CNY		CAN KGS
DARWIN	AU	M	420.00
		N	51.80
		45	38.85
		100	33.67
		300	31.08

DRW—ASP 的公布运价　　表7-12

DARWIN AUSTRALIAN	AU AUD		DAW KGS
ALICE SPRI	AU	M	25.00
		N	2.15

CAN—BNE 的公布运价   表7-13

GUANGZHOU Y.RENMINBI	CN CNY		CAN KGS
BRISBANE	AU	M	420.00
		N	48.35
		45	36.26
		100	31.43
		300	29.01

BNE—ASP 的公布运价   表7-14

BRISBANE AUSTRALIAN	AU AUD		DAW KGS
ALICE SPRI	AU	M	25.00
		N	4.85

(2)组合比例运价。

CAN—MEL—ASP 运价:CAN—MEL   GCR N 51.80CNY/kg

MEL—ASP   GCR N 3.95AUD/kg

$3.95 \div 1.28622 \times 6.47000 = CNY19.869 \longrightarrow 19.87$ CNY/kg

51.80CNY/kg + 19.87 CNY/kg = 71.67 CNY/kg

CAN—DRW—ASP 运价:CAN—DRW   GCR N 51.80CNY/kg

DRW—ASP   GCR N 2.15AUD/kg

$2.15 \div 1.28622 \times 6.47000 = CNY10.815 \longrightarrow 10.82$ CNY/kg

51.80CNY/kg + 10.82CNY/kg = 62.62 CNY/kg

CAN—BNE—ASP 运价:CAN—BNE   GCR N 48.35CNY/kg

BNE—ASP   GCR N 4.85AUD/kg

$4.85 \div 1.28622 \times 6.47000 = CNY24.396 \longrightarrow 24.40$ CNY/kg

48.35CNY/kg + 24.40 CNY/kg = 72.75 CNY/kg

选取较低者 CAN—DRW—ASP 运价 62.62 CNY/kg 作为全程运价。

(3)计算运费。

Volume: $40cm \times 50cm \times 80cm = 160000cm^3$

Volume Weight: $160000cm^3 \div 6000cm^3/kg = 26.67kg \longrightarrow 26.70kg$

Gross Weight: 28.0kg

Chargeable Weight: 28.0kg

Applicable Rate: GCR N 62.62CNY/kg

Weight Charge: 28.0kg × 62.62CNY/kg = 1753.36CNY

(4)填开货运单的运价计算栏(表7-15)。

No. of Pcs RCP	Gross Weight	kg lb		Rate Class	Chargeable Weight	Rate Charge	Total	Nature and Quantity of Goods (Incl. Dimension or Volume)
				Comm. Item No.				
1 DRW	28.0	K	N		28.0	62.62	1753.36	Clothes
								DIMS: 40cm×50cm×80cm
1	28.0						1753.36	

货运单的运价计算栏　　　　　　　　　　　　　　表7-15

第三节　航空货物运费的分摊与结算

一　运费分摊的基本原则

运费分摊是指由两个或两个以上的承运人将货物从始发站运至目的站所收取的费用(Weight Charge 和 Valuation Charge),按规定的分摊比例,计算出各承运人所应得的收入。

1. 航空货物运费分摊参阅资料

计算运费的分摊一般有下列资料可供参考:

(1)TACT《航空货物运价》;

(2)OAG-C《航空货运指南》;

(3)APD-C, Airlines Proportion Directory-Cargo,《航空公司货运分摊指南》;

(4)PFM-C, Prorate Factor Manual-Cargo,《货运分摊系数手册》。

承运人的收入 = (Weight Charge + Valuation Charge) × 分摊比例

根据各航段的分摊系数计算出分摊比例,全程的分摊系数可在 PFM-C 中查找。

2. 固定收费

某些承运人为维护自身利益,声明某些航段不参加分摊,而要求固定收费。固定收费将从分摊额中减去,而余额部分按规定进行比例分摊。

固定收费的航段不参加声明价值附加费的分摊,但并不因此而免除其赔偿责任。各承运人关于固定收费的要求可在 APD-C 中查找。

若某个承运人连续承运两个或两个以上航段时,分摊系数应使用第一个航段的始发站至最后一航段的终止站之间的系数,而不应使用各航段系数之和。

例7-4:

　航程:PEK $\xrightarrow{CA}$ SHA $\xrightarrow{CA}$ TYO $\xrightarrow{JL}$ OSA

　CA 在 PEK—SHA 段分摊系数是800,SHA—TYO 段分摊系数是900,在计算中,不能使用 800 + 900 = 1700 这一系数之和,而应该查找 PEK—TYO 之间的分摊系数。

例 7-5:

航程:PEK $\xrightarrow{CA}$ HKG $\xrightarrow{JL}$ TYO $\xrightarrow{UA}$ LAX

全程运费:CNY5000.00

被分摊额:CNY5000.00

固定收费:PEK—HKG CNY1366.00

实际分摊额:5000.00 - 1366.00 = CNY3634.00

参加分摊的航程:HKG—TYO—LAX

参加分摊航程的比例系数:HKG—TYO 2640

TYO—LAX 6081

全程分摊系数:2640 + 6081 = 8721

分摊百分比:JL   2640 ÷ 8721 = 30%

UA   6081 ÷ 8721 = 70%

分摊收入:CA   CNY1336.00

JL   3634.00 × 30% = CNY1090.20

UA   3634.00 × 70% = CNY2543.80

二 分批货物运费的分摊

分批货物运费按各承运人承运的重量占整批货物重量的比例,计算收取承运航段所应得的运费。

例 7-6:

货物的信息如下:

第一批货物:MIA $\xrightarrow{UA}$ BOS $\xrightarrow{AC}$ YMQ,225.0kg

第二批货物:MIA $\xrightarrow{SW}$ BOS $\xrightarrow{DL}$ WAS $\xrightarrow{AA}$ YMQ,375.0kg

全程运费:USD450.00

(1)计算各批货物应分摊的数额。

全程重量:225.0kg + 375.0kg = 600.0kg

第一批货物应分摊的比例:225.0kg ÷ 600.0kg = 37.5%

第一批货物应分摊的比例:375.0kg ÷ 600.0kg = 62.5%

根据各批货物分运重量比例计算应分摊的数额:

第一批货物应分摊的数额:USD450.00 × 37.5% = USD168.75

第一批货物应分摊的数额:USD450.00 × 62.5% = USD281.25

(2)到 PFM-C 查找各承运人的分摊系数。

UA:473

AC:768

SW：473

DL：402

AA：固定收费 0.14USD/kg

(3)计算各承运人的分摊收入。

①第一批货物：

被分摊额：USD168.75

参加分摊的航程：MIA—BOS—YMQ

参加分摊航程的比例系数：MIA—BOS 473

BOS—YMQ 768

全程分摊系数：473＋768＝1241

分摊百分比：UA　473÷1241＝38%

AC　768÷1241＝62%

分摊收入：UA　USD168.75×38%＝USD64.12

AC　USD168.75×62%＝USD104.63

②第二批货物：

被分摊额：USD281.25

固定收费：AA　0.14USD/kg×375.0kg＝USD52.50

实际分摊额：USD281.25－USD52.50＝USD228.75

参加分摊的航程：MIA—BOS—WAS

参加分摊航程的比例系数：MIA—BOS 473

BOS—WAS 402

全程分摊系数：473＋402＝875

分摊百分比：SW　473÷875＝54%

DL　402÷1241＝46%

分摊收入：SW　USD228.75×54%＝USD123.52

DL　USD228.75×46%＝USD105.23

AA　USD52.50

三　运费结算

承运航空公司有权在按货运单填开之日有效的运价所计得的运费进行分摊,可以不考虑在货运单上出现的错误运价。承运人根据中转舱单结算运费,每份中转舱单至少包括以下内容：

(1)中转机场名称。

(2)货运单号码。

(3)目的站机场名称。

(4)转交货物的件数。

如果货物无人提取,交付承运人必须在填开 IRP 之后 4 个月向制单承运人结算全部费用,但不包括到付手续费。结算运费时必须随附 CCA 副本。

(1)运费预付的结算。

①各航段承运人有权向制单承运人开账收取所应分摊的费用。

例 7-7:

航程:PEK $\xrightarrow{CA}$ HKG $\xrightarrow{JL}$ TYO $\xrightarrow{UA}$ LAX

制单承运人:CA

结算方式:JL、UA 均向 CA 收取分摊的费用。

---

②如果在中转站产生了其他费用,并且未在货运单上注明,中转站承运人应通知交付承运人,并采用运费到付的方法向下一个航段的承运人收取费用。

(2)运费到付的结算。

①交运承运人(Delivering Carrier)向接受承运人(Receiving Carrier)收取交接中转站之前各承运人所应得的运费、声明价值附加费、其他费用(不扣除代理人手续费)和自中转站至目的站的代理人手续费(5%)。

例 7-8:

航程:ZRH $\xrightarrow{SR}$ ROM $\xrightarrow{BA}$ ATH $\xrightarrow{CY}$ CAI

制单承运人:SR

各航段运费:ZRH—ROM   USD8.00

            ROM—ATH   USD12.00

            ATH—CAI   USD13.00

全程运费:USD33.00

交运承运人向接受承运人收取的费用如下:

SR 向 BA 收取的费用:USD8.00 + (USD12.00 + USD13.00) × 5% = USD9.25

BA 向 CY 收取的费用:(USD8.00 + USD12.00) + USD13.00 × 5% = USD20.65

CY 向收货人收取的费用:USD33.00 + 到付手续费

最后收入:SR   USD9.25

         BA   USD20.65 – USD9.25 = USD11.40

         CY   USD33.00 – USD20.65 = USD12.35

(如果制单承运人不是 SR,而是另外一个承运人 LY,全程手续费和在始发站所产生的其他费用由 LY 向 SR 收取。)

CY 在目的站可委托其代理人向收货人收取运费和其他费用,但到付运费手续费仍归 CY 所有。如果货物的目的站不办理运费到付业务,CY 将向制单 SR 收取全部在货运单上注明的费用和在中转站、目的站所产生的各项费用。

---

②如果货物分批运输,全程的运费和其他费用将由运输第一批货物至目的站的最后一个承运人向收货人收取。

例 7-9：

第一批货物：MIA $\overset{\text{UA}}{—}$ BOS $\overset{\text{AC}}{—}$ YMQ,225.0kg

第二批货物：MIA $\overset{\text{SW}}{—}$ BOS $\overset{\text{DL}}{—}$ WAS $\overset{\text{AA}}{—}$ YMQ,375.0kg

全程的运费和其他费用由 AC 向收货人收取；其他承运人向 AC 收取分摊的费用。

（3）如果货运单上的"付款方法"栏内所注明的内容与货运单下部的"Weight Charge"、"Valuation Charge"和"Other Charge"栏内所填写的内容不一致,结算运费时以货运单下部所注明的付款方式为准。

四　运费调整

1. 变更付款方式

（1）预付(PP)为到付(CC)。

制单承运人在做出更改之前(填制 CCA,退还运费),必须经交付承运人证实收货人同意支付各项费用。

（2）到付(CC)为预付(PP)。

交付承运人在做出更改之前(填制 CCA,退还运费),必须经制单承运人证实发货人同意支付各项费用。

（3）其他承运人之间的结算应以货运单上出现的付款方式为准。

2. 运费数额错误

如果收货人在目的站提取货物时,发现货运单内注明的运费超过实际应收运费时,交付承运人可在不通知其他承运人的情况下向收货承运人收取正确的运费数额,其他承运人应接受交付承运人重新调整的运费。

当交付承运人发现或被通知应收取的费用高于货运单内注明的运费时,交付承运人应尽量能够向收货人补收运费差额。如果收货人拒付,交付承运人将向填开货运单的承运人开账,收取差额。

第四节　其他费用

在国际运输中,除了航空货物运费外,航空公司或其代理人还将收取整个运输组织过程中发生的其他与航空运输有关的费用,包括货物声明价值附加费、退运手续费、到付手续费、燃油附加费、战争险等常见的费用。

一　其他费用的代号

AC:动物容器租赁费　　　　　MA:代理人收取的杂项费用

AS:集中货物服务费　　　　　MZ:填开货运单的承运人收取的杂项费用

AT：押运员服务费　　　　　PK：包装服务费

AW：货运单费　　　　　　　RA：危险品处理费

BR：银行放行费　　　　　　SD：目的地地面运输费

DB：代垫付款手续费　　　　SI：中途停运费

DF：分发服务费　　　　　　SO：始发地停运费

FC：运费到付手续费　　　　SR：目的地保管费

GT：政府捐税　　　　　　　SU：地面运输费

HR：尸体、骨灰附加费　　　TR：过境费

IN：代办保险服务费　　　　TX：捐税

LA：动物处理费　　　　　　UH：集装设备操作费

二　货运单费

货运单费又称航空货运单工本费，是填制航空货运单的费用。航空公司填制或其代理人销售或填制货运单时，此项费用包括逐项逐笔填制货运单的成本。对于航空货运单工本费，各国的收费水平不尽相同，按照 TACT Rules 4.4 及各航空公司的具体规定进行操作。

货运单费应填制在货运单的"其他费用"一栏中，用两字代码"AW"表示。按照国际航协的规定：

（1）航空货运单如果由航空公司来销售或填制，则表示为 AWC，表示此项费用归出票航空公司（Issuing Carrier）所有。

（2）如果货运单由航空公司的代理人销售或填制，则表示为 AWA，表示此项费用归销售代理人所有。

（3）中国民航各公司规定：无论航空公司销售还是由代理人销售，填制 AWB 时，货运单中的"其他费用"一栏中均用 AWC 表示，此项费用归出票航空公司所有。

三　垫付款和垫付费

1. 垫付款

垫付款指在始发地机场运输一票货物时发生的部分其他费用。这部分费用仅限于货物地面运输费、清关处理费和货运单工本费。

（1）垫付款的使用规定。

此项费用需按照不同其他费用的种类代号、费用归属代号（A 或 C）及费用金额一并填入货运单的"其他费用"栏。

例如：AWA 表示代理人填制的货运单，CHA 表示代理人代替办理始发地清关业务，SUA 表示代理人将货物运输到始发地机场的地面运输费。

垫付款仅适用于货物运费及其他费用到付，并且按 TACT Rules 规定，目的地国家可接收的货物。垫付款业务在有些国家是不办理的，操作时严格按照 TACT Rules 规定办理。

垫付款由最后一个承运人向收货人收取。按照国际货物运费到付结算规则，通过出票航

空公司开账结算,付给支付垫付款的代理人或出票航空公司。

(2)垫付款数额。

在任何情况下,垫付款的数额不能超过货运单上全部航空运费总额。但当货运单的航空运费总额低于 100 美元时,垫付款金额可允许达到 100 美元的标准。

2.垫付费

垫付费是对于垫付款的数额而确定的费用,垫付费的费用代码为 DB,按 TACT Rules 规定,该费用归出票航空公司所有。在货运单的其他费用栏内,此项费用应表示为 DBC。

垫付费的计算公式为:垫付费 = 垫付款 × 10%。

但每票货物的垫付费不得低于 20 美元或其他等值货币。

TACT Rules 中规定,有些国家公布有固定的对于美元的货币兑换率,例如瑞士,20.00USD = 45.00CHF。对于 TACT Rules 中没有公布固定兑换率的国家,其货币换算采用"Construction Exchange Rate"中的规定。

四 危险品处理费

在国际航空货物运输中,对于收运的危险品货物,除了按照危险品规则收运并收取航空运费外,还应收取危险货物收运手续费,该费用必须填制在货运单的"其他费用"栏内,用 RA 表示费用种类。TACT Rules 中规定,危险品处理费归出票航空公司所有,在货运单中,危险品处理费表示为 RAC。

从中国始发至 A1、A2、A3 各区,每票货物的最低收费标准均为 CNY400.00。

五 运费到付货物手续费(CC Fee)

在国际航空货物运输中,当货物的航空运费及其他费用到付时,在目的地的收货人除支付货物的航空运费和其他费用外,还应支付到付货物手续费。此项费用由最后一个承运人收取,并归其所有。一般 CC Fee 的收取,采用目的站开具专门的发票,如果交付航空公司没有专门发票,将 AWB 作为发票使用时,也可以使用货运单作为收费凭据。

运至中国的运费到付货物,到付运费手续费的计算公式及标准:

$$到付运费手续费 = (货物的航空运费 + 声明价值附加费) × 2\%$$

各个国家的收费标准不同,中国的最低收费标准为 CNY100.00。

例 7-10:

一件货物的信息如下,计算到付运费手续费。

Routing:NBO—ANC

Commodity:Handicrafts

PC/WT:2/85.0kg

Payment:Charges Collect

---

(1)到运价手册(TACT)中查找 BJS—TYO 的公布运价,见表 7-16。

BJS—TYO 的公布运价		表 7-16	
NAIROBI	KE	NBO	
US DOLLAR	USD	KGS	
ANCHORAGE	US	M	70.00
		N	13.79
		45	10.88
		100	8.99
		300	8.09
		500	7.71

（2）计算运费：

Gross Weight：	85.0kg
Applicable Rate：	GCR Q45　10.88USD/kg
	GCR Q100　8.99USD/kg
Weight Charge：	85.0kg × 10.88USD/kg = USD924.80
	100.0 kg × 8.99USD/kg = USD899.00
取较低者作为全程运费：	USD899.00。
Charges Collect Fee：	2% of the Weight Charge and Valuation Charges
	USD899.00 × 2% = USD17.98

六　声明价值附加费

在国际运输中,根据《华沙公约》,航空公司对货物的丢失或延误的最高赔偿限额是每公斤毛重 17 计算单位,即特别提款权（SDR）,约等于 20 美元。有些国家有特殊的规定,具体参阅 TACT Rules 3.2。当托运的货物,每公斤毛重的价值超过 20 美元或其等值货币时,可以办理货物声明价值,并按规定向承运人支付声明价值附加费。

声明价值附加费的计算公式为：

声明价值附加费 =（声明价值 – 17SDR 与始发国货币兑换率 × 货物毛重）× 0.75%

每份国际货运单的声明价值不得超过 10 万美元或其等值货币。

例 7-11：

一件货物的信息如下,计算声明价值附加费。

Routing：SEA—NCE

Valuation for Carriage：USD10000.00

Gross Weight：10.0kg

DIMS：30cm × 45cm × 65cm

ROE：SDR17.00 = USD25.00

声明价值附加费 =（USD10000.00 – USD25.00 × 10.0）× 0.75% = USD73.13

七　货物退运手续费

在国际航空货物运输中,每份航空货运单的退运手续费是 CNY40.00。

复习思考题

1. 一件货物的信息如下,计算该货物的航空运费。

Routing：SZX—FUK

Commodity：Gifts

PC/WT：1/2.8kg

DIMS：20cm × 20cm × 20cm

TACT Rates 中公布的 FUK 的比例运价,见表7-17。

FUK 的比例运价　　　　　　　　表 7-17

Date/ Type	Note	Item	min. wght	USD	Local Curr.
FUKUOKA YEN		JP JPY		KGS	FUK KGS
Const. Over OSA Osaka JP					
Area 1					
		GCR	N	1.43	150
		GCR	45	1.00	105
		GCR	300	0.79	83
		GCR	500	0.57	60
Area 3					
		GCR	N	1.43	150
		GCR	45	1.00	105
Const. Over TYO Tokyo JP					
Area 3					
		GCR	N	1.43	150
		GCR	45	1.00	105
		GCR	300	0.79	83
		GCR	500	0.57	60
		SCR	N	1.43	150
		SCR	45	1.00	105
		SCR	300	0.79	83
		SCR	500	0.57	60

运价手册(TACT)中公布的 SZX—OSA 的公布运价,见表7-18。

SZX—OSA 的公布运价　　表 7-18

SHENZHEN Y.RENMINBI	CN CNY		SZX KGS
OSAKA	JP	M	230.00
		N	38.67
		45	29.04

2. 一件货物的信息如下,计算声明价值附加费。

Routing:OIT—YHZ

Valuation for Carriage:JPY1200000.00

Gross Weight:16.3kg

ROE:SDR17.00 = JPY2700.00

附录一　国际航协货币兑换表

IATA Rates of Exchange（IROE）

PAT EXTRACTS-IATA/UFTAA FOUNDATION COURSE EXAMINATION MARCH 2010

IATA Rates of Exchange
（IROE）
NOTE：
**The ROE used to convert NUC into the currency of
the country of commencement of transportation
shall be that in effect on the date of ticket issuance.**

	To calculate fares, rates or charges in currencies listed below:				Multiply NUC fare rate/ charge by the following rate of exchange:	And round up the resulting amount to the next higher unit as listed below:			
Country (+local currency acceptance limited)		Currency Name	ISO Codes		From NUC	Rounding Units			
			Alpha	Numeric		Local Curr. Fares	Other Charges	Decimal Units	Notes
	Afghanistan	US Dollar	USD	840	1.000000	1	0.1	2	5
+	Afghanistan	Afghani	AFN	971	49.500000	1	1	0	2,8
	Albania	euro	EUR	978	0.761600	1	0.01	2	
+	Albania	Lek	ALL	008	NA	1	1	0	22
+	Algeria	Algerian Dinar	DZD	012	71.958300	10	1	0	
	American Samoa	US Dollar	USD	840	1.000000	1	0.1	2	5
	Angola	US Dollar	USD	840	1.000000	1	0.1	2	5
+	Angola	Kwanza	AOA	973	79.963780	1	1	2	2,8
	Auguilla	US Dollar	USD	840	1.000000	1	0.1	2	5
	Anguilla	East Caribbean Dollar	XCD	951	2.700000	1	0.1	2	2,5
	Antigua Barbuda	US Dollar	USD	840	1.000000	1	0.1	2	5
	Antigua Barbuda	East Caribbean Dollar	XCD	951	2.700000	1	0.1	2	2
	Argentina	US Dollar	USD	840	1.000000	1	0.1	2	5
+	Argentina	Argentine Peso	ARS	032	3.101890	1	0.1	2	1,2,5,8
	Armenia	US Dollar	USD	840	1.000000	1	0.1	2	5
+	Armenia	Armenian Dram	AMD	051	355.250000	1	1	0	2.8
	Aruba	Aruban Guilder	AWG	533	1.790000	1	1	0	
	Australia	Australian Dollar	AUD	036	1.287127	1	0.1	2	8,17
	Austria	euro	EUR	978	0.761600	1	0.01	2	8
	Azerbaijan	US Dollar	USD	840	1.000000	1	0.1	2	5
+	Azerbaijan	Azerbaijanian Manat	AZN	944	0.871520	0.1	0.1	2	2,8
	Bahamas	US Dollar	USD	840	1.000000	1	0.1	2	5
	Bahamas	Bahamian Dollar	BSD	044	NA	1	0.1	2	2
	Bahrain	Bahraini Dinar	BHD	048	0.376100	1	0.1	3	
	Bangladesh	US Dollar	USD	840	1.000000	1	0.1	2	5
+	Bangladesh	Taka	BDT	050	69.01500	1	1	0	2,19
	Barbados	US Dollar	USD	840	1.000000	1	0.1	2	5
+	Barbados	Barbados Dollar	BBD	052	NA	1	0.1	2	2
	Belarus	US Dollar	USD	840	1.000000	1	0.1	2	5
+	Belarus	Belarussian Ruble	BYR	974	2145.000000	10	10	0	2,4,8
	Belgium	euro	EUR	978	0.761600	1	0.01	2	8
	Belize	US Dollar	USD	840	1.000000	1	0.1	2	5
+	Belize	Belize Dollar	BZD	084	2.000000	1	0.1	2	2
	Benin	CFA Franc	XOF	952	499.576591	100	100	0	
	Bermuda	US Dollar	USD	840	1.000000	1	0.1	2	5
	Bermuda	Bermudian Dollar	BMD	060	1.000000	1	0.1	2	2,5
	bhutan	Ngultrum	BTN	064	44.328000	1	1	0	
	Bolivia	US Dollar	USD	840	1.000000	1	0.1	2	5
+	Bolivia	Boliviano	BOB	068	7.995000	1	1	0	1,2,8
	Bosnia and Herzegovina	euro	EUR	978	0.761600	1	0.01	2	
+	Bosnia and Herzegovina	Convertible Mark	BAM	977	NA	1	1	0	22
	Botswana	Pula	BWP	072	6.346173	1	0.1	2	

· 2007 IATA/SITA

PAT EXTRACTS-IATA/UFTAA FOUNDATION COURSE EXAMINATION MARCH 2010

IATA Rates of Exchange(IROE)

Country (+local currency acceptance limited)	Currency Name	ISO Codes Alpha	ISO Codes Numeric	From NUC	Rounding Units Local Curr. Fares	Rounding Units Other Charges	Rounding Units Decimal Units	Notes
				Multiply NUC fare rate/charge by the following rate of exchange:	And round up the resulting amount to the next higher unit as listed below:			
	Brazil	US Dollar	USD	840	1.000000	1	0.1	2	5
+	Brazil	Brazilian Real	BRL	986	2.120520	0.01	0.01	2	1,2,3,8,14
	Brunei Darussalam	Brunei Dollar	BND	096	1.527670	1	1	0	
	Bulgaria	euro	EUR	978	0.761600	1	0.01	2	
+	Bulgaria	Lev	BGN	975	NA	0.01	0.01	2	8,22
	Burkina Faso	CFA Franc	XOF	952	499.576591	100	100	0	
	Burundi	US Dollar	USD	840	1.000000	1	0.1	2	5
+	Burundi	Burundi Franc	BIF	108	1041.734000	10	5	0	2,16
	Cambodia	US Dollar	USD	840	1.000000	1	0.1	2	5
+	Cambodia	Riel	KHR	116	NA	10	10	0	2
	Cameroon	CFA Franc	XAF	950	499.576591	100	100	0	
	Canada	Canadian Dollar	CAD	124	1.177260	1	0.1	2	8,12
	Cape Verde Islands	euro	EUR	978	0.761600	1	0.01	2	
+	Cape Verde Islands	Cape Verde Escudo	CVE	132	83.977780	100	100	0	2,8
	Cayman Islands	US Dollar	USD	840	1.000000	1	0.1	2	5
	Cayman Islands	Cayman Islands Dollar	KYD	136	0.820000	0.1	0.1	2	2,5
	Central African Rep.	CFA Franc	XAF	950	499.576591	100	100	0	
	Chad	CFA Franc	XAF	950	499.576591	100	100	0	
	Chile	US Dollar	USD	840	1.000000	1	0.1	2	5
+	Chile	Chilean Peso	CLP	152	538.610000	1	1	0	2
+	China excluding Hong Kong SAR and Macao SAR	Yuan Renminbi	CNY	156	7.743120	10	1	0	
	Chinese Taipei	New Taiwan Dollar	TWD	901	32.938000	1	1	0	
	Colombia	US Dollar	USD	840	1.000000	1	0.1	2	5
+	Colombia	Colombian Peso	COP	170	2227.325000	100	100	0	1,2,8,21
	Comoros(isl. Rep. of)	Comoro Franc	KMF	174	374.682444	100	50	0	
	Congo(Brazzaville)	CFA Franc	XAF	950	499.576591	100	100	0	
	Congo(Kinshasa)	US Dollar	USD	840	1.000000	1	0.1	2	5
+	Congo(Kinshasa)	Franc Congolais	CDF	976	NA	1	0.05	3	2,8
	Cook Islands	New Zealand Dollar	NZD	554	1.463335	1	0.1	2	8
	Costa Rica	US Dollar	USD	840	1.000000	1	0.1	2	5
	Costa Rica	Costa Rican Colon	CRC	188	NA	1	1	0	2.5
	Côte d'Ivoire	CFA Franc	XOF	952	499.576591	100	100	0	
	Croatia	euro	EUR	978	0.761600	1	0.01	2	
+	Croatia	Kuna	HRK	191	NA	1	1	0	5,8,22
	Cuba	US Dollar	USD	840	1.000000	1	0.1	2	5
+	Cuba	Cuban Peso	CUP	192	1.000000	1	0.1	2	2
	Cyprus	Cyprus Pound	CYP	196	0.441230	1	0.5	2	8
	Czech Republic	Czech Koruna	CZK	203	21.4444000	1	1	0	8
	Denmark	Danish Krone	DKK	208	5.672800	5	1	0	8
	Djibouti	Djibouti Franc	DJF	262	176.770000	100	100	0	
	Dominica	US Dollar	USD	840	1.000000	1	0.1	2	5
	Dominica	East Caribbean Dollar	XCD	951	2.700000	1	0.1	2	2
	Dominican Republic	US Dollar	USD	840	1.000000	1	0.1	2	5
	Dominican Republic	Dominican Peso	DOP	214	NA	1	1	0	2,8
	Ecuador.	US Dollar	USD	840	1.000000	1	0.1	2	5
+	Egypt(Arab Rep. of)	Egyptian Pound	EGP	818	5.699100	1	1	2	
	El Salvador	US Dollar	USD	840	1.000000	1	0.1	2	5,15
+	El Salvador	El Salvador Colon	SVC	222	NA	1	1	2	2,8,15

· 2007 IATA/SITA

PAT EXTRACTS-IATA/UFTAA FOUNDATION COURSE EXAMINATION MARCH 2010

IATA Rates of Exchange(IROE)

To calculate fares, rates or charges in currencies listed below:			Multiply NUC fare rate/ charge by the following rate of exchange:	And round up the resulting amount to the next higher unit as listed below:			
Country (+local currency acceptance limited)	Currency Name	ISO Codes		From NUC	Rounding Units		
		Alpha	Numeric		Local Curr. Fares	Other Charges	Decimal Units	Notes

	Country	Currency Name	Alpha	Numeric	From NUC	Local Curr. Fares	Other Charges	Decimal Units	Notes
	Equatorial Guinea	CFA Franc	XAF	950	499.576591	100	100	0	
	Eritrea	US Dollar	USD	840	1.000000	1	0.1	2	5
+	Eritrea	Nakfa	ERN	232	15.750000	1	1	0	2,8
	Estonia	Kroon	EEK	233	11.916444	5	1	0	8
	Ethiopia	US Dollar	USD	840	1.000000	1	0.1	2	5
+	Ethiopia	Ethiopian Birr	ETB	230	8.885500	1	1	0	2,8
	Falkland Islands	Falkland Pound	FKP	238	0.518602	1	0.1	2	5
	Faroe Isl.	Danish Krone	DKK	208	5.672800	5	1	0	8
	Fiji islands	Fiji Dollar	FJD	242	1.682009	1	0.1	2	8
	Finland	euro	EUR	978	0.761600	1	0.01	2	8
	France	euro	EUR	978	0.761600	1	0.01	2	8
	French Guiana	euro	EUR	978	0.761600	1	0.01	2	8
	French Polynesia	CFP Franc	XPF	953	90.882975	100	10	0	
	Gabon	CFA Franc	XAF	950	499.576591	100	100	0	
	Gambia	US Dollar	USD	840	1.000000	1	0.1	2	5
+	Gambia	Dalasi	GMD	270	NA	1	0.1	2	2,8
	Georgia	US Dollar	USD	840	1.000000	1	0.1	2	5
+	Georgia	Lari	GEL	981	1.707390	1	0.1	2	2,8
	Germany	euro	EUR	978	0.761600	1	0.01	2	8
	Ghana	US Dollar	USD	840	1.000000	1	0.1	2	5
+	Ghana	Cedi	GHC	288	9252.346000	1	0.1	2	2,8
	Gibraltar	Gibraltar Pound	GIP	292	0.518602	1	0.1	2	5
	Greece	euro	EUR	978	0.761600	1	0.01	2	8
	Greenland	Danish Krone	DKK	208	5.672800	5	1	0	8
	Grenada	US Dollar	USD	840	1.000000	1	0.1	2	5
	Grenada	East Caribbean Dollar	XCD	951	2.700000	1	0.1	2	2
	Guadeloupe	euro	EUR	978	0.761600	1	0.01	2	8
	Guam	US Dollar	USD	840	1.000000	1	0.1	2	5
	Guatemala	US Dollar	USD	840	1.000000	1	0.1	2	5
	Guatemala	Quetzal	GTQ	320	NA	1	0.1	2	2,8
	Guinea	US Dollar	USD	840	1.000000	1	0.1	2	5
+	Guinea	Guinea Franc	GNF	324	6000.000000	100	100	0	2,8
	Guinea Bissau	CFA Franc	XOF	952	499.576591	100	100	0	
	Guyana	US Dollar	USD	840	1.000000	1	0.1	2	5
+	Guyana	Guyana Dollar	GYD	328	NA	1	1	0	2
	Haiti	US Dollar	USD	840	1.000000	1	0.1	2	5
	Haiti	Gourde	HTG	332	NA	1	0.5	2	2
	Honduras	US Dollar	USD	840	1.000000	1	0.1	2	5
	Honduras	Lempira	HNL	340	NA	1	0.2	2	2
	Hong Kong SAR. China	Hong Kong SAR Dollar	HKO	344	7.815570	10	1	0	8
+	Hungary	Forint	HUF	348	192.593000	100	100	0	8
	Iceland	Iceland Krona	ISK	352	67.867000	100	10	0	8
+	India	Indian Rupee	INR	356	44.328000	5	1	0	8,10
	Indonesia	US Dollar	USD	840	1.000000	1	0.1	2	5
	Indonesia	Rupiah	IDR	360	9206.700000	1000	100	0	1,2,8
+	Iran(Islamic Rep. of)	Iranian Rial	IRR	364	9240.000000	1000	1000	0	19
	Iraq	US Dollar	USD	840	1.000000	1	0.1	2	5
+	Iraq	Iraqi Dinar	IQD	368	1278.332000	0.1	0.05	3	2

PAT EXTRACTS-IATA/UFTAA FOUNDATION COURSE EXAMINATION MARCH 2010

IATA Rates of Exchange(IROE)

Country (+local currency acceptance limited)	Currency Name	ISO Codes Alpha	Numeric	From NUC	Rounding Units Local Curr. Fares	Other Charges	Decimal Units	Notes
Ireland	euro	EUR	978	0.761600	1	0.01	2	8
Israel	US Dollar	USD	840	1.000000	1	0.1	2	5,10
Israel	New Israeli Sheqel	ILS	376	NA	1	1	0	2,5,8
Italy	euro	EUR	978	0.761600	1	0.01	2	8
Jamaica	US Dollar	USD	840	1.000000	1	0.1	2	5
+ Jamaica	Jamaican Dollar	JMD	388	NA	1	1	0	2
Japan	Yen	JPY	392	116.568000	100	10	0	7,8
Jordan	Jordanian Dinar	JOD	400	0.708440	0.1	0.05	3	
+ Kazakhstan	Kazakhstan Tenge	KZT	398	124.242000	1	1	0	8
Kenya	US Dollar	USD	840	1.000000	1	0.1	2	5
+ Kenya	Kenyan Shilling	KES	404	69.443000	5	5	0	2
Kinbati	Australian Dollar	AUD	036	1.287127	1	0.1	2	
+ Korea(Dem. Peoples Rep. of)	North Korean Won	KPW	408	146.550000	1	1	0	
+ Korea(Rep. of)	Won	KRW	410	948.150000	100	100	0	8
Kuwait	Kuwaiti Dinar	KWD	414	0.289161	1	0.05	3	
Kyrgyzstan	US Dollar	USD	840	1.000000	1	0.1	2	5
+ Kyrgyzstan	Som	KGS	417	38.186000	1	0.1	2	2,8
Laos(People's Dem. Rep.)	US Dollar	USD	840	1.000000	1	0.1	2	5
+ Laos(People's Dem. Rep.)	Kip	LAK	418	9656.600000	10	10	0	2
Latvia	Latvian Lats	LVL	428	0.528473	1	0.1	2	8
Lebanon	US Dollar	USD	840	1.000000	1	0.1	2	5
+ Lebanon	Lebanese Pound	LBP	422	NA	100	100	0	2,8
Lesotho	Loti	LSL	426	7.422480	10	1	0	6
Liberia	US Dollar	USD	840	1.000000	1	0.1	2	5
+ Liberia	Liberian Dollar	LRO	430	NA	1	0.1	2	2,5
+ Libya(S. P. L. A. J.)	Libyan Dinar	LYD	434	1.287420	0.1	0.05	3	19
Liechtenstein	Same as Switzerland	CHF	756	1.223060	1	0.5	2	8
Lithuania	Litas	LTL	440	2.629651	1	1	0	5,8
Luxembourg	euro	EUR	978	0.761600	1	0.01	2	8
Macao SAR. China	Pataca	MOP	446	8.050037	10	1	0	
Macedonia(FYROM)	euro	EUR	978	0.761600	1	0.01	2	
+ Macedonia(FYROM)	Macedonian Denar	MKD	807	46.747710	1	1	0	5,8,22
Madagascar	US Dollar	USD	840	1.000000	1	0.1	2	5
+ Madagascar	Ariary	MGA	969	1989.900000	100	100	0	2
Malawi	US Dollar	USD	840	1.000000	1	0.1	2	5
Malawi	Kwacha	MWK	454	139.632000	1	0.1	2	2,8
Malaysia	Malaysian Ringgit	MYR	458	3.510600	1	1	0	8
Maldives Isl.	US Dollar	USD	840	1.000000	1	0.1	2	5
Maldives Isl.	Rufiyaa	MVR	462	NA	1	1	0	2
Mali	CFA Franc	XOF	952	499.576591	100	100	0	
Malta	Maltese Lira	MTL	470	0.326704	1	0.1	2	5
Marshall Isl.	US Dollar	USD	840	1.000000	1	0.1	2	5
Martinique	euro	EUR	978	0.761600	1	0.01	2	8
+ Mauritania	Ouguiya	MRO	478	271.000000	20	10	0	
+ Mauritius	Mauritius Rupee	MUR	480	32.460000	5	1	0	
Mayotte	euro	EUR	978	0.761600	1	0.01	2	8
Mexico	US Dollar	USD	840	1.000000	1	0.1	2	5
Mexico	Mexican Peso	MXN	484	11.165800	1	0.01	2	2,8
Micronesia	US Dollar	USD	840	1.000000	1	0.1	2	5

● 2007 IATA/SITA

PAT EXTRACTS-IATA/UFTAA FOUNDATION COURSE EXAMINATION MARCH 2010

IATA Rates of Exchange(IROE)

	Country (+local currency acceptance limited)	Currency Name	ISO Codes Alpha	Numeric	From NUC	Rounding Units Local Curr. Fares	Other Charges	Decimal Units	Notes
	Moldova	euro	EUR	978	0.761600	1	0.01	2	
+	Moldova	Moldovan Leu	MDL	498	12.717500	1	1	0	8,22
	Monaco	euro	EUR	978	0.761600	1	0.01	2	8
	Mongolia	US Dollar	USD	840	1.000000	1	0.1	2	5
	Mongolia	Tugrik	MNT	496	NA	—	—	2	2
	Montenegro	euro	EUR	978	0.761600	1	0.1	2	5
	Montserrat	US Dollar	USD	840	1.000000	1	0.1	2	5
	Montserrat	East Caribbean Dollar	XCD	951	2.700000	1	0.1	2	2,5
+	Morocco	Moroccan Dirham	MAD	504	8.479860	5	1	0	8
+	Mozambique	Metical	MZN	943	26.168000	10	1	0	8
+	Myanmar	Kyat	MMK	104	6.420000	1	1	0	
	Namibia	Namibia Dollar	HAD	516	7.422480	10	1	0	6,8
	Nauru	Australian Dollar	AUD	036	1.287127	1	0.1	2	
	Nepal	US Dollar	USD	840	1.000000	1	0.1	2	5
+	Nepal	Nepalese Rupee	NPR	524	70.924800	1	1	0	2
	Netherlands	euro	EUR	978	0.761600	1	0.01	2	8,11
	Netherlands Antilles	Neth. Antillian Gulider	ANG	532	1.790000	1	1	0	
	New Caledonia	CFP Franc	XPF	953	90.882975	100	10	0	
	New Zealand	New Zealand Dollar	NZD	554	1.463335	1	0.1	2	8,18
	Nicaragua	US Dollar	USD	840	1.000000	1	0.1	2	5
+	Nicaragua	Cordoba Oro	NIO	558	18.115960	1	1	0	1,2
	Niger	CFA Franc	XOF	952	499.576591	100	100	0	
	Nigeria	US Dollar	USD	840	1.000000	1	0.1	2	5
+	Nigeria	Naira	NGN	566	128.250000	1	1	0	2
	Niue	New Zealand Dollar	NZD	554	1.463335	1	0.1	2	
	Norfolk Isl.	Australian Dollar	AUD	036	1.287127	1	0.1	2	
	North Mariana Isl.	US Dollar	USD	840	1.000000	1	0.1	2	5
	Norway	Norwegian Krone	NOK	578	6.205380	5	1	0	8
	Oman	Rial Omani	OMR	512	0.384500	1	0.1	3	
+	Pakistan	Pakistan Rupee	PKR	586	60.848000	10	1	0	9
	Palau	US Dollar	USD	840	1.000000	1	0.1	2	5
	Palestinian Territory Occupied	US Dollar	USD	840	1.000000	1	0.1	2	5
	Panama	US Dollar	USD	840	1.000000	1	0.1	2	5
	Panama	Balboa	PAB	590	1.000000	1	0.1	2	2
	Papua New Guinea	Kina	PGK	598	2.943739	1	0.1	2	
	Paraguay	US Dollar	USD	840	1.000000	1	0.1	2	5
+	Paraguay	Guarani	PYG	600	NA	100	100	0	2,20
	Peru	US Dollar	USD	840	1.000000	1	0.1	2	5
+	Peru	Nuevo Sol	PEN	604	3.187030	0.1	0.1	2	2,8
	Philippines	US Dollar	USD	840	1.000000	1	0.1	2	5
+	Philippines	Philippine Peso	PHP	608	NA	1	1	0	2,8
+	Poland	Zloty	PLN	985	2.968220	1	0.01	2	8
	Portugal incl Azores, Madeira	euro	EUR	978	0.761600	1	0.01	2	8
	Puerto Rico	US Dollar	USD	840	1.000000	1	0.1	2	5
	Qatar	Qatari Rial	QAR	634	3.640000	10	10	0	
	Reunion Isl.	euro	EUR	978	0.761600	1	0.01	2	8
	Romania	euro	EUR	978	0.761600	1	0.01	2	
+	Romania	New Leu	RON	946	2.577160	1	1	2	8,22
	Russia	euro	EUR	978	0.761600	1	0.01	2	8,22

• 2007 IATA/SITA

PAT EXTRACTS-IATA/UFTAA FOUNDATION COURSE EXAMINATION MARCH 2010

IATA Rates of Exchange(IROE)

Country (+local currency acceptance limited)	Currency Name	ISO Codes Alpha	Numeric	From NUC	Rounding Units Local Curr. Fares	Other Charges	Decimal Units	Notes
+ Russia	Russian Ruble	RUB	643	26.223460	5	1	0	8,22
Rwanda	US Dollar	USD	840	1.000000	1	0.1	2	5,13
+ Rwanda	Rwanda Franc	RWF	646	NA	10	5	0	2,13
Saint Kitts, Nevis	US Dollar	USD	840	1.000000	1	0.1	2	5
Saint Kitts, Nevis	East Caribbean Dollar	XCD	951	2.7000000	1	0.1	2	2
Saint Lucia	US Dollar	USD	840	1.000000	1	0.1	2	5
Saint Lucia	East Caribbean Dollar	XCD	951	2.700000	1	0.1	2	2
St. Pierre Miquelon	euro	EUR	978	0.761600	1	0.01	2	8
St. Vincent and the Grenadines	US Dollar	USD	840	1.000000	1	0.1	2	5
St. Vincent and the Grenadines	East Caribbean Dollar	XCD	951	2.700000	1	0.1	2	2
Samoa	Tala	WST	882	2.660205	1	0.1	2	8
Sao Tome and Principe	US Dollar	USD	840	1.000000	1	0.1	2	5
+ Sao Tome and Principe	Dobra	STD	678	NA	100	100	0	2,8
Saudi Arabia	Saudi Riyal	SAR	682	3.749020	1	1	0	
Senegal	CFA Franc	XOF	952	499.576591	100	100	0	
Serbia	euro	EUR	978	0.761600	1	0.01	2	
+ Serbia	Serbian Dinar	RSD	941	61.704770	1	1	0	5,8,22
Seychelles	Seychelles Rupee	SCR	690	6.116400	1	1	2	
Sierra Leone	US Dollar	USD	840	1.000000	1	0.1	2	5
+ Sierra Leone	Leone	SLL	694	NA	1	0.1	2	2,8
Singapore	Singapore Dollar	SGD	702	1.527670	1	1	0	8
+ Slovakia	Slovak Koruna	SKK	703	26.067000	1	1	0	
Slovenia	euro	EUR	978	0.761600	1	0.01	2	
Solomon Islands	Solomon Island Dollar	SBD	090	7.118377	1	0.1	2	
Somalia	US Dollar	USD	840	1.000000	1	0.1	2	5
+ Somalia	Somali Shilling	SOS	706	1356.600000	1	1	0	1.2
South Africa	Rand	ZAR	710	7.422480	10	1	0	6,8
Spain incl. Canary Islands	euro	EUR	978	0.761600	1	0.01	2	8
+ Sri Lanka	Sri Lanka Rupee	LKR	144	109.005000	100	1	0	
+ Sudan	Sudanese Dinar	SDD	736	204.000000	1	1	0	19,23
+ Sudan	Sudanese Pound	SDG	938	2.040000	1	1	2	19,23
Suriname	US Dollar	USD	840	1.000000	1	0.1	2	5
+ Suriname	Surinam Dollar	SRD	968	2.770000	1	1	0	2
Swaziland	Lilangeni	SZL	748	7.422480	10	1	0	8
Sweden	Swedish Krona	SEK	752	7.076060	5	1	0	8
Switzerland	Swiss Franc	CHF	756	1.223060	1	0.5	2	8
+ Syria	Syrian Pound	SYP	760	51.670000	1	1	0	19
Tajikistan	US Dollar	USD	840	1.000000	1	0.1	2	5
+ Tajikistan	Somoni	TJS	972	3.384200	1	0.1	2	2,8
Tanzania	US Dollar	USD	840	1.000000	1	0.1	2	5
+ Tanzania	Tanzania Shilling	TZS	834	1251.100000	10	10	0	2
Thailand	Baht	THB	764	32.789000	5	5	0	8
Timor Leste	US Dollar	USD	840	1.000000	1	0.1	2	5
Togo	CFA Franc	XOF	952	499.576591	100	100	0	
+ Tonga Isl	Pa' anga	TOP	776	1.988455	1	0.1	2	8
Trinidad and Tobago	US Dollar	USD	840	1.000000	1	0.1	2	5
+ Trinidad and Tobago	Trinidad & Tobago Dollar	TTD	780	NA	1	0.1	2	2
+ Tunisia	Tunisian Dinar	TND	788	1.309360	1	0.5	3	

· 2007 IATA/SITA

PAT EXTRACTS-IATA/UFTAA FOUNDATION COURSE EXAMINATION MARCH 2010

IATA Rates of Exchange(IROE)

	To calculate fares, rates or charges in currencies listed below:				Multiply NUC fare rate/ charge by the following rate of exchange:	And round up the resulting amount to the next higher unit as listed below:			
Country (+local currency acceptance limited)		Currency Name	ISO Codes		From NUC	Rounding Units			
			Alpha	Numeric		Local Curr. Fares	Other Charges	Decimal Units	Notes
	Turkey	euro	EUR	978	0.761600	1	0.01	2	8
+	Turkey	New Turkish Lira	TRY	949	1.433270	1	0.01	2	8,22
	Turkmenistan	US Dollar	USD	840	1.000000	1	0.1	2	5
+	Turkmenistan	Turkmenistan Manat	TMM	795	5200.000000	1	0.1	2	2,8
	Turks and Caicos Isl.	US Dollar	USD	840	1.000000	1	0.1	2	5
	Tuvalu	Australian Dollar	AUD	036	1.287127	1	0.1	2	
	Uganda	US Dollar	USD	840	1.000000	1	0.1	2	5
+	Uganda	Uganda Shilling	UGX	800	1765.050000	1	1	0	2,8
	Ukraine	US Dollar	USD	840	1.000000	1	0.1	2	5
+	Ukraine	Hryvnia	UAH	980	5.052050	1	0.1	2	2,8
	United Arab Emirates	UAE Dirham	AED	784	3.671950	10	10	0	
	United Kingdom	Pound Sterling	GBP	826	0.518602	1	0.1	2	5,8
	United States of America/UST	US Dollar	USD	840	1.000000	1	0.1	2	4
	Uruguay	US Dollar	USD	840	1.000000	1	0.1	2	5
+	Uruguay	Peso Uruguayo	UYU	858	24.300000	1	1	0	1,2,5,8
	Uzbekistan	US Dollar	USD	840	1.000000	1	0.1	2	5
+	Uzbekistan	Uzbekistan Sum	UZS	860	1244.156000	1	1	0	2,8
	Vanuatu	Vatu	VUV	548	107.384000	100	10	0	
	Venezuela	US Dollar	USD	840	1.000000	1	0.1	2	5
	Venezuela	Bolivar	VEB	862	2150.000000	10	10	0	2,5,8
	Viet Nam	US Dollar	USD	840	1.000000	1	0.1	2	5
+	Viet Nam	Dong	VND	704	16002.700000	1000	1000	0	2
	Virgin Islands(British)	US Dollar	USD	840	1.000000	1	0.1	2	5
	Virgin Islands(US)	US Dollar	USD	840	1.000000	1	0.1	2	4,5
	Wallis and Futuna Isl.	CFP Franc	XPF	953	90.882975	100	10	0	
	Yemen	Yemeni Rial	YER	886	198.000000	1	1	0	19
	Zambia	US Dollar	USD	840	1.000000	1	0.1	2	5,9
+	Zambia	Kwacha	ZMK	894	NA	5	5	0	2,8
	Zimbabwe	US Dollar	USD	840	1.000000	1	0.1	2	5
+	Zimbabwe	Zimbabwe Dollar	ZWD	716	NA	1	1	2	2

PAT EXTRACTS - IATA/UFTAA FOUNDATION COURSE EXAMINATION MARCH 2010

IATA Rates of Exchange (IROE)

NOTES

1 For information apply to the nearest office of an issuing or participating airline.

2 International fares, fares related charges and excess baggage charges will be quoted in US Dollars. The conversion rate shown herein is to be used solely to convert local currency domestic fares to US Dollars, permitting the combination of domestic fares and international fares on the same ticket.

3 No rounding is involved; all decimals beyond two shall be ignored.

4 Rounding of fares and other charges shall be to the nearest rounding unit except US Tax charges shall be rounded to the nearest 0.01.

5 Rounding of fares and other charges shall be to the nearest rounding unit.

For Example if rounding unit is 1:
Between: 0.01 and 0.49 round down
            0.50 and 0.99 round up

---

6 Rounding of other charges shall be accomplished by dropping amounts less than 50 cents/lisenti and increasing amounts of 50 cents/lisenti or more.

7 Changes to promotional fares in Japanese Yen shall be calculated to JPY 1 and rounded up to JPY 1,000.

8 Refer to PAT General Rules book section 11.10 for sources for bankers rates of exchange.

9 Tickets issued outside Pakistan for journeys commencing in Pakistan may not be issued to Pakistani nationals whose stay abroad has been less than 10 months, unless approved by the Pakistani State Bank.

10 When purchasing a ticket in India, non-residents need prior approval from Reserve Bank or must produce a bank certificate evidencing the exchange of foreign currency.

11 Netherlands security charge and Passenger Service Charge shall not be rounded.

12
(a) Rounding of local currency fares shall be accomplished by dropping amounts less than 50 cents and increasing amounts of 50 cents or more. Round trip fares in Canadian/US currency shall not exceed twice the one-way fare.
(b) Other charges - Canadian Tax Charges rounded to the nearest 0.01.

13 Notwithstanding the '+'sign, Rwanda francs may be accepted only in accordance with the instructions issued by the 'Ministere des Finances' to the agents of Rwanda and the carriers operating to or from Rwanda. All fares from Rwanda shall be published in a basic currency.

14 The sale in Brazilian currency is prohibited for tickets which permit a stopover in Brazil on the outbound journey, once the passenger has left Brazil. This prohibition shall not apply to the sale of transportation to be performed solely within the area comprised of Argentina / Brazil / Chile Paraguay and Uruguay.

15 E Salvador VAT shall not be rounded.

16 Notwithstanding the dagger sign, Burundese francs may be accepted only in accordance with the instructions issued by the 'Ministere des Finances' of the Kingdom of Burundi to the agents of Burundi and the carriers operating to or from Burundi. All fares from Burundi shall be published in a basic currency.

17 Other Charges - Australian Tax Charges when collected in Australia, round to the nearest 0.01.

18 Other Charges - New Zealand Tax Charges when collected in New Zealand, round to the nearest 0.01.

19 Exchange rate set by Government.

20 Other Charges - Paraguay IVA tax rounded to nearest PYG1.

21 Other Charges - Colombian VAT shall be rounded to the nearest COP 10

22 International fares, fares related charges and excess baggage charges will be quoted in euro (EUR). The conversion rate shown herein is to be used solely to convert local currency domestic fares to euro, permitting the combination of domestic fares and international fares on the same ticket.

23 The old Sudanese Dinar (SDD/736) will run concurrently with the new Sudanese Pound (SDG/938) until 1 July 2007 when it will be withdrawn

附录二 各类飞机机型代码

Aircraft codes

The codes used in this publication are Aircraft General Designators as specified in Appendix A of the Standard Schedules Information Manual issued by IATA.

J=pure jet
H=helicopter
P=propeller

T=prop jet
A=amphibian/seaplane

Decoding of abbreviations

Code	Type	Description
ABF	J	Airbus industrie A300(freighter)
AB3	J	Airbus industrie A300(all series) passenger
ACD	P	Gulfstream Aero Commander
ANF	T	Antonov AN-12
AN4	T	Antonov AN-24
AN6	T	Antonov AN-26/30/32
AN7	T	Antonov AN-72/74
ARJ	J	Avro RJ Avroliner
ATP	T	British Aerospace ATP
ATR	T	Aerospatiale/Alenia ATR-42/72
AT7	T	Aerospatiale/Alenia ATR-72
A4F	J	Antonov AN-124(freighter)
BEC		Beechcraft(light aircraft)
BE1	T	Beechcraft(all series)
BE2	P	Beechcraft BE200 Super Kingair
BE9	T	Beechcraft C99
BH2	H	Bell Helicopters
BN1	P	Pilatus Britten Norman Islander
BNT	P	Pilatus Britten Norman Trislander
B11		British Aerospace(BAC)111 (all series)
CD2	T	GAF N22 BN/N24 A Nomad
CL4	T	Canadair CL-44
CAN		Cessna(all series)prop and turboprop
CNC	T	Cessna Light Aircraft
CNJ	J	Cessna Citation
CRJ	J	Canadair Regional Jet
CRV	J	Aerospatiale Caravelle(all series)
CS2	T	Casa 212/Nusantara 212 Aviocar
CS5	T	Casa/Nusantara 235
CVF	T	Convair 440/580/600/640 (freighter)
CVR		Convair (all series)prop and turboprop
CWC	P	Curtiss C-46 Commando
DC3	P	Douglas DC-3 (passenger)
DC6	P	Douglas DC-6 (passenger)
DC8	J	McDonnell Douglas DC-8 (all series) passenger
DC9	J	McDonnell Douglas DC-9 (all series) passenger
DFL	J	Dassault (Breguet Mystere) Falcon
DHB	T	de Havilland DHC2 Turbo Beaver
DHC	P	de Havilland DHC4 Caribou
DHH	P	British Aerospace (de Havilland) Heron
DHL	T	de Havilland DHC-3 Turbo Otter
DHO	P	de Havilland DHC-3 Otter/ Turbo Otter
DHP	P	de Havilland DHC-2 Beaver
DHS	P	de Havilland DHC-3 Otter
DHT	T	de Havilland DHC-6 Twin Otter
DH1	T	de Havilland DHC-8 Dash 8 series 100
DH3	T	de Havilland DHC-8 Dash 8 series 300
DH4	J	de Havilland DHC-8 Dash 8 series 400
DH7	T	de Havilland DHC-7 Dash 7
DH8	T	de Havilland DHC-8 Dash 8 (all series)
D1F	J	McDonnell Douglas DC-10 (freighter)
D1M	J	McDonnell Douglas DC-10 (mixed configuration)
D10	J	McDonnell Douglas DC-10 (all series) passenger

Code	Type	Description
D28	T	Fairchild Dornier 228
D3F	P	McDonnell Douglas DC-3/C-47 (freighter)
D38	T	Fair child Dornier 328
D6F	P	Douglas DC-6 (freighter)
D8F	J	McDonnell Douglas DC-8 (freighter)
D8M	J	McDonnell Douglas DC-8 (mixed configuration)
D8S	J	McDonnell Douglas DC-8 (all 60 and 70 series passenger)
D9F	J	McDonnell Douglas DC-9 (freighter)
D9S	J	McDonnell Douglas DC-9-30/40/50 (passenger)
EMB	T	Embraer EMB110 Bandeirante
EMB	J	Embraer EMB110 Braslia
ERJ	J	Embraer RJ135/RJ145
ER3	J	Embraer RJ135
ER4	J	Embraer RJ145
FA7	T	Fairchild 728JET
FK7	T	Fairchild Industries FH227
FRJ	J	Fairchild 328JET
F27	T	Fokker F27 Friendship
F28	J	Fokker F28 Friendship
F50	T	Fokker 50
F70	J	Fokker 70
GRG	A	Grumman G-21 Goose
GRJ	J	Gulfstream Aerospace Gulfstream 11/111/1V
GRM	A	Grumman G-73 Mallard
GRG	T	Grumman Aerospace (Grumman) Gulfstream1/1-C
HEC	P	Helio Courier
HPH	T	British Aerospace (Handly Page)Herald
HSF	T	British Aerospace (Hawker Siddeley)Argosy
HS7	T	British Aerospace (Hawker Siddeley)748
H25	J	British Aerospace (Hawker Siddeley)125
ILW	J	Ilyushin IL-86
I14	T	Ilyushin IL-114
IL6	J	Ilyushin IL-62/62M
IL7	J	Ilyushin IL-76
IL8	T	Ilyushin IL-18
IL9	J	Ilyushin IL-96-300
J31	T	British Aerospace Jetstream 31
J41	T	British Aerospace Jetstream 41
LOE	T	Lockheed L188 Electra
LOF	T	Lockheed L188 Electra (freighter)
LOF	T	Lockheed L100 Hercules (freighter)
LOM	T	Lockheed L188 Electra (mixed configuration)
LRJ	J	Learjet
L1F	J	Lockheed TriStar(freighter)
L10	J	Lockheed L1011 TriStar (all series)
L15	J	Lockheed L1011-500 TriStar
L4T	T	LET L410 Turbolet
L49	P	Lockheed L-1049 super Constellation

Code	Type	Description
MBH	H	MBB BO 105(helicopter)
MIH	H	Mil Mi-8(helicopter)
MU2	T	Mitsubishi MU-2
M1F	J	McDonnell Douglas MD-11 (freighter)
M1M	J	McDonnell Douglas MD-11 (mixed configuration)
M11	J	McDonnell Douglas MD-11 (passenger)
M80	J	McDonnell Douglas MD-80 (all series)
M87	J	McDonnell Douglas MD-87
M90	J	McDonnell Douglas MD-90
M95	J	McDonnell Douglas MD-95
NDC	J	Aerospatiale SN 601 Corvette
NDE	H	Aerospatiale AS 350/355 Ecureuil(helicopter)
NDH	H	Aerospatiale SA 365 Dauphin-2(helicopter)
ND2	T	Aerospatiale N 262/Frakes Mohawk 298
PAG		Piper(light aircraft)
PL2	T	Pilatus PC-12
PL6	T	Pilatus PC6 Turbo-Porter
PN6	P	Partenavia P68 Victor
SF3	T	Saab SF340
SHB	T	Shorts SC5 Belfast
SHS	T	Shorts Skyvan
SH3	T	Shorts 330
SH67		Shorts 360
SSC		Aerospatiate-British Aerospace Concorde
SWM	T	Fairchild Metroliner
S20	T	Saab 2000
S58	H	Sikorsky S-58(helicopter)
S61	H	Sikorsky S-61(helicopter)
S76	H	Sikorsky S-76(helicopter)
TU3	T	Tupolev TU-134
TU5	J	Tupolev TU-154
T20	T	Tupolev TU-204
VCV	T	British Aerospace(Vickers) Viscount
VGF	T	British Aerospace(Vickers) Merchantman
WWP	J	Israel Aircraft Industries 1124 Westwind
YK2	J	Yakovlev YA 42
YK4	J	Yakovlev YA 40
YN2	T	Yunshuji 12
YN7	T	Yunshuji 7
YS1	T	NAMC YS-11
100	J	Fokker 100
14F	J	British Aerospace146(freighter)
146	J	British Aerospace146 (all series) passenger
310	J	Airbus Industrie A310 (all series)
318	J	Airbus Industrie A318
319	J	Airbus Industrie A319
320	J	Airbus Industrie A320
321	J	Airbus Industrie A321
32S	J	Airbus Industries A318/319/320/321
330	J	Airbus Industrie A330 (all series)
332	J	Airbus Industrie A330-200
333	J	Airbus Industrie A330-300
340	J	Airbus Industrie A340 (all series)

Code	Type	Description
342	J	Airbus industrie A340-200
343	J	Airbus industrie A340-300
70F	J	Boeing 707(freighter)
70M	J	Boeing 707 (mixed configuration)
707	J	Boeing 707 (all series) passenger
717	J	Boeing 717
72F	J	Boeing 727(freighter)
72M	J	Boeing 727 (mixed configuration)
72S	J	Boeing 727-200(passenger)
727	J	Boeing 727 (all series) passenger
73F	J	Boeing 737-200(freighter)
73G	J	Boeing 737-700
73M	J	Boeing 737-200 (mixed configuration)
73S	J	Boeing 737-200(passenger)
733	J	Boeing 737-300
734	J	Boeing 737-400
735	J	Boeing 737-500
736	J	Boeing 737-600
737	J	Boeing 737(passenger)
738	J	Boeing 737-800
74D	J	Boeing 747-300 (mixed configuration)
74E	J	Boeing 747-400 (mixed configuration)
74D	J	Boeing 747(all series) freighter
74L	J	Boeing 747 SP
74M	J	Boeing 747 (mixed configuration)
743	J	Boeing 747-300(passenger)
744	J	Boeing 747-400(passenger)
747	J	Boeing 747 (all series)passenger
75F	J	Boeing 757(freighter)
752	J	Boeing 757-200
753	J	Boeing 757-300
757	J	Boeing 757(all series)passenger
76F	J	Boeing 767(freighter)
762	J	Boeing 767-200
763	J	Boeing 767-300/300ER
767	J	Boeing 767(all series)
772	J	Boeing 777-200
773	J	Boeing 777-300
777	J	Boeing 777(all series)
BUS		Bus
EQV		Equipment Varies
HOV		Hovercraft
LCH		Launch/Boat
LMO		Limousine
RFS		Road Feeder Service(Truck)
TGV		Train a Grand Vitesse
TRN		Train

参 考 文 献

[1] 中国国际货运代理协会.国际航空货运代理理论与实务[M].北京:中国对外经济贸易出版社,2005.

[2] 王静芳.国内航空货物运输[M].北京:中国法制出版社,2007.

[3] 王俭廷.航空物流运营实务[M].北京:中国物资出版社,2009.

[4] 杨鹏强.航空货运代理实务[M].北京:中国海关出版社,2010.

[5] 朱沛.航空货物运输教程[M].北京:兵器工业出版社,2004.

[6] 李军玲.国际货运基础教程[M].北京:中国民航出版社,2000.

[7] 杨占林.国际货物运输操作规程[M].北京:中国对外经济贸易出版社,2002.

[8] 徐月芳,石丽娜.航空客货运输[M].北京:国防工业出版社,2004.

[9] 谢春讯.航空货运管理概论[M].南京:东南大学出版社,2006.

[10] 赵影,钟小东.民航客货运输实务[M].北京:中国民航出版社,2007.

[11] 赖怀南,彭巍,陈彦华.货物运输业务教程[M].北京:中国民航出版社,2008.

[12] 江太利,刘东生.国际航空货物运输知识问答[M].北京:人民交通出版社,2009.

[13] 陈文玲.民航货物运输[M].北京:中国民航出版社,2009.

[14] 肖瑞萍.民用航空危险物品运输[M].北京:科学出版社,2011.

[15] 林彦,郝勇,林苗.民航配载与平衡[M].北京:清华大学出版社,2011.

[16] 谢春讯,李智忠,徐阳.航空货运代理实务[M].北京:清华大学出版社,2008.

[17] 马丽珠,吴卫峰.民航危险品货物运输[M].北京:中国民航出版社,2008.

[18] 王益友,方洪仙.航空国际货物运输[M].北京:化学工业出版社,2013.

[19] 白燕.民航危险物品运输基础知识[M].北京:中国民航出版社,2010.